中证中小投资者服务中心
CHINA SECURITIES
INVESTOR SERVICES CENTER

投资者

第 29 辑
(2025 年 8 月)

卢文道　主编

图书在版编目(CIP)数据

投资者. 第29辑 / 卢文道主编. -- 上海 : 上海交通大学出版社, 2025. 8. -- ISBN 978-7-313-33352-0

Ⅰ. F832. 48; D922. 280. 4

中国国家版本馆CIP数据核字第20252KU872号

投资者(第29辑)

TOUZIZHE(DI29JI)

主　　编: 卢文道

出版发行: 上海交通大学出版社　　地　　址: 上海市番禺路951号

邮政编码: 200030　　电　　话: 021-64071208

印　　制: 常熟市文化印刷有限公司　　经　　销: 全国新华书店

开　　本: 787 mm×1092 mm　1/16　　印　　张: 13

字　　数: 222千字

版　　次: 2025年8月第1版　　印　　次: 2025年8月第1次印刷

书　　号: ISBN 978-7-313-33352-0

定　　价: 78.00元

卷首语

为了进一步加深对资本市场投资者保护热点、难点问题的研究与探讨，提升研究的广度与深度，中证投服中心面向社会各界长期征稿，共同探讨。本辑共设 5 个栏目，收录专家学者、市场实务人士等的 13 篇文章，与读者共享。

【政策解读】收录 2 篇文章

黄辉、李曦元的《香港稳定币立法：背景、框架及展望》一文认为，稳定币是一种通过与其他资产挂钩而实现“价格稳定”的加密资产，从而有别于比特币和以太币等原生加密资产，可以作为支付工具，特别适合用于跨境支付和去中心化金融等场景。然而，稳定币也有潜在风险，需要进行监管。香港近年来大力推进加密资产市场发展，对于稳定币尤为重视，2025 年 5 月发布《稳定币条例》，建立了一个比较完备的监管框架，包括稳定币界定、监管范围、注册登记制度、储备资产与赎回机制、消费者保护措施以及监管权力与执法机制等。《稳定币条例》积极回应了稳定币领域面临的诸多关键问题，受到市场的普遍欢迎，同时，香港采取的一系列配套措施也有利于条例的有效实施。与美国和欧盟相比，我国香港地区的监管框架体现了不同的政策考量和战略取向，建议内地从国情出发，采取地区差别的路径，可以暂不发展在岸人民币的稳定币，但应当充分利用香港的市场设施和监管框架，积极发展离岸人民币的稳定币，以促进人民币的国际化进程，提升人民币的国际地位。

柯达的《货币竞争下的稳定币用户权益保护——基于对香港〈稳定币条例〉的观察》一文认为，香港《稳定币条例》的出台，主要目的是巩固香港的国际金融中心地位，特别是强化货币流通的国际竞争力。该条例在界定稳定币概念的基础上，通过“发牌”制度，将从事特定稳定币活动的主体纳入监管范畴，其中体现用户权益保护的主要内容包括赎回权、信息披露以及投诉处理。由于公众信心决定了市场化前提下的货币信用,用户权益保护程度的高低会决定货币竞争的能力。稳定币用户权益保护的财产侧重点是对用户赎回权的保障,《稳定币条例》已对用户的赎回权作出较全面的规定;但就数据侧而言,《稳定币条例》对身份识别以及数据权益的保护有更大的完善空间。我国内地不宜照搬香港地区全面“放开”稳定币业务活动,需要统筹考虑目前突破虚拟货币“禁止式”监管立场的可行性,厘清稳定币的法律定性与支付监管挑战,以及应对稳定币的账户体系及其互联互通难题。

【理论探讨】收录 3 篇文章

楼秋然的《双控人规制的公司法径路:问题与方案》一文认为,由于我国公司的股权结构呈现一股独大的鲜明特征,控股股东、实际控制人的规制问题便始终是我国公司治理改革中的一项重点课题。在 2023 年公司法之前,我国公司法主要采取的是一种直接规制的模式。而 2023 年公司法则在进一步加强直接规制的同时,额外增设了一套间接规制的模式。这套间接规制的模式引入了包括董事会中心主义、事实董事、影子董事等制度在内的诸多创新,其良善的立法目的当然值得赞赏。然而,这些构成间接规制模式的制度创新却因为各种各样的原因难以在实践中真正发挥全部功效。未来,公司法还应当在首先完成总体性思路调整的基础上,通过确立真正的董事会中心主义、进一步完善少数股东压迫救济制度来更好地实现对控股股东、实际控制人的规制目标。

万国华、延莎静的《DS 视角下中小投资者保护机制之重构》一文认为,当前 DS 等人工智能技术广泛且深度应用于证券市场,在提高交易效率、降低交易成本的同时,也带来了一定的风险与挑战,加剧了中小投资者交易安全、交易公平、知情权保障等问题。法律与金融研究者认为良好的投资者保护法律体系是一国证券市场发展与金融稳定的重要基础。因此,应不断完善对中小证券投资者的法律保护。对于人工智能技术在证券市场的应用秉持包容审慎的理念,加强技术应用的合规性管理,发展技术驱动型的监管手段,建立算法责任追究机制。

肖宇、王长华的《新公司法视角下股东代表诉讼原告资格的确定》一文认为,新公司法的实施引发了股东代表诉讼原告资格确定的诸多问题。在公司不设监事的情形下,当董事、高级管理人员损害公司利益时,应当豁免股东代表诉讼的前置程序。在单层制公司中,股东在提起代表诉讼前应向审计委员会履行前置程序。在只设董事或监事的公司中,当公司利益受到损害时,兼具董事或监事身份的股东有权选择以自己名义依法提起股东代表诉讼或者以公司名义提起公司直接诉讼。兼任董事或监事的股东即便在董事会或监事会决定以公司名义提起诉讼时发表了反对意见,该股东仍可以在事后以自己名义提起股东代表诉讼。鉴于公司的法人独立性和诉权的直接性,有必要赋予公司合理的抗辩权及其对股东代表诉讼的影响力,以便阻止或终止不合理的股东代表诉讼。

【市场实务】收录 4 篇文章

姜小勇的《证券市场公开征集股东权利的实践和监管规则演变》一文以 2000 年胜利股份股权争夺战为切入点,系统梳理了我国证券市场公开征集股东权利的实践发展与监管规则演变历程。早期实践中,君万之争、辽宁金帝、延中实业等案例已显现出征集投票权在公司控制权争夺中的作用,但也存在着操作不规范等问题。胜利股份事件中,通百惠公司通过公开征集委托书来争夺控制权,同时也暴露了信息披露缺失、有偿征集等乱象,上述事件推动了监管层逐步完善规则。从 2002 年《上市公司治理准则》到 2019 年新证券法及 2021 年《公开征集上市公司股东权利管理暂行规定》,监管体系历经初步构建到细化完善,明确了征集主体、程序、信息披露及法律责任,中证投服中心等机构的实践亦推动制度落地,为股东参与公司治理提供了规范化路径。

刘卫锋、周禛源的《证券内幕交易中民事责任因果关系的认定》一文认为,证券市场的复杂性与内幕交易的特殊性使得传统侵权责任中因果关系认定理论在内幕交易民事责任中难以适用,现行法律体系对此缺乏明确规定,导致理论与实践中争议较大。作为民事责任成立的核心构成要件,因果关系的认定不仅关系到责任的归属,更直接影响赔偿机制的合理运行与投资者权益的实现。基于此,文章首先探讨了现行法律框架下的难点与不足,指出内幕交易对同时反向交易者公平交易权的侵害,跳出"价格影响链条"的传统模式,提出基于公平交易理论的推定因果关系规则,并通过明确赔偿范围与引入惩罚性赔偿等措施,细化因果关系认定与损害赔偿机制,为证券法实践提供参考。

赖冠能的《证券民事赔偿案件的可仲裁性实务研究》一文认为,我国的证券民事赔偿纠纷经历了从"不可仲裁"到"可仲裁"的规则演变,现行案例表明,当前司法实践不仅认可证券民事赔偿纠纷的可仲裁性,还对仲裁协议的拘束范围进行了大幅扩张性解释,甚至超出了仲裁试点的范围;尽管对仲裁协议的拘束范围进行适度扩张具有一定的合理性,但仍不应超出当事人之间合意的范围,目前法院对于仲裁协议的扩张适用已过度超前,应予适当修正;此外,仲裁试点意见的前置程序应当取消。

李亚鹏的《虚假陈述揭露日认定的方法及思考》一文认为,揭露日的认定是证券虚假陈述民事赔偿案件审理的关键环节,直接影响交易因果关系认定、适格原告范围确定、投资者损失计算及诉讼时效起算。2022年《最高人民法院关于审理证券市场虚假陈述侵权民事赔偿案件的若干规定》出台,对揭露日认定标准做了更具操作性的规定。在揭露日的认定中,应把握“首次性”、“全国性”和“警示性”三大构成要件,并采用“假定—排除—确定”的路径进行认定。针对司法实践中的争议,文章深入分析了立案调查信息公开日推定为揭露日的合理性、“一行为一揭露日”原则的正当性,以及信息披露义务人“否认揭露”或“抵抗揭露”行为的影响。揭露日认定应侧重理性投资者视角和立法目的,旨在平衡投资者保护、市场秩序与司法效率。针对实践中揭露日认定的难点,文章提出强化指导案例、发挥投资者保护机构作用、探索诉讼时效中止规则及细化立案调查信息披露内容等完善建议,以促进虚假陈述民事赔偿制度功能的发挥。

【案例探析】收录3篇文章

滕云、刘运的《东方集团财务造假再揭“融资性贸易”之殇》一文认为,近年来融资性贸易因隐蔽性强、虚增营收快等特点,成为上市公司财务造假的“重灾区”。2025年3月,东方集团(600811.SH)因长期通过虚构农产品贸易链条虚增营收161亿元,被证监会处罚,实控人及高管被重罚并市场禁入,最终导致退市。类似案例频发,如“专网通信案”涉及13家上市公司虚增营收超900亿元。文章通过分析东方集团、“专网通信案”等典型案例,探讨融资性贸易的定义、造假手法及监管应对措施。

顾成中、肖奇、陈琳、陈琦和周文威的《证券业务通知提示类纠纷实证研究》一文认为,随着证券行业的不断发展,在常规的证券交易委托服务外,证券经营机构还向投资者提供新股中签、配债配股、股票退市等一系列通知提示服务。此类通知提示服务是投资者与证券经营机构双方签署的《证券交易委托代理协议》的附随产物,与投资者权益息息相关。如出现通知提示不到位情形,可能导致投资者后续交易机会的损失,并引发投诉纠纷。文章从民法典、证券法规定的诚实守信原则出发,结合业务实践、学界观点、纠纷判决进一步明确证券经营机构服务规范要求,保护投资者合法权益。

孙鸿、王一萍和李原草的《证券虚假陈述纠纷化解视角案例观察——认定虚假陈述行为不具有“重大性”的困境与突破》一文认为，在证券虚假陈述民事赔偿纠纷中，“重大性”要件的有无，直接决定了原告的索赔是否具有事实基础，不具有“重大性”的结论将直接阻断投资者获赔的可能。因此，用什么样的标准判断虚假陈述行为不具有“重大性”就显得尤为重要。目前司法实践中，各地法院对虚假陈述不具有“重大性”的认定逐渐走向独立和多元化。一方面，法院开始更加注重对排除其他因素后的虚假陈述行为本身及其对证券市场的影响进行综合判断；另一方面，法院在认定虚假陈述行为不具有“重大性”的过程中也更加注重参考专业测算机构的意见。然而，由于缺乏统一的认定标准，不同法院在具体案件中的认定结果可能存在差异。因此要建立民事审判与行政监管的协同机制以及构建双层次“重大性”证明体系，充分利用金融科技，提升“重大性”认定的科学性与精准性，提升专业审判能力。

【域外视野】收录 1 篇文章

吕成龙的《英国证券监管的历史演进与经验比较》一文认为，英国是国际知名的证券市场，具备丰富的市场监管经验，与美国的监管模式亦有较大差异。长期以来，我们对英国证券市场监管的经验重视不足，但在经历了欧盟统一指令时期后，英国证券监管模式与规则发生了重要改变，其证券监管呈现出可预期性、明确性与灵活性并存的优势，这得益于其自律监管的底色、详尽的规则制定与商谈式的规制模式。尤其是自律监管的经验值得重视，不仅能够更及时应对市场变化，而且可以降低规制成本。面向未来，我们应当进一步重视自律监管的功能发挥，激发交易所与行业协会的自律管理优势，同时以商谈式规制工具来灵活对待金融市场创新，以详尽的规则手册为市场参与者提供明确指引，从而提高证券市场的治理有效性。

目　录

CONTENTS

政策解读

香港稳定币立法：背景、框架及展望

黄　辉[*]　李曦元[**]

摘要：稳定币是一种通过与其他资产挂钩而实现"价格稳定"的加密资产，从而有别于比特币和以太币等原生加密资产，可以作为支付工具，特别适合用于跨境支付和去中心化金融等场景。然而，稳定币也有潜在风险，需要进行监管。香港近年来大力推进加密资产市场发展，对于稳定币尤为重视，2025 年 5 月发布《稳定币条例》，建立了一个比较完备的监管框架，包括稳定币界定、监管范围、注册登记制度、储备资产与赎回机制、消费者保护措施以及监管权力与执法机制等。总体而言，《稳定币条例》积极回应了稳定币领域面临的诸多关键问题，受到市场的普遍欢迎，同时，香港采取的一系列配套措施也有利于条例的有效实施。与美国和欧盟相比，我国香港地区的监管框架体现了不同的政策考量和战略取向，另外，本文建议内地从国情出发，采取地区有别的路径，可以暂不发展在岸人民币的稳定币，但应当充分利用香港的市场设施和监管框架，积极发展离岸人民币的稳定币，以促进人民币的国际化进程，提升人民币的国际地位。
关键词：稳定币　支付工具　香港《稳定币条例》　加密货币　人民币国际化

一、导　言

随着金融科技的快速发展，稳定币作为一种新兴的数字资产，逐渐成为全球金融市场的重要组成部分。稳定币以其价格稳定性、交易即时性和跨境支付的便利性，展现出巨大的应用潜力，但也带来了金融稳定、投资者保护和监管协调等诸多挑战。香港作为国际金融中心，一直对金融创新持开放态度，近年来在稳定币监管方面进行了

* 香港中文大学法学院讲席教授，博士生导师。

** 香港中文大学法学院博士候选人。

积极探索和立法尝试。2025年5月30日,《稳定币条例》正式刊宪生效,标志着香港在稳定币监管领域迈出了重要一步。

本文旨在通过对香港《稳定币条例》的系统性分析,探讨其立法背景、核心规则及其对稳定币市场的监管框架,同时通过与美国和欧盟相关立法的比较,揭示不同经济体在稳定币监管上的政策考量与战略差异,并对香港稳定币立法对内地的启示进行探讨。本文第二部分对稳定币的定义、分类、优势及风险进行系统梳理。第三部分详细探讨了香港《稳定币条例》的立法背景和过程。第四部分系统解读了《稳定币条例》的核心规则,包括监管范围及定义、注册登记制度设计、储备资产与赎回机制等。第五部分对香港《稳定币条例》进行了系统性评价,包括对于内地发展人民币稳定币的启示。

二、稳定币概述

(一) 稳定币特征与分类

目前稳定币(stablecoin)并无统一定义,总体而言,是一种以"价格稳定"为核心特征的加密资产。央行等监管机构更关注稳定币对金融体系的潜在影响,故将"非央行发行、具有价格稳定机制的加密资产"均纳入稳定币的讨论范畴。①

诸如比特币等传统的加密资产通常价格波动剧烈,从而难以发挥价值储藏、交易媒介和记账单位等传统货币职能。稳定币正是为解决这一难题而应运而生,具有价格稳定性的核心特征,能够成为支付工具。

以资产支持方式与价格调节机制为标准,稳定币可以分为四类:

(1) 代币化基金(Tokenised Funds)。以1∶1法币储备或现金等价物作支撑,例如USDT。发行人通过持牌银行或信托机构托管现金及短期国债,用户一般享有赎回请求权,但具体赎回程序取决于合同规定。

(2) 链下抵押型稳定币(Off-chain Collateralised Stablecoin)。抵押品为区块链下的高信用资产(国债、回购协议、贵金属等)。托管与审计在链下完成,信息透明度依赖发行人披露。Bitspark曾计划在香港发行的Sparkdex.HKD即属此类。②

① HKMA. (2022). Discussion Paper on Crypto-assets and Stablecoins. https://www.hkma.gov.hk/media/eng/doc/key-information/press-release/2022/20220112e3a1.pdf, last viewed on July 1, 2025.

② Suberg, W. (2019, January 29). Bitspark debuts Hong Kong dollar-pegged stablecoin on decentralized exchange. *Cointelegraph*. https://cointelegraph.com/news/bitspark-debuts-hong-kong-dollar-pegged-stablecoin-on-decentralized-exchange, last viewed on July 1, 2025.

(3) 链上抵押型稳定币(On-chain Collateralised Stablecoin)。以链上加密资产作为抵押物,依赖智能合约实时清算,如 MakerDAO 的 DAI。[①] 其优势在于去中心化管理,但高波动抵押品蕴含潜在爆仓风险。

(4) 算法型稳定币(Algorithmic Stablecoin)。无资产储备,仅靠算法计算市场供给情况来调解稳定币发行量,以维持稳定币价格,如 TerraUSD。2022 年 5 月 TerraUSD 崩盘及发行商破产后,香港《稳定币条例》明确将其排除在合资格稳定币之外。

此外,按锚定标的类型,稳定币又可分为法币挂钩(美元、欧元、离岸人民币等)、商品挂钩(黄金、石油等)及多元资产挂钩(特别提款权 SDR 型等)。从金融学角度看,稳定币其实很类似于传统的金融挂钩产品,比如 ETF 基金和资产抵押证券等,其价值取决于底层的挂钩资产,而比特币、以太币等传统加密资产没有与其他资产挂钩,故也称为原生加密资产。

(二) 稳定币优势及风险

相较于比特币、以太币等原生加密资产,稳定币具有以下优势。首先,通过"价格锚定"机制获得价格的确定性。原生加密资产因缺乏内在价值及信用背书,其价格易受市场情绪与投机行为驱动而剧烈波动。相反,稳定币透过 1∶1 挂钩法定货币或高流动性短期国债等优质资产,维持面值恒定,从而有效抑制价格波动。其次,稳定币依托区块链"支付即结算"的技术特性,实现点对点即时清算,跨境转账时间可由传统电汇之 2—3 个工作日压缩至数分钟,费用显著降低。[②] 另外,稳定币作为"数字现金收据",可随时按面值赎回,具备高度流动性,为投资者在加密市场剧烈波动时提供避险工具。[③] 最后,稳定币在"去中心化金融"(Decentralized finance, DeFi)生态中充当计价单位与抵押资产,为链上借贷、衍生品交易等提供稳定的价值尺度,缓解传统加密资产因价格剧烈波动导致的系统性清算风险。

现实中,稳定币试图以"法币全额储备""加密资产超额抵押"或"算法套利"等三类机制稳定价格,理论上为加密市场提供"准法偿"之锚。然而,价格稳定机制的有效性高度依赖于发行人自身条件与监管完备程度。一旦发行人进行投机行

---

① MakerDAO. (2025). An unbiased global financial system. https://makerdao.com/zh-CN/, last viewed on July 1, 2025.

② 《稳定币能否解决跨境支付痛点》,载中国经济网,http://www.ce.cn/xwzx/gnsz/gdxw/202507/t20250723_2416591.shtml,2025 年 7 月 1 日访问。

③ 《全球风起,稳定币如何影响大类资产?》,载华尔街见闻,https://wallstreetcn.com/articles/3748309,2025 年 7 月 1 日访问。

为,比如隐匿储备缺口甚至挪用客户资金等,加上监管不力问题,价格稳定机制就会失灵。

譬如,2018 年 10 月,USD 出现银行账户储备缺口,市场价跌破 0.88 美元,引发市场对“全额储备”承诺的质疑。① 2021 年,美国商品期货交易委员会(CFTC)指控 Tether 虚报资产,致其市占率由 99%骤降至 66%。② 更严重的事件是,2022 年 5 月算法稳定币 TerraUSD 的价格崩盘及发行人破产。③ 上述事件一再表明:价格稳定机制纵有精妙设计,若发行人自律不足且监管不力,则非常容易触发挤兑与价格崩塌。

观察历次稳定币危机,其主要风险有以下三方面:第一,储备资产真实性与托管独立性缺失,发行人可能逃避“全额托管、独立审计”义务,影响底层资产安全。第二,发行人在治理和运营方面透明度不足。发行人采取的中心化决策或算法参数可单方面变更,缺乏完善披露程序,导致信息披露不及时或不准确,为发行人的投机行为提供了空间。第三,监管理念滞后,监管工具不足,在事前许可、事中监督和事后救济等方面尚不完善。如何处理好上述风险,既是立法和监管的目标,也是稳定币市场健康发展的关键因素。

(三)市场发展

近年来,稳定币市场发展迅猛,已经进入金融市场的主流领域,甚至成为政府的发展战略。稳定币总市值于 2020 年初尚不足 50 亿美元,至 2025 年 5 月已跃升至约 2 300 亿美元,复合年增长率逾 100%。④ 另外,市场集中度极高,锚定法币的代币化基金占据绝对主导地位,其中以锚定美元的稳定币为主,比如 USDT 和 USDC,二者的市场份额合计占比超过九成。⑤

驱动稳定币规模扩张的因素主要包括以下三类。其一,跨境支付与汇款。许多全球支付服务供应商将 USDC、PYUSD 等代币纳入清算通道,使单笔交易成本相较传统电汇大幅下降,同时实现“支付即结算”的即时到账。其二,稳定币大量用作去中心

---

① Merkle Science. (2025). Key risks associated with stablecoins. Merkle Science. https://www.merklescience.com/blog/key-risks-associated-with-stablecoins, last viewed on July 1, 2025.

② Bullmann, D., Klemm, J., & Pinna, A. (2019). In search for stability in crypto-assets: are stablecoins the solution? ECB Occasional Paper Series. https://www.ecb.europa.eu/pub/pdf/scpops/ecb.op230~d57946be3b.en.pdf, last viewed on July 1, 2025.

③ https://blockapps. net/blog/exploring-the-risks-and-failures-of-algorithmic-stablecoins-in-the-crypto-market, last viewed on July 1, 2025.

④ Monolith VC. (2025, June 18). Stablecoins in 2025: Full overview of the $230B market. Medium. https://medium.com/@monolith.vc/stablecoins-in-2025-full-overview-of-the-230b-market-bab96c680c44, last viewed on July 1, 2025.

⑤ 《2025 稳定币发展历程市场现状及产业链拆解分析报告》,载微信公众号“文琳行业研究”,2025 年 7 月 5 日。

化金融的抵押品。约七成链上协议以稳定币为流动性基础，DeFi 总锁仓量由 2021 年的 540 亿美元增至 2024 年的 940 亿美元。[①] 其三，新兴市场财富保值。印度、尼日利亚、印尼等国家因本币贬值压力，零售端稳定币交易量位居全球前列。[②]

三、《稳定币条例》立法背景

（一）香港对于虚拟资产的政策支持

香港作为国际金融中心，长期以来对金融创新持开放态度。特区政府自 2022 年 10 月发布《有关虚拟资产发展的政策宣言》起，[③]即明确由“审慎观望”转向“积极拥抱”，首次提出探索稳定币在支付体系中的应用，并确立“相同业务、相同风险、相同监管”原则，为加密资产业务提供开放而可控的制度土壤。2024 年 3 月，香港金融管理局启动“稳定币发行人沙盒”，就储备资产、赎回机制及审慎标准向业界释出监管预期。[④] 同年 8 月，金管局推出“Ensemble”项目，试验以稳定币结算代币化绿色债券及 RWA 代币化产品（Real World Assets Tokenization），为后续大规模商用奠定技术基础设施。2025 年 6 月 26 日，特区政府发表《数字资产发展政策宣言 2.0》，以“LEAP”框架升级顶层设计并计划一年内完成交易所、托管人及稳定币发行人的统一发牌。[⑤] 经过探索，香港逐步构建起从政策愿景、监管沙盒到正式立法的监管闭环，为稳定币作为绿色债券、RWA 代币化产品等结算工具提供清晰且具国际竞争力的法律框架。

在支持发展加密资产市场的政策环境下，香港对虚拟资产的监管路径呈现出“由点到面”的演进逻辑，可分粗略为三个阶段：

（1）萌芽阶段（2017—2019）。2017 年 9 月，证监会发布《有关首次代币发行的声明》，将多数 ICO 代币纳入证券监管框架。[⑥] 2018 年 11 月再发《虚拟资产交易平台

---

① Su, Z. (2025). Evolution and Financial Implications of Stablecoins — A Literature Review, https://www.shs-conferences.org/articles/shsconf/pdf/2025/09/shsconf_icdde2025_04016.pdf, last viewed on July 1, 2025.

② 《VISA 报告解读|大国博弈：稳定币正在渗透全球经济》，载 TechFlow 深潮，https://www.techflowpost.com/article/detail_20859.html，2025 年 7 月 1 日访问。

③ 《有关香港虚拟资产发展的政策宣言》，https://gia.info.gov.hk/general/202210/31/P2022103000455_404825_1_1667173459238.pdf，2025 年 7 月 1 日访问。

④ 《香港稳定币立法落地：虚拟资产生态的监管创新与深化》，https://www.ccxap.com/upload/research_and_commentary/904/self/6837b674a8d11.pdf，2025 年 7 月 1 日访问。

⑤ 《〈香港数字资产发展政策宣言 2.0〉将引领香港迈向全球数字资产领先新境界》，https://sc.isd.gov.hk/TuniS//www.info.gov.hk/gia/general/202506/26/P2025062500847.htm? fontSize=1，2025 年 7 月 1 日访问。

⑥ 《有关首次代币发行的声明》，载香港证监会官网，https://sc.sfc.hk/TuniS/www.sfc.hk/TC/News-and-announcements/Policy-statements-and-announcements/Statement-on-initial-coin-offerings，2025 年 7 月 1 日访问。

监管框架》,首次为交易平台提供“自愿持牌”路径。[①] 稳定币因“不具投资收益预期”而被排除在强制牌照之外。

(2) 成型阶段(2020—2022)。2020 年 11 月,香港立法会通过《打击洗钱及恐怖分子资金筹集条例》修订,创设“虚拟资产服务提供商(VASP)强制牌照”,并于 2023 年 6 月生效,为虚拟资产交易端奠定合规基础。

(3) 分类立法阶段(2022—2025)。2022 年 10 月,香港发布《虚拟资产政策宣言》,提出打造“全球 Web3 金融中心”的战略目标。同年 12 月,财政司司长在《财政预算案》中承诺 2024—2025 立法年度完成稳定币立法。2025 年 5 月 21 日,《稳定币条例》获立法会三读通过,并于 5 月 30 日刊宪生效。

(二) 国际与本土对于稳定币的监管需求

从制度供给理论看,条例的出台是一种制度供给,香港政府对于稳定币市场的政策支持体现了决策者的政治经济考量,为监管体系的建立提供了良好的基础条件,但另一方面,金融监管制度的供给也是一个需求诱致的过程,监管需求反过来也会影响制度供给者提供新的制度安排的意愿。具体而言,《稳定币条例》背后的监管需求来自国际和本土两方面。

1. 稳定币监管的国际要求

2023 年 7 月 17 日,金融稳定理事会(Financial Stability Board, FSB)发布《全球稳定币监管最终建议》,向全部成员司法管辖区发出具有时间效力的“合规指令”。[②] 文件第 4 段明确列出“两步走”时间表:第一步,2023 年 9 月,FSB 与 IMF 联合向 G20 提交宏观—监管综合报告,为各国立法提供“一致性基准”。第二步,截止 2025 年 12 月,各成员须完成本地立法并提交实施进展,FSB 将于 2025 年底启动首次“跨境实施评估”。

香港作为 FSB 正式成员,若未能在 2025 年 12 月前完成与《建议》等效的本地立法,将被视为“高风险缺口辖区”。根据巴塞尔委员会 2023 年 12 月发出的《银行账簿加密资产敞口指引(Prudential Treatment of Cryptoasset Exposures)》,来自“缺口辖区”的稳定币敞口,其风险权重将从现行 100%上调至 1 250%,等同无抵押贷款。[③] 香港持牌银

---

① 《适用于虚拟资产交易平台营运者的指引》,https://www.sfc.hk/-/media/TC/assets/components/codes/files-current/zh-hant/guidelines/Guidelines-for-Virtual-Asset-Trading-Platform-Operators/Guidelines-for-Virtual-Asset-Trading-Platform-Operators_Chi.pdf?rev=,2025 年 7 月 1 日访问。

② FSB Global Regulatory Framework for Crypto-Asset Activities, https://www.fsb.org/uploads/P170723-1.pdf, last viewed on July 1, 2025.

③ Prudential treatment of cryptoasset exposures, https://www.bis.org/bcbs/publ/d545.pdf, last viewed on July 1, 2025.

行若继续为 USDT/USDC 提供法币通道,将被迫计提更高资本,直接抬高业务成本。

另外,金融稳定理事会第 3 条建议要求“全球稳定币”发行人须与所有主要交易节点所在地监管者签署“监管合作与信息共享协议”。若香港无法提供等效制度,美元稳定币发行人可援引该条款拒绝向香港持牌交易所提供链上清算节点,阻碍本地平台参与链上交易。

目前的国际机构监管指引表明,金融稳定理事会 2023 年框架已将 2025 年 12 月 31 日设为“合规大限”。香港若错过,将不仅失去监管话语权,更会触发国际银行、平台、评级机构的多重“连锁惩罚”。立法会从“可选项”升格为“必答题”,这是香港稳定币立法最紧迫的外部驱动力。[①]

2. 稳定币监管的本土需求

尽管当前流通的绝大多数稳定币与美元挂钩,但许多知名稳定币发行方及加密资产交易平台均在香港设立公司。2019 年,一家名为 Bitspark 的平台曾提议发行与港元挂钩的稳定币。[②] 随着香港加密市场日趋成熟,越来越多的企业有意在香港开展业务。目前,已有十家 VATP 获牌为香港投资者提供服务,另有九家平台提交申请。[③]

香港在金融监管方面仍采用分业监管模式。金管局履行央行职能并监管银行机构和非银行支付机构,证监会则监管证券市场。由于稳定币法律定义模糊,监管权限划分问题初现。例如,兼具支付与投资属性的稳定币可能同时受金管局(被视为储值支付工具)[④]与证监会(被视为证券)的监管,但多数稳定币无法严格契合任一机构的监管范畴,导致监管重叠或空白。金管局注意到,稳定币因与其他资产的关联性而区别于其他加密资产。尤其当稳定币展现出成为储值及支付工具的潜力时,金管局认为其更可能被纳入主流金融体系并用于跨境支付。若稳定币融入日常商业活动,其对货币与金融体系的直接影响将更为显著。

最后,现行监管制度不足以覆盖稳定币。比如,《支付系统及储值支付工具条例》(第 584 章)将储值支付工具界定为预先储存货币价值并可用于支付或转账的工

---

① 《稳定币条例草案》委员会背景资料简介,立法会 CB(1)57/2025(01)号文件,档号:CB1/BC/11/24。

② Fintechnews. (2019). Hong Kong Gets its First HKD Backed Stablecoin. https://fintechnews.hk/8391/blockchain/hong-kong-hkd-stablecoin-bitspark/, last viewed on July 1, 2025.

③ 《虚拟资产交易平台名单》,载香港证监会官网,https://sc.sfc.hk/TuniS/www.sfc.hk/TC/Welcome-to-the-Fintech-Contact-Point/Virtual-assets/Virtual-asset-trading-platforms-operators/Lists-of-virtual-asset-trading-platforms, 2025 年 7 月 1 日访问。

④ 《支付系统及储值支付工具条例》,第 2A 条。

具。[1] 然而,稳定币与之存在根本张力,主要有三方面。第一,稳定币价格波动使其未必反映用户存入的货币价值,无法满足价值恒定要求。历史数据表明,USDT、USDC在极端市场下曾分别脱锚至0.95、0.88美元,触发用户挤兑。这样显著的价格波动明显不能满足储值支付工具的定义。第二,储值支付工具必须"无场景限制",但多数稳定币发行方在智能合约中预设交易或应用限制条款,无法满足储值支付工具的要求。第三,储值支付工具以中心化托管为前提,许多稳定币却依赖链上智能合约完成自动化清算,缺少监管主体。

另外,对于稳定币反洗钱监管,在缺乏专门立法的情况下,香港监管机构也面临挑战。由于监管目标不同,不同金融产品所受反洗钱审查程度各异。通常,用作支付手段的金融产品属主要监管类别,而其他产品所受要求可能较低。稳定币发行人可利用此等差异,实施监管套利。

同时,目前稳定币的价格稳定机制披露的可靠性存在缺陷。无论采用何种稳定机制,稳定币价值皆将无可避免地在市场中波动,而稳定过程有可能损害投资者利益,因此需要充分披露。例如,抵押型稳定币要求每位投资者持续提供充足资产以维持价值。然若其他投资者未能提供抵押,则可能导致整体资产池价值下跌。由于所有资产被集中管理,稳定币价值取决于资产池总价值,故即使个别客户履行足额抵押义务,价格仍可能下滑。若稳定币以其他加密资产作为储备,则情形更为严峻。加密资产本身的高波动性加大了维持价格的难度。鉴于加密资产间的高度相关性,市场恶化时难以寻得合适买家。

四、《稳定币条例》核心规则

(一)监管范围及定义

《2025年稳定币条例》(下称《条例》)在监管范围与定义上的设计,体现出香港特区政府对"稳定币"这一新型数字资产的精准切割与风险聚焦。立法者将监管目标锁定在"指明稳定币"(specified stablecoin)这一核心概念,从而把市场上纷繁复杂的加密代币划分为"受规管"与"不受规管"两大阵营,既避免了一刀切的过度监管,又堵塞了监管套利的灰色空间。

---

[1] 《支付系统及储值支付工具条例》,第2A条。

1. 稳定币的法定概念

《条例》第3条首先给出“稳定币”的三重技术特征，包括以计算单位或经济价值存储形式表述；以分布式账本或类似技术运行；以及通过参照单一或一篮子资产来维持稳定价值。[①]

只要同时满足上述三点，即落入“稳定币”的广义范畴。然而，广义概念并不自动触发监管义务。立法者进一步通过第4条将监管重点聚焦于“指明稳定币”(specified stablecoin)，即“完全或主要以官方货币(如港元、美元)为参照的稳定币”。[②] 该定义排除了央行数字货币(CBDC)、有限用途代币、证券型代币、储值支付工具余额以及银行存款，从而将监管资源集中于对货币与金融稳定最具潜在冲击的法币稳定币。

2. 受规管活动的范围

第5条明确了两类“受规管稳定币活动”包括在香港发行指明稳定币或就指明稳定币提供“发行”之外的附加服务(例如赎回、托管、交易撮合等)，金管局可借宪报公告形式，经过研判合理纳入。如此设计使监管框架具备弹性：当市场出现新的商业模式时，政府无须修订主体法例，仅需通过行政命令即可将新业务纳入监管。[③]

考虑到稳定币业务的跨境属性，《条例》第100至107条创设“指定稳定币实体”(designated stablecoin entity)机制。即使发行人不设在香港，只要其发行的指明稳定币在香港拥有“显著使用量”(如日均交易额、持有人数等达到法定值)，金融管理专员即可通过宪报公告将其纳入监管。此举有效填补了传统“属地监管”在虚拟资产领域的真空，防止境外发行人通过“离岸+在线”方式绕过香港监管。

3. 与其他监管框架的边界划分

为避免重复监管，《条例》第2条及附表8对“存款”、“证券”、“储值支付工具”等传统金融工具作出明确排除。[④] 举例而言，若某代币被定性为《证券及期货条例》下的“集体投资计划”，则自动脱离《稳定币条例》的管辖；反之，若某储值支付工具余额仅以港元计价且不具备投资属性，则继续受《支付系统及储值支付工具条例》监管。通过“排他清单”，立法者向市场清晰传递了“同一业务、同一风险、同一监管”的原则，减少合规不确定性。

---

① 《稳定币条例》，第3条。
② 《稳定币条例》，第4条。
③ 《稳定币条例》，第5条。
④ 《稳定币条例》，第2条及附表8。

（二）注册登记制度设计

《条例》以牌照制度为主要监管措施，构建了一套“前端许可—持续监管—动态调整—有序退出”的完整登记注册体系，确保任何在香港开展指明稳定币业务的主体均须接受金管局的统一审慎监管。

1. 申请主体条件

首先，申请人资格被严格限定于两类主体：在香港注册成立的公司或在境外成立但已获金管局认可的认可机构，且最低已缴股本为2 500万港元或等值可自由兑换货币。① 若申请人以其他形式的财政资源替代，须经金管局书面批准，确保资本质量与风险吸收能力。

其次，关键人员适格性审查贯穿始终：行政总裁、董事、稳定币经理及控权人必须在获得牌照前取得金管局的“适当人选”认定，而其后任何人员变动亦须在14日内报批。②

在申请阶段，申请人须按金管局指明的格式提交商业计划、经审计财务报表、储备资产管理政策、反洗钱及反恐融资制度、技术系统安全评估及法律意见书等。③ 金管局依据附表2所列“最低准则”进行实质审查，重点评估财务稳健性、治理结构、技术安全、赎回安排及跨境合规能力。通过审查后，金管局可对牌照附加资本附加、储备资产投资限制、客户集中度上限、信息披露频率等条件，并保留事后修改或新增条件的权力。④

2. 持续监管要求

持牌人每年须缴纳牌照费并提交经审计财务报告、储备资产独立审计报告及风险评估更新，金管局可视风险状况启动现场检查或专项调查。⑤ 为兼顾市场既有参与者，《条例》附表7创设六个月的过渡窗口：在原条例生效前已在香港开展稳定币业务的实体，如在三个月内提交完整申请并获金管局确认收悉，可获“临时牌照”继续经营，直至正式牌照获批或被拒绝。未能及时提交申请或被拒绝的实体将进入最长一个月的“结业期”，期间仅可从事业务清算。

此外，条例要求金管局备存并公开电子名册，实时披露持牌人名称、牌照编号、

① 《稳定币条例》，附表2第4条。
② 《稳定币条例》，第54、58、66条。
③ 《稳定币条例》，第14条。
④ 《稳定币条例》，第17条。
⑤ 《稳定币条例》，第22条。

主要营业地址、附加条件及任何撤销、暂停、变更信息。① 退出机制方面，持牌人可主动申请撤销牌照，但须证明储备资产足以全额赎回流通稳定币且不存在未决客户纠纷。② 若触发资本不足、虚假陈述、无力赎回或危害公众利益等撤销事由，金管局可即时启动强制撤销程序，并委任法定管理人接管业务、处置资产及兑付客户。③ 清盘或撤销程序中，储备资产须优先用于赎回流通稳定币，剩余资产方按一般破产程序分配。

（三）储备资产与赎回机制

《条例》将“储备资产”视为稳定币信用与香港货币金融稳定之间的关键防火墙，并以“100% 备付、高流动性、安全隔离、实时赎回”四项原则为核心，构建了一套涵盖资产池组建、托管、估值、审计及赎回流程的精细化制度。该制度既回应了传统金融“银行挤兑”风险的监管经验，又充分吸收了加密市场价值脱锚及大股东侵占客户资产的教训。储备资产与赎回机制通过设置 100%全额备付、实时披露、独立托管、灵活赎回与极端情景处置等多种政策，体现了金管局“技术中性、风险导向”的监管目标。

1. 储备资产要求

根据《条例》第 5 条及附表 2，任何持牌人就其发行的每一“指明稳定币”类别，必须设立独立且唯一的指明储备资产组合。该组合的市值在任何时点不得低于相应稳定币尚未赎回的流通总量之面值，即实行严格的 1∶1 全额兑付，而非传统银行业的部分准备金逻辑。立法者刻意使用“任何时点”而非“会计期末”或“工作日终”措辞，旨在杜绝“隔夜腾挪”、“窗口粉饰”等操作空间，使储备充足率成为实时硬约束。储备资产在资产性质上必须满足“高质量、高流动性、最低信用及市场风险”三项要件。④ 金管局保留对单一发行人敞口、货币集中度及衍生工具使用的上限调整权。

2. 资产隔离与赎回流程

为防止“资金混同”导致的优先权纠纷，《条例》要求各储备资产池与持牌人的自有资产从法律、账户及运营层面三重隔离。⑤

《条例》将赎回权规定为持币人的法定权利。立法者以“三不”对发行人设置刚

① 《稳定币条例》，第 21 条。
② 《稳定币条例》，附表 4 第 16 条。
③ 《稳定币条例》，第 28—35 条。
④ 《稳定币条例》，附表 2 第 5(5) 条。
⑤ 《稳定币条例》，附表 2 第 5 条。

性底线：不得拒绝赎回、不得设置“过分严苛”之限制、不得收取“不合理”费用。[①] 条文将判断标准交由金管局以指引形式细化,实务中出现的设置最低金额、锁仓期、KYC以外附加证明等做法可能被视为不合理限制。

日常情形下,持牌人收到有效赎回要求后须在切实可行范围内以最快速度完成兑付,且必须以参照资产按面值支付;若发行人拟引入任何“非实时”或“阶梯赎回”安排,须事先获得金管局书面豁免,而金管局仅在发行人证明具备充足流动性、技术系统与风控措施后方可批准。为落实上述权利,条例要求发行人通过白皮书、官网等渠道披露赎回费率、触发条件、处理流程及每日可赎回额度,确保市场透明与公众预期稳定。

(四)消费者保护与市场行为规范

1. 消费者保护

《条例》设置多重机制,包括赎回权,信息披露,投诉救济,刑事责任等,为稳定币投资者建立了保障体系。其制度逻辑是：先以赎回权保障资金安全,再以强制披露确保决策信息完成及时准确,辅以高效投诉及补偿机制化解纠纷,并以严厉打击欺诈与误导,最终形成覆盖交易前、中、后的全周期消费者保护框架。

立法者借鉴证券监管思路,要求持牌人就每一类指明稳定币发布白皮书,内容必须至少包括：稳定币机制、风险因素、储备资产构成及托管安排;赎回权行使方式、费用、时限及潜在限制;以及与发行人之间可能存在的利益冲突及管理机制。[②]

同时,《条例》要求持牌人建立“健全、易启动、可负担、独立、公平、具问责性、及时且有效率”的投诉及补偿机制。不得设立不合理收费。[③] 对于无法通过内部机制解决的争议,消费者可依第6部将平台行为向金融管理专员投诉。[④]

2. 刑事责任

在稳定币市场信息不对称高、技术门槛高、诈骗案高发的现实背景下,《条例》为提高消费者保护程度,规管欺诈、误导等行为,确保消费者免受虚假陈述与欺诈销售之害。

首先,条例第11条与第12条将任何在指明稳定币交易中出于欺诈或欺骗意图

---

① 《稳定币条例》,附表2第6条。
② 《稳定币条例》,附表2第13条。
③ 《稳定币条例》,附表2第14条。
④ 《稳定币条例》,第6部。

而使用任何手段、计划或计谋的行为界定为刑事犯罪，循公诉程序可处最高 1 000 万港元罚款及 10 年监禁。[①] 同时，对于牌照申请人和持牌机构，第 149 条进一步规定，任何人在向金融管理专员提交资料时如故意提供“在要项上属虚假或具误导性的资料”，亦构成犯罪，循简易程序可处第 6 级罚款及 6 个月监禁，循公诉程序最高罚款 100 万港元及 2 年监禁。[②] 另外，条例第 150 条针对文件造假设立特别责任，如由第三方签署的文件“在要项上属虚假或具误导性”，签署人在明知或理应知道的情况下仍予签署，即属犯罪，量刑与第 149 条等同。[③]

市场宣传方面，为杜绝市场混淆，第 151 条明文禁止持牌人或指定稳定币实体在香港或其他地方作出“其能力或资格已获金融管理专员认可或保证”的虚假表述，违者一经定罪可处第 5 级罚款。[④] 在分销与广告层面，第 9 条与第 10 条将未获牌照发行人的要约或广告行为列为犯罪，循公诉程序最高罚款 500 万港元及 7 年监禁，确保消费者只能通过持牌发行人、持牌虚拟资产交易平台、持牌法团或认可银行投资稳定币产品。[⑤]

（五）监管权力与执法机制

《条例》在制度设计上体现了“风险导向，突出主体”的监管理念。金管局作为主要监督机构，《条例》赋予其监督准入、持续监管、危机干预与执法救济等权力。同时，为保证权力合理使用，《条例》设立了独立复核机构“稳定币审裁处”，形成行政效率与司法制衡并重的治理框架。

在日常监管环节，第 110 至 129 条授权金管局随时索取资料、委任技术人员出具报告、进入处所搜查并扣押文件等权责。[⑥] 第 53 至 70 条对持牌人的控权人、董事、行政总裁、稳定币经理实施“事前同意+持续适格”管理，并可在出现重大风险时限制股份转让或授权金管局向法院申请强制出售。[⑦] 第 78 至 86 条更赋予金管局在持牌人陷入无力偿债、重大违规或损害持有人利益情境下，经咨询财政司司长后，指示立即补救、委任顾问或法定管理人接管其事务、业务及财产，实现“早期干预—接管重整—

① 《稳定币条例》，第 11—12 条。
② 《稳定币条例》，第 149 条。
③ 《稳定币条例》，第 150 条。
④ 《稳定币条例》，第 151 条。
⑤ 《稳定币条例》，第 9—10 条。
⑥ 《稳定币条例》，第 110—129 条。
⑦ 《稳定币条例》，第 53—70 条。

有序退出”的危机处理闭环。[①]

另外，条例充分保障金管局的事后调查和执法权力。比如，第116条规定调查员可在裁判官手令支持下强制取证，不配合者最高可处七年监禁；[②]第131至137条授权金管局对持牌人、指定实体及其高管处以最高1 000万港元或违法所得三倍的罚款、谴责、暂停申请资格等制裁，罚款可向法院登记并强制执行。[③]

最后，为确保监管权力的行使受到制衡，条例设立“稳定币审裁处”作为独立复核机构。审裁处主席由行政长官按终审法院首席法官建议委任的原讼法庭法官担任，辅以财政司司长按主席建议委任的不少于两名独立成员，专责受理针对金管局“指明决定”的复核申请。[④] 审裁处可搁置执行决定、调取证据，并作出维持、变更或撤销的终局裁决，且该裁决视为原讼法庭命令，可直接登记执行。[⑤] 另外，申请人或金管局可就法律问题向上诉法庭提出上诉，兼顾效率及公平，确保重大法律问题可以得到充分讨论及权威判决。

五、分析与评价

（一）总体评价

香港特区政府于2025年出台的《稳定币条例》在监管范围精准划分、注册登记制度设计、储备资产与赎回机制构建、消费者保护与市场行为规范以及监管权力与执法机制等方面均进行了系统性安排。《条例》积极回应了稳定币领域面临的诸多关键问题，受到市场普遍的正面反馈。

针对储备资产真实性与托管独立性问题，《条例》明确规定持牌人必须设立独立且唯一的指明储备资产组合，且该组合的市值在任何时点不得低于相应稳定币尚未赎回的流通总量之面值，实行严格的1∶1全额兑付，杜绝了“隔夜腾挪”“窗口粉饰”等操作空间，使储备充足率成为实时硬约束。为了回应投资者对发行人治理与运营透明度的关注，《条例》通过牌照制度对申请人资格、关键人员适格性审查、商业计划及财务报表披露等进行了严格规定。此外，要求发行人通过白皮书、官网等渠道披露

① 《稳定币条例》，第78—86条。
② 《稳定币条例》，第116条。
③ 《稳定币条例》，第131—137条。
④ 《稳定币条例》，第140条。
⑤ 《稳定币条例》，第144条。

赎回费率、触发条件、处理流程及每日可赎回额度等信息，确保市场透明与公众预期稳定。最后，为了增强监管的有效性，《条例》赋予金管局广泛的监督准入、持续监管、危机干预与执法救济等权力。在监管工具方面，金管局可随时索取资料、委任技术人员出具报告、进入处所搜查并扣押文件等，且在持牌人出现重大风险时，可指示立即补救、委任顾问或法定管理人接管其事务、业务及财产，实现了“早期干预—接管重整—有序退出”的危机处理闭环。这些措施在一定程度上增强了监管的灵活性和有效性，有助于防范稳定币业务带来的系统性风险。

香港政府为保证稳定币在香港推行有序有效，除了推动立法，还采取了一系列配套的监管措施。首先，金管局通过邀请特定机构入驻沙盒，[①]实施严格的 1∶1 高流动性储备、独立审计披露、反洗钱/反恐融资合规以及技术安全验证等要求，金管局能够在风险可控的环境中测试稳定币的应用场景及潜在风险。这种“试错”机制有助于提前识别和解决可能出现的问题，为《稳定币条例》的完善提供了实践基础。[②] 另外，金管局有意将稳定币应用于跨境支付场景，并通过“Ensemble”结算网络提供技术基础设施。这一举措具有重要的战略意义，有助于提升香港作为国际金融中心的地位，推动加密资产产业的发展。

需要指出，在牌照申请方面，金管局将在首阶段采取“邀请申请制”。即先与意向方进行预沟通，确认其具备“具体且务实的应用场景”后方发出正式申请表。定点邀请的机制看起来似乎不够开放公平，但非常务实，因为稳定币的市场竞争将非常激烈，加之监管成本提高，发行人的盈利水平将大幅降低，能否盈利和生存下来，关键是要有良好的应用场景和充足用户。这种机制可以避免起初一窝蜂的蹭热度申请、获批后缺乏应用场景和交易量而空转，以及最终一地鸡毛的倒闭潮等问题。

最后，作为新生事物，稳定币的发展需要加强投资者教育。在《条例》的立法咨询中，无论是行业从业者抑或零售投资者，均普遍将“稳定币”与现有支付工具监管框架（例如证券及储值支付工具）混为一谈。[③] 这种概念混淆可能使金融消费者暴露于风险之下。与传统金融产品（如股票债券或储值支付工具）不同，稳定币尚未具备成熟的监管框架，零售投资者难以通过披露程序了解自身面临的风险。此外，从立法咨询

---

① 首批入驻的三家机构为：京东币链科技、圆币创新科技及渣打×Animoca×HKT合资公司。

② 《金管局宣布稳定币发行人「沙盒」参与者》，载香港金融管理局官网，https://www.hkma.gov.hk/gb_chi/news-and-media/press-releases/2024/07/20240718-4/，2025 年 7 月 1 日访问。

③ 《在香港实施稳定币发行人监管制度的立法建议咨询总结》，https://www.hkma.gov.hk/media/chi/doc/key-information/press-release/2024/20240717c3a1.pdf，2025 年 7 月 1 日访问。

的反馈来看,即使是加密资产行业的从业者也对条例草案中的定义与监管范围存在困惑。对于零售投资者来说,理解确切的受监管活动与产品存在挑战。如何以简明准确的语言阐释复杂监管逻辑,并平衡科技创新与风险防控,将成为金管局在立法实施及持续监管中面临的长期命题。

(二)比较法分析:美国与欧盟

我国香港地区以及美国与欧盟对稳定币的制度回应既呈现“法币锚定、足额储备、持牌发行”的趋同性,又映射出迥异的金融主权战略。

其一,政策考量的分野最为鲜明。香港特别行政区的《稳定币条例》以巩固其国际金融中心地位和助力离岸人民币跨境支付为核心目标。香港力图在“一带一路”倡议中释放港元稳定币的清算潜能,通过稳定币的高效跨境支付功能,进一步提升其在国际金融体系中的地位。这种政策考量不仅有助于香港经济的多元化发展,也为人民币国际化提供了新的路径。美国的《GENIUS 法案》则嵌入了美元霸权的叙事框架,通过强制美债储备为财政赤字提供“链上流动性”。[①] 法案要求稳定币的储备资产必须是美元或美国国债,这一规定不仅巩固了美元的全球主导地位,还为美国财政赤字提供了新的融资渠道。同时,联邦与州的双轨牌照体系旨在平衡金融创新与货币主权,体现了美国在金融监管上的灵活性和分权特征。欧盟的《加密资产市场条例》(MiCA)则以统一内部市场和消费者保护为首要任务。通过建立统一的监管框架,欧盟旨在消除内部市场的监管碎片化,同时为数字欧元预留制度空间。这种政策考量不仅有助于提升欧盟内部市场的效率,也为未来数字货币的发展奠定了基础。

对于监管对象,主要经济体也呈现出不同的监管态度。香港对任何“指明稳定币”实施金管局一元化许可,并辅以 2 500 万港元资本门槛及本地实体要求,同时,任何海外以港元为锚定资产的稳定币发行人已被纳入监管范畴,形成了“属地+属人”双重管辖。这种严格的监管措施旨在确保稳定币的发行和流通符合香港的金融稳定和消费者保护要求。对比金管局政策变化可以发现,在多家全球稳定币发行人出险后,香港明显收紧了监管政策。例如增加了本地注册要求。美国则根据稳定币的市值区分监管层级,100 亿美元市值以上的稳定币发行人归属联邦监管,其余机构由州级机构依联邦最低标准进行监管。这种分级监管体系体现了美国联邦主义的分权特征,既保障了联邦层面的统一监管标准,又赋予了州级机构一定的灵活性。根据

---

① S.1582 - GENIUS Act,第 4 条。

《GENIUS 法案》,联邦合格支付稳定币发行人由美国货币监理署(OCC)监管,而州级合格支付稳定币发行人则由州级监管机构监管。[①] 欧盟通过单一牌照在 27 个成员国间实现互认,集中由欧洲银行管理局(EBA)与各国主管机关协同监管。这种超国家治理模式不仅提高了监管效率,还促进了成员国之间的市场一体化。

其二,各地对于风险事件应对的策略也有所不同。过往发生风险事件揭示了资产托管及破产处理的重要性。香港采用法定信托隔离机制,要求稳定币的储备资产必须由持牌银行托管,并赋予金管局在必要时采取立即补救、委任顾问或法定管理人接管其事务、业务及财产的权力。这种机制确保了储备资产的安全性和流动性,同时也为投资者提供了强有力的保护。美国则明确了持币人的破产优先权,[②]并将储备资产限定于现金或 93 天以内的美国国债,禁止再质押。这种规定旨在降低投资者在破产情况下的风险,同时确保储备资产的高流动性。此外,法案要求发行人每月公布储备资产的组成,并接受注册会计师事务所的审计。欧盟允许多种类型稳定币同时发行,对电子货币代币要求 1∶1 现金或存款储备,[③]对资产参考代币则允许多元低风险资产,并设立投资者赔偿基金。这种多元化的监管策略既促进了市场的创新,又为投资者提供了多重保障。

同时,市场也非常关注主要监管机构的设置。香港由金管局主导稳定币监管,同时构建与其他监管机构的合作,尤其是与负责加密资产交易平台监管的证监会。这种货币监管与证券监管的功能协同,有助于形成全面且高效的监管体系。美国由美联储、美国货币监理署及州监管者共同构成矩阵式治理体系,体现"功能监管+多头博弈"的监管传统。这种多头监管模式虽然增加了监管的复杂性,但也确保了不同利益相关者的参与和平衡。欧盟则由欧洲央行统筹技术标准、成员国主管机关负责执法,展示超国家机构与主权监管者间的合作治理。[④]

(三)对内地的启示:在岸与离岸人民币稳定币

美国积极鼓励加密资产的发展乃至成为国家战略储备,大力支持美元稳定币市场,具有重大而深远的战略考量,不仅可以促进支付和金融系统创新,而且有利于强

---

① S.1582 – GENIUS Act,第 4(b)条。

② S.1582 – GENIUS Act,第 11(d)条

③ Article 46 and 49, Regulation (EU) 2023/1114 of the European Parliament and of the Council of 31 May 2023 on markets in crypto-assets, and amending Regulations (EU) No 1093/2010 and (EU) No 1095/2010 and Directives 2013/36/EU and (EU) 2019/1937.

④ 《沈建光、朱太辉、王若菡 | 美欧稳定币政策走向分化》,载新浪财经,https://finance.sina.com.cn/stock/stockzmt/2025-07-14/doc-inffmyas4733927.shtml,2025 年 7 月 1 日访问。

化美元国际地位,为美国国债创造新需求并压低其利率水平,最终提升综合国力。中国作为大国,应当对此高度重视并积极应对,适时和妥善调整对加密资产与稳定币的相关政策和立法。

尽管稳定币在跨境支付和贸易结算中具有一定的优势,但其带来的各种风险也不容忽视。当前,内地市场尚未具备全面接纳稳定币的监管和法律框架,且稳定币在实际应用中的诸多痛点尚未解决,因此,从具体国情出发,可以采取内外有别的稳定币发展政策。具体而言,内地可以暂不发行基于在岸人民币的稳定币,但应当面向境外积极参与加密资产与稳定币的发展。

一方面,2023 年以来,稳定币在内地的使用呈现增长势头。多地报道显示,跨境电商开始大规模使用稳定币进行贸易结算。区块链分析机构追踪到大量以 USDT、USDC 计价的大额跨境流水,2023 年义乌链上稳定币支付被估算已超百亿美元。① 然而,实地调研显示,真正以稳定币收款的义乌商户不足百分之一,且多为熟客之间的小额暗线交易。② 跨境电商使用稳定币主要有三个原因:一是“支付即结算”压缩了传统电汇 2—3 天的周期,2 分钟即可到账。二是链上手续费相对 SWIFT 通道更低,尤其在非洲、南美等银行基础设施薄弱地区,USDT 可直接充当“数字美元”;三是部分新兴国家本币波动剧烈,商户与采购商均愿意以美元锚定资产锁定汇率风险。

然而,稳定币尚不能完全解决支付痛点。其一,出口退税政策明确排除数字货币结算,6%—13%的退税红利一旦丧失,稳定币的费率优势不再;其二,银行流水仍是企业融资、参展、贷款的核心凭证,链上交易无法替代传统金融记录;其三,合规与操作风险高:商户需通过“U 商”(没有牌照的虚拟资产中间商)兑换,汇差 2%—5%,且易被冻卡;其四,欧美主流客户仍以美元电汇或信用证为主,稳定币尚未进入其采购流程。由此可见,稳定币在跨境电商中的真实渗透率远低于链上数据所暗示的“百亿美元”,更多扮演的是“应急通道”而非“主流工具”。

另一方面,近年来内地以“USDT 理财”为幌子的诈骗案呈爆发式增长。仅“DGCX 鑫慷嘉”一案就涉及 200 万名投资人、130 亿元人民币,资金全部通过泰达币

---

① 《义乌稳定币交易“10 亿美元流水”调查:仅个别商户收取》,载 21 世纪经济报道,https://www.21jingji.com/article/20250708/herald/5b1c480e0a8e3842f22f295019323472.html,2025 年 7 月 1 日访问。

② 《稳定币支付的百亿美元传说 调研中义乌人连连摇头》,载第一财经日报(数字报),https://www.yicai.com/epaper/pc/202507/11/content_45423.html,2025 年 7 月 1 日访问。

(USDT)进出。[①] 境内公安机关即便掌握钱包地址,也常因“实际控制人无法对应”而止步。

现实中,境外追赃的难点在于“三重不对称”。一是技术不对称：链上地址可瞬时生成、多层嵌套,传统经侦的 IP 追踪、账户冻结手段在去中心化网络前迅速失效。二是司法不对称：USDT 发行主体 Tether 位于英属维尔京群岛,服务器遍布全球,内地司法函件平均耗时 9—18 个月方可获得一次“形式性回复”。三是证据不对称：受害者手持的往往是 Telegram 群里的喊单记录,缺乏银行流水、合同文本等符合《刑事诉讼法》要求的证据形式,难以立案。

更重要的是,内地实行资本管制,而稳定币可能成为规避资本管制的工具。比如,2024 年广东海关破获的“虚假出口骗税”案中,犯罪团伙先将人民币换成 USDT,再通过迪拜 OTC 市场兑换成美元,最终汇入美国券商账户购买美股,形成“出口—USDT—美股—美元”的闭环。[②] 由于 USDT 不受外汇额度限制,其隐蔽性与速度远超传统地下钱庄。

本文建议,内地应当考虑在香港推出离岸人民币稳定币,主要理由有三个。第一,与在岸人民币稳定币不同,发行离岸人民币稳定币不会影响内地金融稳定。第二,美元稳定币的快速发展,给人民币跨境支付清算带来全新的挑战,如果在支付效率、清算成本等方面不能跟上美元稳定币,那么,人民币跨境支付和国际化发展将面临很大阻碍。第三,香港作为国际金融中心,具备独特的制度优势和丰富的金融经验,现在香港稳定币监管法规建设也走在世界前列,从而能够为离岸人民币稳定币的探索提供坚实的土壤。

离岸人民币稳定币的推出,不仅可以补充现有的人民币跨境支付系统(CIPS),还有望构建起一条独立于 SWIFT 体系的人民币支付体系。

具体而言,持牌金融机构可以在监管沙盒内发行离岸人民币稳定币,用于大湾区跨境电商、航运贸易等高频小额支付。成熟后推广到覆盖 RCEP 等区域结算,同时试点债券代币化等 RWA(现实世界资产)应用,进一步丰富离岸人民币稳定币应用场景并增加市场接受度。

---

① 《虚拟币投资平台跑路 涉案 130 亿元、200 万人》,载财新网,https://finance.caixin.com/2025-07-11/102340404.html?originReferrer=caixinsearch_pc,2025 年 7 月 1 日访问。

② 《2025 年出口骗税资金流追溯核心技术与实战案例》,载中税联华税务师事务所网站,https://zhongshui365.com/hangye/746.html,2025 年 7 月 1 日访问。

六、结　论

香港《稳定币条例》的出台,为稳定币市场提供了一个全面且具国际竞争力的法律框架。该条例通过精准划分监管范围、设计严格的注册登记制度、构建精细化的储备资产与赎回机制、强化消费者保护措施以及赋予监管机构广泛的监督与执法权力,系统性地回应了稳定币领域面临的诸多关键问题。然而,尽管《稳定币条例》在制度设计上具有创新性和前瞻性,其有效性和市场反应仍需进一步检验。此外,稳定币作为一种新生事物,其发展需要加强投资者教育,以确保金融消费者能够充分理解并有效应对相关风险。

对于内地而言,香港的稳定币立法提供了宝贵的经验和启示。当前,内地市场尚未具备全面接纳稳定币的监管和法律框架,且稳定币在实际应用中的诸多痛点尚未解决。因此,从成本收益的角度看,内地不应急于发行在岸人民币的稳定币。相反,香港作为国际金融中心,具备独特的制度优势和丰富的金融经验,现在更有走在世界前列的稳定币监管框架,能够为离岸人民币稳定币的探索提供坚实的土壤。发展基于离岸人民币的稳定币市场将有助于促进人民币的国际化进程,提升人民币在加密世界的国际竞争力和影响力,同时,也将成为香港稳定币市场的一大特色,反过来有助于香港实现成为虚拟资产中心的新时代愿景,巩固其作为国际金融中心的战略优势,保持香港的长期繁荣稳定。

(责任编辑:沙　含　刘霄鹏)

货币竞争下的稳定币用户权益保护

——基于对香港《稳定币条例》的观察

柯　达*

摘要： 香港《稳定币条例》的出台，主要目的是巩固香港的国际金融中心地位，特别是强化货币流通的国际竞争力。该条例在界定稳定币概念的基础上，通过“发牌”制度，将从事特定稳定币活动的主体纳入监管范畴，其中体现用户权益保护的主要内容包括赎回权、信息披露以及投诉处理。由于公众信心决定了市场化前提下的货币信用，用户权益保护程度的高低会决定货币竞争的能力。稳定币用户权益保护的财产侧重点是对用户赎回权的保障，《稳定币条例》已对用户的赎回权作出较全面的规定；但就数据侧而言，《稳定币条例》对身份识别以及数据权益的保护有更大的完善空间。我国内地不宜照搬香港地区全面“放开”稳定币业务活动，需要统筹考虑目前突破虚拟货币“禁止式”监管立场的可行性，厘清稳定币的法律定性与支付监管挑战，以及应对稳定币的账户体系及其互联互通难题。

关键词： 稳定币　货币竞争　数字货币　投资者保护　数字人民币

稳定币（stablecoin）是通过与法定货币、主流虚拟货币（香港地区又称为“虚拟资产”或“数字资产”）、大宗商品等财产锚定，或通过第三方主体调控货币供应量的方式，实现市场价格“相对稳定”的数字化表示。稳定币主要用于促进其他虚拟货币的交易、借贷，并在相关交易平台以及去中心化金融（DeFi）应用程序和协议中用作加密资产“交易对”的稳定支柱，以及借贷活动中的抵押品。① 近年来，许多国家或地区加

---

*　法学博士，华东政法大学经济法学院副教授。

①　International Organisation of Securities Commissions, Policy Recommendations for Crypto and Digital Asset Markets: Final Report, 2023, p.69.

快了虚拟货币或稳定币的立法进程,例如2024年底欧盟《加密资产市场监管条例》生效,中国香港地区于2025年5月通过《稳定币条例》,美国国会对《引导和建立美国稳定币国家创新法案》(即GENIUS法案)的审议进入新阶段,稳定币再次成为全球的关注焦点。

不过,“太阳底下无新鲜事”,不论是2018年稳定币NBT崩盘,2019年脸书公司发布Libra白皮书,还是2022年稳定币UST崩盘,均在政府、市场和学界层面引发了如何监管稳定币的讨论。我国央行负责人亦在2025年6月,专门提及稳定币“从底层重塑传统支付体系,大幅缩短跨境支付链条,同时对金融监管也提出了巨大的挑战”,并认为加密资产“全球监管协调不足,监管的取向大幅摆动并受政治的驱动太强”。国际清算银行(BIS)亦指出,稳定币在货币单一性、弹性与市场诚信方面难以作为未来货币体系的支柱。[①] 就本轮“稳定币热”而言,学界或业界主要探讨中国香港、美国等地的稳定币立法对稳定币乃至整个数字经济体系带来的积极影响,普遍对稳定币的创新价值给予高度肯定;亦有不少人士认为提出我国应当发展人民币稳定币,以抢占国际市场,甚至主张放开虚拟货币的交易活动,因为香港的稳定币立法是为了内地“放开”稳定币铺路。

稳定币作为一种新生事物,对社会公众的认知带来了更大挑战,因此法律层面的讨论除了聚焦于金融稳定之外,还当重点围绕稳定币的个人权益保护。不论是学界还是业界,对购买、持有或使用稳定币的主体称谓尚未统一,存在“投资者”“持有者”“客户”“用户”等词混用的现象。从稳定币的运行机制角度看,由于稳定币价格波动较小、创设目的主要为支付而非投资,因此本文采用“用户”(user)的称谓。[②]

一、货币竞争下香港《稳定币条例》中的用户权益保护规定

(一)货币竞争:香港《稳定币条例》的制定背景

稳定币早在2014年便已出现,其并非近两年在市场中新生的虚拟货币类型。自2009年比特币被实际创设与流通之后,许多机构和个人模仿比特币架构创设了诸多区

---

① 此前,BIS已指出,即便稳定币可以帮助缓解特定的跨境支付摩擦,它也不一定会对跨境支付产生积极影响,因为其缺点可能超过任何潜在的好处。Committee on Payments and Market Infrastructures, Considerations for the Use of Stablecoin Arrangements in Cross-border Payments, 2023, p.2.

② 香港相关政府机构负责人亦表示,不应将稳定币视为生财或发财工具,而应视为金融发展工具。

块链系统，以及由该系统发行、不代表任何权益的数字化资产；随着区块链技术的进一步发展，各类市场主体自 2013 年起，可凭借智能合约，基于“首次代币发行”（ICO）方式，吸收投资者的法定货币或主流虚拟资产（例如以太币）以发行其创造的新型虚拟货币。为解决比特币等虚拟货币价格波动过大的弊端，稳定币应运而生，其以泰达公司于 2014 年发行、锚定美元资产的“泰达币”（USDT）为代表。如稳定币采用锚定法定货币的价格稳定方式（即“法币稳定币”），其运行机制大致如下：一方面，用户向发行人支付购买稳定币的法定货币，发行人向其提供等额面值的稳定币，并将收到的法定货币投资于低风险资产；另一方面，之后用户可将稳定币转让于他人，也可向发行人申请赎回与面值对应的法定货币。[①]

随着 2019 年 6 月脸书公司发布 Libra 白皮书，稳定币受到了更多政府组织的关注。特别是七国集团于 2019 年发布的《全球稳定币影响调查》指出，具有全球性质的稳定币项目可能会对货币主权构成重大挑战，如果未适当设计并遵守与风险成比例的监管，以充分解决金融稳定等方面的风险，则不得开始运营。[②] 此后，金融稳定委员会（FSB）、国际货币基金组织（IMF）、国际证监会组织（IOSCO）等国际组织相继发布报告，提出稳定币监管的一系列基本原则。时至今日，尽管稳定币的市场规模在不断扩张，但稳定币的底层技术与运行机制未曾发生根本变动。在此背景下，香港对稳定币等虚拟货币采取了审慎观望的监管立场，既未鼓励发展，也未严格禁止。例如，香港证监会尽管多次发布可疑的虚拟资产交易平台警示名单，但未主动对相关机构或交易活动前置性地开展主动执法。

不过，受到国内外宏观政治、经济因素对香港地区的影响，自 2022 年以来，香港对包括稳定币在内的虚拟货币的监管立场逐渐转变为，在构建止式监管机制的前提下，鼓励相关市场的发展。香港特区政府在 2022 年发布的《有关香港虚拟资产发展的政策宣言》中表示，“虚拟资产”因 Web 3.0 和元宇宙的未来机遇而在市场上不可或缺，即认可了此类新生事物对维护香港国际金融中心的积极作用；为提高香港与同规模经济体的竞争力，需要建立发牌等监管机制以确保虚拟货币得以可持续和负责任地发展，其中还肯定了稳定币在作为加密货币（例如比特币）与法定货币的交易媒介的功能，但并未认可其作为合法的支付方式。[③] 对于稳定币，香港相关政府机构于

① 如未特别说明，下文所指“稳定币”均为法币稳定币。

② G7 Working Group on Stablecoins, Investigating the Impact of Global Stablecoins, 2019, p.2.

③ 香港特别行政区政府：《政府发表有关虚拟资产在港发展的政策宣言》，https://www.info.gov.hk/gia/general/202210/31/P2022103000455.htm，2025 年 7 月 10 日访问。

2022 年开始发布讨论文件、2023 年末发布立法建议咨询文件,并与 2024 年初推出稳定币发行人沙盒安排,启动稳定币发行的试点活动,以探索性构建稳定币的基本监管框架。2024 年末,香港特区政府发布《稳定币条例草案》,在部分条文经进一步完善后,香港立法会于 2025 年 5 月通过《稳定币条例》。2025 年 6 月,香港特区政府发布《香港数字资产发展政策宣言 2.0》,直接表示要建设值得信赖及致力推动创新的"数字资产"中心,最终目的是巩固香港作为国际金融中心的领先地位;其中,该宣言提出支持稳定币项目,确保稳定币发行的稳定性及可信度,提升其在本地及国际上使用的可靠性。①

从上述香港的虚拟货币监管变迁不难发现,香港推动《稳定币条例》等稳定币相关立法的目的,重在巩固香港作为国际金融中心的竞争力,特别是货币方面的竞争力,因此是一种"政策驱动"而非"风险驱动"或"市场驱动"的立法表现。目前,稳定币市场占据绝对主导地位的是锚定美元资产的稳定币,美国立法机构近期积极推进稳定币立法,试图巩固并进一步扩大美元的全球影响力。香港稳定币立法的推进,势必能在国际市场上对抵御美元稳定币的不利影响,发挥积极作用;如将来相关企业获准发行离岸人民币稳定币,还有助于推进人民币的国际化。此外,稳定币的一大优势是在跨境支付中降低成本、提高效率与安全程度,稳定币特别是法币稳定币的应用,还可以补充甚至替代 SWIFT 主导、通过代理行运作的传统跨境支付模式,提升香港地区货币流通的效率。尽管基于稳定币的匿名性,目前大量稳定币被用于灰色与黑色交易,将稳定币纳入法律监管中会在一定程度上减少这部分交易,对强化政府层面的货币竞争或带来一定减损;但是,稳定币正式监管机制的建立,事实上有助于政府机构强化对稳定币背后所锚定法定货币的管控程度,从长远来看仍有助于推动国际货币竞争。

(二)香港《稳定币条例》中的用户权益保护规定

香港《稳定币条例》的正式条文内容分为 11 部,包括导言、规管涉及指名稳定币的活动的限制、稳定币实体的指定、金融管理专员的职能、调查、制裁、稳定币审裁处复核、一般罪行、保密、杂项、过渡条文及相应修订,此外还有八组附表的规定。界定什么是"稳定币"和"稳定币活动"是制定《稳定币条例》的首要任务,该条例第 3 条规定,稳定币是符合以下所有条件的"加密保护数码形式价值":其一,以计算单位或经济价值的储存形式表述;其二,作为或拟作为公众接受的交易媒介,用于为货品或服

① 香港特别行政区政府:《〈香港数字资产发展政策宣言 2.0〉将引领香港迈向全球数字资产领先新境界》,https://www.info.gov.hk/gia/general/202506/26/P2025062500847.htm,2025 年 7 月 10 日访问。

务付款、清偿债务或投资的目的;其三,可透过电子方式转移、储存或买卖;其四,在分布式分类账或类似资讯储存库上操作;其五,参照单一资产,或一组/一篮子资产以维持稳定价值。同时,该条规定还排除了由中央银行等官方机构发行的数码形式价值,以及其他条例中所界定的有限用途数码代币、证券或期货合约、储值金额或工具按金、存款。[①] 不过,《稳定币条例》拟构建的监管制度并非覆盖符合该定义的所有稳定币类型,而是第 4 条界定的"指明稳定币"(specified stablecoin),此类稳定币是指完全参照一种及以上官方货币、金融管理专员指明的计算单位,或经济价值的储存形式的稳定币,进而将前文提及的法币稳定币视为重点监管的标的。[②]

在界定稳定币概念的基础上,《稳定币条例》通过"发牌"制度,将从事特定稳定币活动的主体纳入监管范畴。该条例第 5 条规定,"受规管稳定币活动"主要包括在业务过程中,在香港发行指明稳定币,或在香港以外的地方发行参照港元的指明稳定币,或向香港公众积极推广前述活动。一家公司或在香港以外成立为法团的认可机构如果从事受规管稳定币活动,必须在符合法定条件(例如已缴资本 2 500 万港币、高管须具备适当的知识与经验)的前提下,向金融管理专员提出申请,要求发出牌照。[③]

此外,《稳定币条例》的附表 2 还确立了一系列稳定币活动的日常运营要求,包括储备资产管理、赎回、审慎与风险管理、打击洗钱与恐怖分子资金筹集、披露、投诉处理、无利息、恢复计划等。其中,涉及用户权益保护的日常运营要求大致可分为以下几类:

其一,用户赎回权的保障。持有稳定币牌照的主体(即"持牌人")须向稳定币持有人(即"用户"),提供赎回该稳定币——即以该稳定币所参照的参照资产,向该持有人支付该指明稳定币的面值的权利。同时,持牌人不得附加任何在有关情况中属过分严苛的条件,以限制赎回稳定币,且不得收取与赎回稳定币相关的费用(除非该费用具备合理性)。如该持牌人无力偿债,可按比例赎回或处置剩余的储备资产组合。[④]

其二,信息披露。持牌人须就其发行的稳定币发表白皮书,以提供该稳定币相关的全面及透明的资料,向稳定币用户提供关于持牌人投诉处理及补偿机制的资料;同

---

① 在香港法律体系下,稳定币的定义明显区分于与其运作模式较为相似的"储值支付工具",后者的法律定义是用作储存款额的价值,该款额要么不时存入该工具,要么可根据该工具的规则储存于该工具,且该工具可根据发行人作出的承诺,用作就货品或服务付款或向另一人付款的方法。参见香港《支付系统及储值支付工具条例》第 2A 条。

② 与之不同的是,稳定币在欧盟《加密资产监管条例》(MiCAR)中可能被纳入锚定多种法定货币的"资产参考代币"(ART),或锚定一种法定货币的"代币货币代币"(EMT)范畴。See Art. 3, REGULATION (EU) 2023/1114 OF THE EUROPEAN PARLIAMENT AND OF THE COUNCIL of 31 May 2023 on markets in crypto-assets.

③ 香港《稳定币条例》第 14 条,附表 2 第 4 条、第 7 条、第 8 条。

④ 香港《稳定币条例》附表 2 第 6 条。

时,持牌人须设有并实施健全及适当的风险管理政策及程序,以识别、防止、管理和披露该持牌人与其发行的稳定币用户之间的潜在及实际利益冲突。此外,持牌人还须适时披露以下信息:就储备资产的日常管理而言,持牌人须披露其储备资产管理政策,以及储备资产所引发风险及其管理的评估;就赎回权保障而言,持牌人须在网站上述明或通过可供公众取阅的方式,披露与赎回该等指明稳定币相关的费用、行使赎回权的条件、回的机制及程序,以及可在何期间内处理对稳定币的有效赎回要求。①

其三,投诉处理。持牌人须设有并实施健全及适当的管控制度,以确保稳定币用户可使用投诉处理及补偿机制,而确保该机制健全、易于取用、可负担、独立、公平、具问责性、及时及有效率。同时,持牌人须确保该款所述的投诉处理及补偿机制,不会对有关用户施加不合理的费用或负担,或造成不合理的延迟。②

需要注意的是,《稳定币条例》第15条通过无利息的规定,事实上限制了稳定币用户的"投资权利",以此显示用户的非投资者属性。该条规定,持牌人不得就其发行的稳定币支付利息或准许他人支付利息。此处的"利息",是指持牌人声称从持有该稳定币而产生的任何利润、收益或其他回报,而该等利润、收益或其他回报是基于用户持有该稳定币的期间长短,或该稳定币的面值或市值。

二、香港《稳定币条例》中的用户权益保护评价

(一)法理基础:"透过"货币竞争看用户权益保护

从表面上看,近年来以美元为主导的国际货币体系面临诸多挑战,香港推进以《稳定币条例》为代表的稳定币立法,是出于货币竞争的需要,因此需要强调通过"审慎监管"维护金融稳定、防范金融风险,而非"行为监管"意义上的用户权益保护只是稳定币监管的系列组成部分之一。这一监管思路,与国际组织发布的稳定币监管原则大体保持一致;香港监管机构已经明确表示,香港稳定币监管框架的范本来自金融稳定理事会(FSB)于2023年发布的全球稳定币监管建议。2023年,FSB发布的《全球稳定币项目的高级别建议:最终报告》确立了十项针对全球稳定币的监管建议,包括当局做好监管稳定币的准备,对稳定币的活动和功能实施全面监管,跨境合作、协调与信息共享,治理结构与分布式运作,风险管理,数据存储与数据访问,稳定币的恢

① 香港《稳定币条例》附表2第5条、第6条、第13条。

② 香港《稳定币条例》附表2第14条。

复与处置，披露，赎回权、稳定与审慎要求，运营前的合规要求。这些监管建议基于稳定币不同于其他虚拟货币的主要特征——稳定机制的存在、作为支付或价值储存手段的可用性，以期解决稳定币的潜在金融稳定风险。[①] 因此，稳定币的监管重心是在“稳定”，即稳定币发行人所构建并运行的稳定机制的可靠性。

但是，没有用户权益的法律保护，国际层面的货币竞争很难常态化维持，因为市场化前提下的货币信用主要是由公众信心所决定的。一般而言，尽管政府机构可以通过立法，强制性要求境内公众接受使用某一货币，或通过军事、政治等手段使货币为他国公众所接受使用，但如果该货币币值无法让公众建立可预期性，那么市场仍会自发规避政府的强制性规定。因此，如果能通过适当的权益保护手段确保币值稳定，那么宏观层面的货币竞争能力将能得到极大强化。这一利益衡量结果，也体现在《稳定币条例》对受监管的“兜底”稳定币活动的界定上。该条例第5条规定，监管机构在评估某项稳定币活动是否要纳入监管时，要考虑该活动是否对或是否相当可能会对香港的货币稳定或金融稳定、发挥作为国际金融中心的功能事关重要，以及是否牵涉重大公众利益的事宜。[②] 其中，“重大公众利益”是指相关活动受显著干扰后，极有可能会削弱公众对香港金融体系的信心，并导致香港的日常商业活动受到不利影响。

需要注意的是，尽管目前大量持有稳定币的用户所从事的交易活动难以评价为合法合规，但这并不意味着要降低稳定币用户的权益保护水平，甚至忽视权益保护。特别是在稳定币的正式监管机制建立后，稳定币可以在跨境支付等场景下发挥更突出的优势，进而有更多的用户会参与到稳定币的发行交易活动中。而稳定币的法律结构不同于银行存款、第三方支付等既有支付手段，加上其具有更复杂的技术逻辑，稳定币的权益保护更应当受到法律的重视，后期亦可根据稳定币的系统重要性区分为机构用户与个人用户。

（二）稳定币用户权益保护的财产侧评价

不论是资本市场中的投资者还是银行保险市场中的金融消费者，缓和信息不对称是共通的权益保护法理基础，这同样适用于稳定币。一般而言，应对信息不对称的主要方式有两种，一是信息披露，二是适当性管理。在实现用户身份识别的前提下，

---

① Financial Stability Board, High-level Recommendations for the Regulation, Supervision and Oversight of Global Stablecoin Arrangements: Final Report, 2023, p.1, 10.

② 香港金管局也在其报告中指出，在法律中未列出的与稳定币相关的活动通常只会带来较低且不太紧迫的货币和金融稳定风险。See Hong Kong Monetary Authority, Conclusion of Discussion Paper on Crypto-assets and Stablecoins, p.4.

稳定币的用户权益保护同样可以包括前述两类方式,因为实践中一出现稳定币发行人的利益冲突、市场滥用、治理不善等行为。同时,由于稳定币是一种可以发挥货币职能的支付手段,稳定币的用户权益保护应更贴近于传统的支付监管路径,即分为财产侧和数据侧两方面。

结合稳定币特殊的运行机制,稳定币用户权益保护的财产侧重点是对用户赎回权的保障,香港《稳定币条例》已对用户的赎回权作出较全面的规定。稳定币独特的发行与赎回机制,使其接近于20世纪之前出现的、在金属本位制下流通的法定货币。其中,公众之所以认可并持有法定货币,是因为能赎回相应的贵金属(例如黄金),因此对法定货币的信任本质上是对贵金属的信任,此种逻辑不仅可以适用于银行活期存款,亦能适用于稳定币。实践中,许多稳定币发行人对可以请求赎回的人员类型进行了不当限制,或对其设定不合理的最低赎回价值。在许多稳定币项目中,稳定币发行者只允许规模较大的机构(例如交易平台)直接与稳定币发行者开展赎回业务,这不仅限制了稳定币用户本应拥有的赎回权,还使其面临与交易平台等大型机构的交易对手风险。① 因此,香港《稳定币条例》法律保障稳定币用户的赎回权十分具有必要性。同时,未来可以进一步探索完善的赎回权的边界,特别是稳定币发行人因自身经营或宏观市场事件,面临短期内无法赎回的状态,是否能在特定时间或金额范围内,暂停或向监管机构申请暂停用户赎回的权利,以进一步平衡涉及个体的权益保护与系关公共利益的金融稳定。

除了赎回权保障之外,稳定币发行人对储备资产的管理,在客观上也体现出用户财产权益保护的效果。香港《稳定币条例》附表2第5条规定了维持稳定币价值的根本活动——储备资产的管理,持牌人必须直接或通过他人保存指明稳定币的储备资产组合,并遵守以下规定:其一,确保储备资产组合在所有情况下均获足够保障,免受持牌人的其他债权人的申索影响,并与支付予持牌人或由持牌人保存或收取的其他资金,或与其他储备资产组合分隔;其二,储备资产组合的市值须在任何时间,最少等同于该类指明稳定币属尚未赎回及仍流通者的面值;其三,储备资产组合须以该类指明稳定币所参照的相同参照资产持有;其四,储备资产须属高质素及高流动性,且具最低投资风险;其五,持牌人须设有并实施健全及适当的风险管理政策及程序,以管理其储备资产,确保该等资产获妥善管理,致使能够在没有不当延迟的情况下,兑

---

① International Organisation of Securities Commissions, Policy Recommendations for Crypto and Digital Asset Markets: Final Report, 2023, p.71.

现有效赎回要求,并健全及适当的管控制度,以确保其储备资产受定期独立核证及审计。

需要注意的是,清晰的法律定性是实施监管、保护个体权益的前提,例如七国集团在其发布的稳定币报告中提出,决定稳定币法律特征,最相关的因素是它们是否被视为等同于货币,以及能否被确定为合同请求权或财产权利,或拥有针对发行人或相关资产的权利。① 尽管稳定币与电子货币等支付业务在法律性质上似乎有一定重叠,但由于香港《稳定币条例》已专门为稳定币创设了单独的牌照制度,且已经较为充分地保障了用户的赎回权,在香港现行法律体系下,这种法律性质的重叠其不会对稳定币的用户权益保护带来实质性的不利影响。

(三) 稳定币用户权益保护的数据侧评价

稳定币基于以分布式账本(即区块链)为代表的数字化基础设施运行,因此用户权益保护的类型还包括数据权益。比照银行存款、电子货币等传统支付手段的数据权益保护逻辑,稳定币的数据权益保护可以分为实名制与数据保护两个层面。相较于通过赎回权保障财产权益,香港《稳定币条例》对用户数据权益的保护有更大的完善空间。

一方面,稳定币的实名制(即身份识别)监管尚存不足。与传统支付手段不同的是,目前市场上主流的稳定币的发行、交易与赎回等活动均在公共区块链上进行,链上相关活动所生成的信息均为匿名信息,用户在不经过交易所的前提下可通过非托管钱包持有或买卖稳定币,均无须经实名身份验证,甚至可通过当面交付钱包地址的方式,规避区块链上的信息记录。② 虽然公共区块链上的匿名信息全网公开且可追溯,但仍会在反洗钱等方面给现行金融监管带来极大挑战,还无法在错误转账或非授权支付等情形发生时,及时维护稳定币用户的财产权益。对此,香港《稳定币条例》附表2第9条规定,持牌人须设有及实施健全及适当的管控制度,以防止及打击可能出现的,与其持牌稳定币活动相关的洗钱或恐怖分子资金筹集,相关制度须符合香港《打击洗钱及恐怖分子资金筹集条例》以及金融管理专员公布的相关措施。这一条文明确了稳定币持牌人必须遵守现行反洗钱相关法律规定,但未针对稳定币的基础设

① G7 Working Group on Stablecoins, Investigating the Impact of Global Stablecoins, 2019, p.6. 在早期,稳定币曾被国际证监会组织和美国证监会认定为可能构成一种证券,例如货币市场基金。See International Organisation of Securities Commissions, Global Stablecoin Initiatives: Public Report, p.7.

② Hong Kong Monetary Authority, Consultation Paper on the Proposed AML/CFT Requirements for Regulated Stablecoin Activities, 2025, p.5.

施特性作进一步规定。按照现行技术条件,持牌人只能在稳定币的发行或赎回阶段要求用户提供实名信息,其难以对日常的稳定币二级市场交易进行实名化监测,并对可疑交易作出处理。香港金管局于2025年5月发布的稳定币反洗钱文件,重点也是稳定币的发行与赎回活动,对于二级市场交易则主要采取"额外的持续监控"。① 尽管实践中已发生稳定币发行人因用户涉嫌违法交易而冻结相应钱包地址,但相较于传统支付手段而言,这一封禁的实际效果并不理想。当然,香港《稳定币条例》未纳入更多相关规定,可能是为了鼓励相关技术的发展创新,为市场的发展留出空间。在司法上,香港法院已突破实名制的约束,通过区块链上全网广播不得与某匿名钱包地址发生交易、否则相关交易地址将被视为藐视法庭的内容,实现了查封数字钱包的效果。②

另一方面,稳定币的数据保护义务规定有待细化,特别是个人信息保护义务与数据安全维护义务。理论上,任何主体可以自由加入或退出公共区块链的运作,尽管公共区块链的安全性比其他类型的区块链以及传统的中心化系统更强,但仍会存在系统崩溃、外部破坏的风险。同时,在此种区块链系统中,健全的治理颇具挑战性,特别是无法明确某一实体承担最终的法律责任,以及减慢与运营问题相关的事件响应。③ 根据FSB提出的监管建议,稳定币项目不仅应确保监管机构应能够及时、完整地获取稳定币相关数据,还采取适当的控制措施来保护链上或链下数据的完整性和安全性,并遵守可适用的数据保护法规。④ 尽管《稳定币条例》附表2第9条、第16条分别规定了稳定币持牌人的风险管理与设立管控系统的义务,但通过上下文判断,这两项义务主要侧重于维护稳定币储备财产的安全,而非个人信息保护或数据的安全。稳定币发行人是否基于实名信息,以及是否在任何稳定币流通活动中维护个人信息保护与数据安全维护义务,仍有待考察。此外,稳定币如果具有"系统重要性",将被视为一种金融市场基础设施(FMI)⑤,稳定币持牌人是否应作为基础设施运营者,履行《金融市场基础设施原则》下的各项义务,以保护用户的数据权益乃至财产权带来不利影响,在香港法律中仍有待进一步厘清。

---

① Hong Kong Monetary Authority, Consultation Paper on the Proposed AML/CFT Requirements for Regulated Stablecoin Activities, 2025, p.13.

② See Worldwide A-Plus Ltd v. Holders of Wallet Address a.o., Action No. 2417/2024.

③ G7 Working Group on Stablecoins, Investigating the Impact of Global Stablecoins, 2019, p.6.

④ Financial Stability Board, High-level Recommendations for the Regulation, Supervision and Oversight of Global Stablecoin Arrangements: Final Report, 2023, p.8.

⑤ Committee on Payments and Market Infrastructures & Board of the International Organization of Securities Commissions, Application of the Principles for Financial Market Infrastructures to Stablecoin Arrangements, 2022, p.4.

三、香港《稳定币条例》用户权益保护对我国内地稳定币立法的启示

(一) 虚拟货币“禁止式监管”的突破可行性

货币是受特定司法管辖区的政治、经济体制差异性影响极强的领域,例如一些国家或地区存在外汇管制,一些地方则允许资本自由流动。香港等地稳定币监管机制的建立,并不意味着我国内地必须要“紧跟潮流”,马上“放开”稳定币的业务活动。稳定币属于广义上的虚拟货币,我国内地对虚拟货币的监管始于 2013 年,中国人民银行等部委同年发布的《关于防范比特币风险的通知》将比特币界定为“特定的虚拟商品”,并否认其货币属性,禁止金融支付机构开展比特币相关业务,但不限制普通公众的交易活动。随着区块链技术的发展,企业可通过“代币发行融资”(ICO)方式发行新型虚拟货币。由于经 ICO 发行的虚拟货币与传统金融体系之间联系更为紧密,加上当时互联网金融风险整治等影响,2017 年发布的《关于防范代币发行融资风险的公告》否认包括比特币在内所有虚拟货币的货币属性,除了禁止金融支付机构参与虚拟货币业务之外,还禁止任何 ICO 活动和虚拟货币交易平台的运营。2021 年,为进一步应对虚拟货币炒作带来的国家安全和社会稳定风险,《关于进一步防范和处置虚拟货币交易炒作风险的通知》在重申虚拟货币不是货币、相关业务属于非法金融活动的同时,还将境外交易所为境内居民提供的服务纳入非法金融活动。

截至目前,我国内地对虚拟货币的“禁止式监管”覆盖了两个层面:在发行层面,禁止通过挖矿创造或通过 ICO 发行虚拟货币;在交易层面,禁止境内外任何主体向境内居民提供托管结算、兑换投资等虚拟货币服务,相关投资活动如违背公序良俗应认定为无效。由于我国内地未对虚拟货币的内涵外延作进一步界定,所有类型的稳定币事实上均受到“禁止式监管”的约束,监管部门亦很少专门针对特定的虚拟货币类型阐明监管立场。[①] 仅有时任中国人民银行副行长李波在 2021 年的一次会议中表示,如果想让稳定币成为得到广泛使用的支付解决方案,就需要像银行或者准银行金融机构一样得到严格监管。

包括稳定币在内,我国内地从 2013 年起阶段性、渐进式地扩张了虚拟货币禁止

---

① 柯达:《虚拟货币“禁止式”监管:法理反思与制度优化》,载《华东政法大学学报》2025 年第 3 期。

式监管的适用范围。尽管已经有不少机构指出,将所有虚拟货币定为非法会扼杀创新并推动地下非法活动;[①]但我国内地如果像美国、欧盟以及香港地区一样,"放开"稳定币——特别是锚定法定货币的稳定币(以下简称"法币稳定币")的发行与交易活动,将会对现行法律带来巨大的冲击。

其一,架空外汇管理制度。不论是稳定币还是广义上的虚拟货币,实际上均能发生规避外汇管制的效果。最简单的模式,便是付款人在我国内地将人民币经中间商兑换入虚拟货币,再将虚拟货币转至境外的收款人,收款人最后同样经中间商兑出为外币。更复杂的模式还包括通过虚拟货币"双向对敲"买卖外汇,该模式已在司法中被认定为变相买卖外汇,行为人被判处非法经营罪。与比特币不同的是,大量法币稳定币因直接锚定外币,具备了《外汇管理条例》第3条所规定的"外汇"实质(是否有独立的计价单位暂且不论)。如果完全"放开"所有稳定币交易,我国外汇管理部门难以对境外损害境内个人合法权益或社会公共利益的稳定币活动直接进行监管,《外汇管理条例》所要求的外汇登记、申报等制度将无法有效实施。

其二,挑战多部法律法规中的基本概念。《关于防范代币发行融资风险的公告》规定,代币发行融资"涉嫌非法发售代币票券、非法发行证券以及非法集资、金融诈骗、传销等违法犯罪活动",这同样适用于稳定币的发行活动。其中,稳定币是否属于"证券"曾在美国法上引发巨大争议,美国证监会(SEC)已在新的政治形势下称"受保障稳定币"(covered stablecoin)不属于证券。与美国法不同,我国证券法对证券采用了列举式定义,如果将来我国内地出现附有投资权益的稳定币类型,该类型势必会"逃脱"证券法的约束。此外,《中国人民银行法》规定禁止印售替代人民币流通的"代币票券",但未对该概念作进一步界定。考虑到稳定币在境内流通对人民币的高度替代可能,"代币票券"这一概念同样会产生能否适用的疑虑。[②]

其三,依附于禁止式监管的执法司法活动将"推倒重来"。伴随禁止式监管的逐渐确立,针对包括稳定币在内的虚拟货币交易活动,我国内地法院大多直接推定相关交易活动违背公序良俗或违反社会公共利益,因此在法律上无效,不会进一步区分虚拟货币或相关交易活动的具体类型差异。同时,正是禁止式监管的存在,我国多地政府无法直接在境内变卖虚拟货币,而是通过多重中介在境外进行处置,已形成了多种具有代表性的虚拟货币处置模式。如果"放开"稳定币,多年来形成的司法裁判结论

① International Monetary Fund, Elements of Effective Policies for Crypto Assets, IMF Paper, 2023, p.24.

② 参见证券法第2条,《中国人民银行法》第20条。

将不再具有指导意义，而在境外处置的需求将大为降低。

通过这三点表现可以看出，完全“放开”稳定币至少在短期内并不可行。稳定币的发行交易活动涉及多部法律法规的条文规定，而参照以往对待新兴金融经济业态的路径，我国内地如果“放开”稳定币，不宜像美国、欧盟或香港地区一样专门针对稳定币或虚拟货币制定一部人大立法位阶的法律，更妥当的方式或许先由多个监管部门联合发布规范性文件，再制定相应的部门规章。如果只是“放开”锚定（在岸）人民币的稳定币交易活动，我国内地仍然会面临不小的法律挑战，下文将从政策性问题、消费者保护问题、竞争规制问题进行讨论。

（二）稳定币的法律定性与支付监管挑战

“相同业务、相同风险、相同监管”是国际上普遍认可的金融科技监管原则，而判断某一新兴金融业态与传统金融业态是否为“相同业务”，即给新兴金融业态定性，则是开展监管的前提；此外，金融消费者能够主张何种权利，同样与该金融业态的法律定性直接相关。稳定币——尤其是法币稳定币，只能由私人机构 1：1 等额吸收资金后发行，因而明显有别于银行存款货币；有学者认为稳定币是银行本票，但稳定币的运作机制明显不符合我国票据法的规定。[①] 此外，虽然法币稳定币从运营者角度看类似于货币市场基金（份额），从消费者角度看类似于非银行支付客户备付金，但从业务逻辑上看，稳定币与后两者存在根本区别。

一方面，不同于货币市场基金，稳定币的核心功能在于支付。公募型货币市场基金形成了基金管理人、基金托管人、基金份额持有人三方法律关系，其中管理人负责将基金财产投资于货币市场，托管人负责保管基金财产，这与稳定币的运作机制较为相似。但是，稳定币持有者使用稳定币的主要目的在于支付结算而非投资获益，无法获得利息，尽管我国内地的部分货币市场基金份额可以用于支付，但此种支付并不是直接发生的，而是经历了从基金份额到银行存款的赎回过程。

另一方面，不同于非银行支付客户备付金，稳定币发行者可以获得稳定币的“储备资产”所产生的收益。稳定币之所以会出现，除了虚拟货币市场需要价格稳定的支付手段之外，更在于通过与传统金融体系的对接，创造额外的获益来源。而我国非银行支付机构虽然同样可以吸收客户资金，形成资金沉淀，但支付机构无法获得备付金存管所形成的任何利息。

---

① 参见票据法第 73 条。

上述区别意味着，如果要“放开”稳定币，我国监管部门必须为稳定币设立专门的金融牌照，并结合稳定币与银行存款、货币市场基金以及非银行支付客户备付金在风险大小上的差异，设置专门的市场准入条件。同时，为避免公众将稳定币与人民币相混淆，法律中的稳定币称谓不宜带有“币”字样，可考虑用相近意思的字词替代。

稳定币作为一种新兴支付手段，持有人面临的最大风险是“价值不稳定”的风险，这种风险进一步表现在信用风险与市场风险两方面：一方面，稳定币的发行者因技术故障无法及时赎回法定货币，或因挪用资金、管理储备资产不当导致无力赎回法定货币，最终造成“挤兑”；另一方面，稳定币所锚定法定货币或其他资产自身出现较大价格波动。为了防范以上风险，欧盟等发达经济体通过立法，在确立反洗钱身份识别的前提下，赋予稳定币持有人基于稳定币面值的无条件“赎回权”，并通过以下方式对赎回权进行保障：其一，储备资产隔离，即储备资产始终与发行人或运营机构的自有资产完全隔离，不会受到挪用；其二，强制信息披露。即稳定币发行人或运营机构应定期详细披露资产储备的构成、风险评估，以及投资程序等内容；其三，资产审慎管理，即稳定币的储备资产应与所有稳定币的面值总额等值，且仅由市场和信用风险最小、流通性较强的资产所构成。[①]

此外，如果确实要“放开”人民币稳定币，其支付监管还需关注以下几个方面：其一，稳定币拥有独立的计价工具，这意味着稳定币的市场价格会出现偏离面值的价格波动。如果其市场价格低于面值，稳定币发行人应当采取适当介入措施；其二，货币的支付场景大体分为零售与批发，或大额与小额，考虑到中间商的服务费用，稳定币目前较少应用于小额、零售支付，其更适合作为机构间的大额或批发支付手段，监管上是否需要针对小额支付进行限制，尚存疑问；其三，稳定币的储备资产不同于基金财产和非银行支付客户备付金，如稳定币运营机构出现破产，稳定币持有人对储备资产有何种权利，仍有待进一步讨论。

（三）稳定币的账户体系及其互联互通挑战

由于支付是一个追求网络效应的行业，且与社会公共利益紧密相关，提供支付服务的市场主体数量并非越多越好，因此支付行业又被视为“有限竞争”的行业。随着第三方支付行业的发展，为解决“支付碎片化”带来的支付低效和无序竞争问题，除了在牌照数量上予以控制外，我国监管部门主要通过推动支付功能共享、业务合并以

① 参见朱太辉：《全球稳定币监管的框架、理论与趋势研究》，载《金融监管研究》2025年第3期。

及新设支付清算组织等手段,加强不同支付账户之间、支付账户与银行账户之间的互联互通。[1] 这些互联互通手段重在打破不同账户之间的“围墙花园”,让货币资金基于同一计价单位在不同经济部门之间高效流通;同时,监管者以及承担法定义务的支付机构,能通过互联互通更加及时、精准地识别涉嫌违法犯罪活动的交易信息。

稳定币的出现与发展,会造成更严重的“反互联互通”现象:其一,如上文所言,稳定币有独立的计价单位,更容易发生“支付碎片化”。例如在实际交易过程中,如果付款人用 A 稳定币支付,但收款人仅有 B 稳定币且没有接收 A 稳定币的媒介,此时便需要中介服务商提供 A 稳定币与 B 稳定币的兑换服务。换言之,不同私人机构发行的稳定币对应了不同的账户体系,而这些账户体系之间无法直接发生货币资金的转移。其二,大量科技企业(例如亚马逊、脸书)与金融机构(例如摩根大通、花旗银行)之所以发行或计划发行稳定币,除了可以节省支付结算费用之外,更在于建立自己的支付结算体系,同步、全面获取交易相关的资金流与数据流。

尽管“跨链”技术或中间服务商可以应对不同稳定币账户之间的信息交互或资金兑换问题,但对监管者而言,稳定币的存在必然会在资金与数据两个层面上削弱对支付行业的监管能力。因此,如果“放开”人民币稳定币,除了对牌照数量的限制之外,如何促进稳定币之间或稳定币与传统支付手段之间的互联互通,进而维护支付行业的竞争秩序,同样是立法者面临的一大挑战。

(责任编辑:沙　含　王昕宸)

① 柯达:《数字人民币互联互通的法律规制》,载《苏州大学学报(哲学社会科学版)》2023 年第 5 期。

理论探讨

双控人规制的公司法径路：问题与方案*

楼秋然**

摘要：由于我国公司的股权结构呈现一股独大的鲜明特征，控股股东、实际控制人的规制问题便始终是我国公司治理改革中的一项重点课题。在2023公司法之前，我国公司法主要采取的是一种直接规制的模式。而2023公司法则在进一步加强直接规制的同时，额外增设了一套间接规制的模式。这套间接规制的模式引入了包括董事会中心主义、事实董事、影子董事等制度在内的诸多创新，其良善的立法目的当然值得赞赏。然而，这些构成间接规制模式的制度创新却因为各种各样的原因难以在实践中真正发挥全部功效。未来，公司法还应当在首先完成总体性思路调整的基础上，通过确立真正的董事会中心主义、进一步完善少数股东压迫救济制度来更好地实现对控股股东、实际控制人的规制目标。

关键词：公司法　控股股东　实际控制人　董事会中心主义　压迫救济

一、2023公司法之前的双控人规制：理念与不足

自20世纪30年代伯利与米恩斯指出美国公司普遍存在"所有权与控制权分离"的问题以来，公司法的理论研究便一直围绕两权分离这一范式而展开。然而，高度分散的持股结构以及由此而来的两权分离，其实只是一种可以被称为"例外"的美国问题。与之相反，无论是在包括德国、法国等法域在内的大陆法系，抑或是在其他英美法系法域（例如英国），持股集中、两权分离程度较低才是一种常态。以我国为例，即

* 本文系作者主持的2024年度法治建设与法学理论研究部级科研项目"股东提案权法律问题研究"（24SFB3021）阶段性成果。

** 法学博士，对外经济贸易大学法学院副教授。

便是在上市公司中,公司的股权结构都仍然呈现出鲜明的"一股独大"的特征。[①] 正因如此,在我国,公司法需要关注的问题便主要应当是如何防止控股股东、实际控制人滥用权利损害公司、中小股东利益,而并非两权分离范式之下的董事、高管对股东的离心离德行为。由此,传统的"股东会中心主义"与"董事会中心主义"之争,[②]在我国公司实践中应当被更准确地界定为"控股股东/实际控制人中心主义"与董事会中心主义之争。值得注意的是,在股东会中心主义这一理念的指导下,公司法的规则构建需要关注、强调的是"赋权"思路。即,为了更好地缓解乃至消除代理成本问题,公司法应当"尽可能"将公司决策权赋予股东(会)。而在控股股东/实际控制人中心主义这一背景下,公司法的规则构建需要关注、强调的是"限权"思路。即,将已经分配给股东(会)的决策权尽可能地在控股股东/实际控制人与中小股东之间"分享"、对控股股东/实际控制人所得行使的公司权力进行"约束"。

在本轮公司法修订之前,这种针对控股股东/实际控制人的限权思路就已经为2018公司法所采用。例如,2018公司法第20条第1款(2023公司法第21条第1款)规定,公司股东不得滥用股东权利损害公司或者其他股东的利益;2018公司法第20条第3款(2023公司法第23条第1款)规定,公司股东滥用公司法人独立地位和股东有限责任,逃避债务,严重损害公司债权人利益的,应当对公司债务承担连带责任;2018公司法第105条第1款(2023公司法第117条第1款)规定,在公司章程或者股东会决议"选入"时,(股份)公司的董事、监事选举可以采用累积投票制。就立法宗旨而言,以上三种针对控股股东/实际控制人的限权机制都可谓"用心良苦"。不得滥用股东权利的规定,为控股股东/实际控制人行使权利划定了权利边界;法人人格否认制度的存在,倒逼控股股东/实际控制人行权时将更多利益相关者(如债权人)的利益纳入考量范围;累积投票制的引入,则可以使中小股东分享部分董事会的决策权。然而,以上条文一经产生便存在显见的缺陷、引发了大量理论与实务争议。

就不得滥用股东权利的规定而言,尽管民法上就何谓"权利滥用"存在相对较为统一的认识,[③]然而在司法实践中,其认定被更多地简化或说僵化为探究股东行权是

---

① 参见肖敏、黄建欢:《上市公司持股模式再识别与大股东控制——2003—2013年中国上市公司的时变特征》,载《商业经济研究》2015年第23期。

② 参见赵旭东:《股东会中心主义抑或董事会中心主义?——公司治理模式的界定、评判与选择》,载《法学评论》2021年第3期。

③ 参见王泽鉴:《民法总则》,北京大学出版社2009年版,第522页。

否“未履行法定程序”或者是否“超越了股东权利的外部界限”。[①] 这种简化或说僵化所导致的一种必然后果，便是该项规定无法充分发挥保护中小股东的制度功能。与此同时，这一规定还引发了其是否对控股股东/实际控制人施加了“信义义务”的争论。毫无疑问，这一争论对于中小股东权利保护而言具有重要意义。倘若认为，不得滥用股东权利的规定并未对控股股东/实际控制人施加信义义务，则中小股东便不能对前者基于自利而造成公司、其他股东损害的绝大多数行为进行诉讼；而倘若认为，该项规定对控股股东/实际控制人施加了信义义务，则又可能造成对法条文义进行突破、股东权利行使是否以及在何种程度上不能基于自利等疑难问题。至于法人人格否认制度，一方面由于“滥用公司法人独立地位和股东有限责任”的认定在司法实务中存在不小的内涵确定难度、我国公司法研究对这一问题的理论储备仍然稍显不足，《九民纪要》尽管强调“当用则用”但也要求“审慎适用”，并且还指出了司法实务中确实存在的“不善于适用、不敢于适用的现象”。[②] 另一方面，这一条款主要的保护对象仍然在于债权人，且其适用主要发生于公司已经无力清偿债务的场景之中，对于更多日常场景的中小股东保护而言可以说是无能为力。最后，累积投票制所能给予中小股东的保护同样可以说是非常有限。一方面，累积投票制最大的效果仅仅在于使得中小股东能够打破控股股东/实际控制人对董事会任免权的“垄断”，而无法改变绝大多数董事会成员由控股股东/实际控制人任免的事实。另一方面，累积投票制仍然需要公司章程或者股东会决议选入，若此，则其最终是否能够引入仍然主要取决于控股股东/实际控制人的意愿。

由此可见，尽管2018公司法已经围绕控股股东/实际控制人中心主义这一范式搭建了体现限权思路的规则，但是这些规则或者由于设计缺陷或者由于适用难度而未能实现其立法初衷。考虑到这一现实，为“持续优化营商环境”和“完善产权保护制度、依法加强产权保护”，[③]2023公司法又引入多项制度创新而欲对控股股东/实际控制人中心主义所引起的诸多弊端进行防免。然而，在解决控股股东/实际控制人中心主义的弊病问题上，人们往往主要关注这些制度创新中的“事实董事”（第180条第3款）和“影子董事”（第192条）两项规则，而忽略了2023公司法在确立董事会中心

① 参见楼秋然：《公司法第20条中“滥用股东权利”规定的理论与实践》，载《西部法学评论》2016年第3期。

② 参见《九民纪要》第四部分“关于公司人格否认”的前言部分。

③ 王瑞贺：《关于〈中华人民共和国公司法（修订草案）〉的说明——2021年12月20日在第十三届全国人民代表大会常务委员会第三十二次会议上》，载中国人大网http://www.npc.gov.cn/c2/c30834/202312/t20231229_433993.html，2025年4月9日访问。

主义方面所作出的努力。事实上,只有将这一努力一并置入公司法对控股股东/实际控制人进行规制的蓝图之中,我们方能知晓2023公司法对控股股东/实际控制人之规制所采取的基本立场,也才能对这一基本立场进行准确、公允的评价与反思。

二、2023公司法关于双控人规制的理想

就2018公司法而言,其对控股股东/实际控制人的规制主要采取的是"施加高能(High Power)义务"和"有限分享权力"的路径。尽管这一路径可以对控股股东/实际控制人的权利行使进行一定程度的约束,但是其仍然承认了控股股东/实际控制人在公司内部的决策中心地位。亦即,这一思路是在全面承认控股股东/实际控制人可以对公司行使其"所有权"的基础之上,对其行为提出"各得其所、勿害他人"乌尔比安式的训诫。然而,虽然共同分享了控股股东/实际控制人中心主义这一范式的限权思路,2023公司法却对如何规制控股股东/实际控制人提出了自己的全新"理想"。即,通过(有限)确立董事会中心主义、切断控股股东/实际控制人对董事会的干预之手等手段,将控股股东/实际控制人"驱赶"出公司决策中心,从而更好地实现对中小股东的权利保护。

(一)确立董事会中心主义的努力

尽管权威学者认为本轮公司法修订无意于在股东会中心主义和董事会中心主义之间作出取舍,[①]但是2023公司法确实在董事会中心主义的确立方面作出了诸多努力。一方面,《中华人民共和国公司法(修订草案)》(一次审议稿)第62条第1款第2句规定,"董事会是公司的执行机构,行使本法和公司章程规定属于股东会职权之外的职权"。这种将公司剩余控制权配置于董事会的立法模式,与被视为董事会中心主义之典型代表的美国特拉华州普通公司法第141条(a)款的规定几乎相同。依该款之规定,任何公司事务都应由董事会或者在董事会的指导下进行。[②] 另一方面,尽管《一次审议稿》第62条第1款第2句的规定并未成为最终的立法条文,但是2023公司法仍然处处充满董事会中心主义的味道。首先,2023公司法第67条删去了2018公司法中"董事会对股东会负责"的表述。这不仅是对2023公司法第20条第1款所

① 参见赵旭东:《股东会中心主义抑或董事会中心主义?——公司治理模式的界定、评判与选择》,载《法学评论》2021年第3期。

② See Edward P. Welch, Andrew J. Turezyn, Robert S. Saunders, *Folks on the Delaware General Corporation Law*, Aspen Publishers, 2008 Edition, 2008, p.91.

确立的 ESG 条款的回应,也使得董事会在公司中的“应然”地位更加超然、独立。其次,2023 公司法第 59 条删去了 2018 公司法中有关股东会有权“决定公司的经营方针和投资计划”和“审议批准公司的年度财务预算方案、决算方案”的表述。如果认为,既然两项职权其实与公司“日常经营管理”紧密相关,一旦删去就应该成为董事会“专享”职权,则董事会在公司中的中心地位便更加凸显。[①] 最后,考虑到本轮公司法修订允许股东会授权董事会决定债券发行、新股增发,加之 2023 公司法在股东出资和公司清算等领域都赋予董事以诸多职权等事实,[②]2023 公司法的董事会中心主义导向已经不可谓不清晰。

与股东会中心主义强调对股东赋权不同,董事会中心主义的本意是通过将更多的公司决策权转移由董事会独享,充分发挥董事会在专业和信息上的决策优势最终提升公司业绩。然而,在我国公司实践呈现控股股东/实际控制人中心主义的现实之下,董事会中心主义的确立则更多发挥的是提升公司治理质量、约束控股股东/实际控制人权利行使的作用。亦即,当更多公司权力是由董事会而非股东会行使时、当更多公司权力是由“毫无疑问”需对公司负担勤勉和忠实义务的董事而非(可以自利行事的)股东行使时,公司和中小股东的利益就可以更多地保障。然而,需要注意的是,通过董事会中心主义的确立来约束控股股东/实际控制人的权利行使仍然存在一定的隐患。这一隐患在于:当公司的权力更多地转移由董事会行使后,控股股东/实际控制人就可能会进一步加强对董事会的控制与支配。因此,公司法必须对这一控制与支配进行约束,否则董事会中心主义就会被架空。

(二)切断干预之手的事实董事与影子董事规则

为更好地配合董事会中心主义的确立,2023 公司法分别在第 180 条第 3 款和第 192 条引入了事实董事和影子董事制度。第 180 条第 3 款规定,“公司的控股股东、实际控制人不担任公司董事但实际执行公司事务的,适用前两款的规定”。亦即,控股股东/实际控制人虽无董事知名但行董事之实时,应当与董事一样对公司承担忠实、勤勉等信义义务。相较于 2023 公司法第 21 条第 1 款所引发的股东是否需要承担信义义务的争议而言,第 180 条第 3 款明白无误地在有限场域之内对控股股东/实际控制人施加了信义义务。相较于“不得滥用股东权利”可能被解读为仅仅要求控股股

① 一种相反的观点认为,这两项职权的最终归属应当视章程的规定而定,参见李建伟:《公司法评注》,法律出版社 2024 年版,第 260 页。

② 参见楼秋然:《董事责任限免条款的法律制度建构》,载《国家检察官学院学报》2025 年第 1 期。

东/实际控制人“诚信信用”而言,第180条第3款对控股股东/实际控制人提出了更高的行为标准。在控股股东/实际控制人需要为公司而非个人之最佳利益行事、可能需要对其基于过失而非滥权故意而造成的公司损失承担赔偿责任时,[①]其便可能失去对董事会进行控制与支配的动机,从而使得董事会中心主义在公司运营过程中得到真正贯彻。

在事实董事之外,2023公司法第192条规定,公司控股股东、实际控制人指示董事、高管从事损害公司或者股东利益的行为,应当与董事、高管承担连带责任。尽管与事实董事制度对控股股东/实际控制人施加信义义务不同,影子董事制度仅仅要求控股股东/实际控制人对其所造成的公司损害承担赔偿责任;但是,这一规定很好地补充了滥用股东权利规则和事实董事制度所可能遗留的规制漏洞。一方面,滥用股东权利规则的适用要求股东确实行使了某种正式的股东权利,其无法涵盖股东通过私下沟通或者利用其控股地位的影响力而对董事决策进行干预的情况。另一方面,事实董事制度的适用前提为控股股东/实际控制人“越俎代庖”,直接行使了本该属于董事(会)的职权;这同样无法覆盖程度更轻的控股股东/实际控制人对董事所进行的影响。

事实上,对于董事会中心主义的确立而言,事实董事和影子董事制度的引入不仅仅有助于切断控股股东/实际控制人的干预之手,而且反过来加强了董事会中心主义的正当性。其原因在于:董事会中心主义的确立不仅仅要求公司法赋予董事(会)更多的权力,而且相应地还需要董事承担更多的义务和责任;在干预之手并未被切断、控股股东/实际控制人可以对董事“颐指气使”时,对董事施加更多的义务与责任就会存在“既要马儿跑,又不让马儿吃草”的不正义感。当控股股东/实际控制人退居公司决策的二线之后,董事会中心主义、董事会职权增加、董事义务与责任的加重才会真正具有合法性和合理性。

(三)旧有思路的继续加强

在通过确立董事会中心主义从而实现对控股股东/实际控制人的“间接”规制之外,2023公司法进一步弥补了2018公司法所采用的“直接”规制模式的补足。值得注意的是,这种补足早在2023公司法之前就已经发生。例如,2017年9月1日起正

---

① 商事判断规则在我国公司法中是否得到确认始终存在争议,而即便可以认为该规则已经得到确立,其仍然要求董事在出现重大过失时对公司损失承担赔偿责任,参见楼秋然:《董事合规义务:责任限缩与助推型公司法规则的构建》,载《法学研究》2024年第3期。

式施行的《公司法解释四》就在其第 15 条规定，倘若存在“违反法律规定滥用股东权利”的情形，则其他股东可以提起强制公司分配股利的诉讼。就有限公司而言，绝大多数的滥用股东权利的情形，其实都体现为控股股东/实际控制人通过长久地拒绝派发股利，进而实现其低价挤出中小股东的目的。正因如此，该条规定的出台可以说是切中有限公司控股股东/实际控制人规制的肯綮。然而，该条规定仍然无法发挥其预定的功效。其原因在于：一方面，在如何认定滥用股东权利的问题上，法院仍然未能彻底摆脱前文提及的“违反法定程序”或者“超越外部界限”的思路；另一方面，强制公司分配股利的诉讼结果，也导致了法院遭遇另一个司法适用的疑难问题，即如何确定应当强制公司进行分配的、合理的股利数额。[①]

或许正是由于强制股利分配之诉未能彻底弥补直接规制模式的漏洞，本轮公司法修订又在第 89 条第 3 款特别规定了滥用股东权利时可以触发的强制买断权。这一强制买断权的规定，具有三方面的意义。首先，由于强制股利分配之诉的效果无法完全发挥，对于控股股东/实际控制人的直接规制需要其他更加简洁明了的强力规则的支援。其次，强制买断权同时解决了过去公司治理僵局时，法院只能在调解不成时或者解散公司或者彻底驳回原告诉求的尴尬问题。最后，强制买断权“一次性”和“终局性”地解决了滥用股东权利的问题，“受压迫”股东彻底退出公司可以免除再就滥权之救济重新提起诉讼的困扰。事实上，这也是强制买断权相较于强制股利分配之诉的一大优越之处。

综上所述，在控股股东/实际控制人规制的问题上，2023 公司法的理想不可谓不大。2023 公司法试图在继续补强直接规制模式的基础上，额外搭建一套完整的间接规制模式来彻底地解决控股股东/实际控制人中心主义可能/已经造成的种种公司治理弊端。然而，2023 公司法的理想虽然十分“丰满”，但是现实却可能相当“骨感”。

三、2023 公司法关于双控人规制的失败之处

（一）未能真正确立的董事会中心主义

尽管 2023 公司法确立董事会中心主义的努力清晰可见，然而其距离确立真正的董事会中心主义仍然十分遥远。其中最为明确、最为突出之处，即在于 2023 公司法

① 参见楼秋然、李佳阳：《从司法克制到积极干预：有限公司股利强制分配的理论与实践》，载《经贸法律评论》2021 年第 2 期。

并未赋予董事会以公司的“剩余控制权”。事实上,依2023公司法第59条、第67条之规定,除法律明确规定属于股东会、董事会的职权之外,其他职权之归属其实取决于公司章程的规定。而依2023公司法第59条的规定,公司章程的制定权排他性地归属于股东会。当剩余控制权仍然属于股东会时,股东会中心主义而非董事会中心主义才是2023公司法的主导原则。而另外一项事实的存在,则进一步削弱了2023公司法确立董事会中心主义之努力的效果。尽管第59条第1款和第67条第1款的职权规定被权威学者解读为“强制性规定”,①但是股东会通过公司章程或者股东会决议“回收”董事会职权的行为却得到了法院的支持。② 若此,则董事会中心主义即便在文本上得到体现,其在实践中其实也极易受到架空。而当董事会职权被回收至股东会行使、控股股东/实际控制人通过股东会行使该部分被回收的职权时,控股股东/实际控制人是否又仍然受到第180条第3款和第192条之约束?答案恐怕是否定。若此,则间接规制模式就其实不过是建造于沙滩之上的城堡而已。

另外,虽然2023公司法第59条第1款删去了股东会有权“决定公司的经营方针和投资计划”和“审议批准公司的年度财务预算方案、决算方案”的表述,但是董事会却并未被充分地授予与日常经营管理相关的重大职权。例如,股东会仍然有权“审议批准公司的利润分配方案和弥补亏损方案”、股东会仍然有权“对发行公司债券作出决议”、股东会仍然有权“对公司增加或者减少注册资本作出决议”等。以上所列举的三项职权,均是与公司日常经营管理紧密相关的公司财务问题,都被缺省性地配置于股东会享有。需要指出的是,尽管第59条第2款明确规定“股东会可以授权董事会对发行公司债券作出决议”、第152条引入了授权资本制,但是董事会对公司债券、公司股份的发行权的享有仍然需要首先获得股东会的授权,且董事会可以享有的股份发行权仍然受到诸多较为严格的限制。

(二)事实董事和影子董事制度存在诸多缺陷

首先,尽管事实董事和影子董事制度的引入有其良善的立法目的,但是其本身即存在显见的文义解释疑难。一方面,第180条第3款的适用以控股股东/实际控制人“实际执行公司事务”为前提。然而,何谓“实际执行公司事务”?一种最为简便的解释方式是,将“执行公司事务”等同于“行使董事会职权”。然而,该种解释会立即衍

① 参见赵旭东主编:《新公司法条文解释》,人民法院出版社2005年版,第96页;江平、李国光主编:《新公司法理解与适用》,人民法院出版社2006年版,第29页。

② 参见袁某、潘某损害公司利益责任纠纷案,最高人民法院(2017)最高法民申1794号民事裁定书。

生出两大问题。① 该种行使需要达到何种程度？参与董事会的讨论与决策，是否就已经属于行使董事会职权？抑或是需要全面接管董事会以至于董事会的职权“完全”由其行使？② 在股东会回收董事会职权之后，控股股东/实际控制人在股东会中行使该部分被回收的职权又是否属于应当适用第 180 条第 3 款的情形？另一方面，第 192 条所规定的“指示”应当作何理解？一次性的指示是否即为已足？倘若需要出现董事习惯性地听从控股股东/实际控制人的指挥，则又是否需要该种习惯性听从指挥的董事人数已经超过董事会之半数？另外，从具体的司法实务来看，如何认定存在指示，尤其是如何认定存在“口头”或者“心领神会式”的指示，极有可能成为一项“魔鬼证明”。

其次，事实董事和影子董事制度还有可能因为适用公司法时必须使用的“体系化思维”而造成更多的疑难问题。而这些疑难问题的存在，甚至可能导致事实董事和影子董事制度的适用，最终陷入被不断限缩的境地。① 在控股股东、实际控制人是法人时，是否仍然有事实董事制度适用的余地？在我国公司法中，尽管并无任何法条明文规定董事只能由自然人担任，但是依体系解释法，仍然可以得出相应的结论。[①] 若此，便可能得出法人型控股股东、实际控制人不受第 180 条第 3 款规制的结论，并进而导致第 180 条第 3 款可被轻易地通过交易安排加以规避。② 第 192 条所规定的影子董事制度可能使得集团内部子公司、外商投资公司接受母公司之调控的情形均可能触发连带责任的适用，有可能对合理的商业安排、交易安全造成一定程度的损害。

（三）强制买断权的制度设计仍存巨大提升空间

尽管如前所述，2023 公司法第 89 条第 3 款引入强制买断权有其重大意义，然而其制度设计本身却依然存在巨大的提升空间。首先，第 89 条第 3 款将履行买断义务的主体设定为“公司”。虽然第 89 条第 4 款的规定使得强制买断义务的履行不必受财源限制的约束，亦不必与对赌协议的履行一样需要遵循先减资后回购的程序；但是，其履行仍然取决于公司是否有足够的财力来对股权进行回购。倘若公司已经陷入财务困境，则第 89 条第 3 款的制度功能便仍然无法发挥。其次，第 89 条第 3 款将买断义务的履行主体设定为公司其实并不具有充足的正当性。滥用股东权利的是主体是控股股东，而为此付出代价的却是公司以及与公司利益紧密相连的其他各种利益相关者。要求公司而非控股股东履行强制买断义务似乎存在正当性不足的问题。再次，第 89 条第 3 款仅仅规定了控股股东滥用股东权利可以触发强制买断权的适

---

① 但是对此问题，有权威学者已经给出了不同的解释方案。参见刘俊海：《论公司法的数字化改革：来自 AI 董事的新挑战》，载《江淮论坛》2025 年第 1 期。

用,却没有规定实际控制人滥权可以触发该项权利的适用。这一立法上的漏洞,显然使得2023公司法继续加强的直接规制模式仍然存在显而易见的“盲区”。最后,强制买断权的适用结果,是受压迫股东最终退出公司。受压迫股东退出公司,将会导致其无法再享受公司未来发展所能带来的股东红利。尽管相较于其他适用效果更差的救济手段,强制买断已经是一个更好的选择,但是其仍然谈不上是一项“完美”的制度。

综上所述,2023公司法试图采取一种“双管齐下”的策略,从直接规制和间接规制两种模式入手,尝试搭建一个周密的控股股东/实际控制人的规制网络。遗憾的是,或者是由于立法技术的局限,或者是由于制度移植、借鉴的理论准备不足、立法决心不够,导致2023公司法对于控股股东/实际控制人的规制仍然给人以捉襟见肘之感。正因如此,公司法在未来仍然需要作更多的修改以真正实现对控股股东/实际控制人的妥善规制。

四、进一步的改革方案

(一)总体性的思路调整:“堵”不如“疏”

就控股股东/实际控制人的规制而言,我国公司法在本轮修订之前一直主要采用直接规制模式,即通过对控股股东/实际控制人施加各种义务与责任以抑制其滥权行为。而即便是2023公司法额外建构一套间接规制模式的情况下,这种强调义务与责任之施加的规制思路仍然得到了强化。而2023公司法第180条第3款和第192条即为其著例。然而,这样一种强调“堵”的规制方案,至少具有以下两个方面的值得商榷之处。一方面,对控股股东/实际控制人权利行使的过分抑制,既可能避免滥权行为的发生,也可能“剥夺”其正常的行权空间。而对控股股东/实际控制人之正常行权空间的“剥夺”,至少存在两个方面的问题。① 控股股东/实际控制人在公司设立或者发展过程中投入了“真金白银”、付出了治理心血,理应按照公司法及其他法律法规的规定享有“影响”或者“参与”公司治理、经营管理的权力。一味强调对其权利的限制或者剥夺,并不具有当然的合理性。② 尽管实践中确实出现了比较严重的控股股东/实际控制人滥权损害公司利益的情况,但是仍然有为数不少的控股股东/实际控制人对公司的发展起到了积极的作用。[①] 这样的可能造成过度包含问题的规制思路,

① 参见徐莉萍、辛宇、陈工孟:《股权集中度和股权制衡及其对公司经营绩效的影响》,载《经济研究》2006年第1期。

或许与2023公司法第1条所强调的弘扬企业家精神的立法目的有所背离。另一方面,义务与责任的施加存在边际效益递减的问题,持续地通过加重义务与责任的方式来实现规制目的可能效果不彰甚至引发意想不到的副作用。这种副作用,至少可能通过两种方式呈现。① 控股股东/实际控制人"躺平",这可能导致中国公司在公司法尚未完整建立董事"问责"(Accountability)系统之前出现监督真空。② 控股股东/实际控制人"变本加厉",亦即在"债多不愁"的心理影响下选择更具滥用性的方式来行使其股东权利。

正因如此,未来的公司法修改或许可以更多地考虑"疏"而非"堵"的规制思路。重要的法经济学者曾对集中持股型公司的存在提出过一种可能的解释,即当某一法域之公司法对中小股东的权利保障水平越低时,该法域中的公司便更有可能形成集中持股的股权结构。[①] 其原因在于:在中小股东权利保障水平较弱时,股东便需要通过持有控制性的股权来实现自我保护;在中小股东权利保障水平较弱时,成为控股股东/实际控制人可以攫取更多的私人利益。若此,则未来的公司法就应当同时注重对控股股东/实际控制人的"疏导"。亦即,通过削弱其可以行使的公司决策权、提升中小股东的权利保障水平,以降低其通过滥权来攫取私人利益的激励。而这种强调疏导的方案,则至少应当包括两个方面。即真正确立董事会中心主义(削弱控股股东/实际控制人的公司决策权)和继续完善少数股东压迫救济制度(提升中小股东的权利保障水平)。

(二) 真正确立董事会中心主义

如前所述,尽管2023公司法为确立董事会中心主义作出了诸多努力,但是其始终并未确立真正的董事会中心主义。至于如何确立真正的董事会中心主义,自然首先应当实现前文已经提到的三项前提条件。即赋予董事会完全的日常经营管理权、赋予董事会以剩余控制权、确认关于董事会的职权规定具有强制性。然而,除此之外,真正确立董事会中心主义尚需其他系统性的配套制度的建立。在此,主要关注这些需要建立的配套制度。

公司法应当打破控股股东/实际控制人对董事会成员任免权的(实质)垄断。如前所述,公司法引入累积投票权是打破这种任免权垄断的一种有益尝试。然而,其目前所能发挥的实际功效相对比较有限。因此,未来需要进行更加彻底的制度变革。

---

① See generally Simeon Djankov, Rafael La Porta, Florencio Lopez-de-Silanes, Andrei Shleifer, *The Law and Economics of Self-Dealing*, 88 J. Fin. Econ. 430 (2008).

① 考虑到成本等方面的因素,应当至少要求上市公司的董事会成员过半数为独立董事,从而加强独立董事相较于公司、控股股东/实际控制人的独立性。② 无论是独立董事抑或是执行董事,公司法或许都可以考虑借鉴荷兰公司法的有益经验采用“共选制”。[①] 亦即控股股东/实际控制人、中小股东均可提名一定比例的董事,但是全部董事的当选都必须获得双方的表决通过。该种制度或许能够减弱董事因感念“知遇之恩”而在心理上更加倾向控股股东/实际控制人的心理。③ 即便不能够如此激进地采用共选制,则公司法至少应当在未来将累积投票制设定为强制性规范或者选出式的任意性规范,并且明确规定该项制度既适用于股份公司亦适用于有限公司。④ 为了保障董事(会)更加独立地行使其权利、能够真正承担为公司而非控股股东/实际控制人之利益而行使权利的责任,公司法在未来应当将第 71 条所确立的董事职务期前解除的无因立场,调整为需要说明正当理由。其原因在于:若(继续)采用无因立场,董事忌惮于控股股东/实际控制人可以随时解除其职务的危险,很难对其指令进行抵抗。[②]

只有在确立真正的董事会中心主义的同时,设置规则以切实增强董事(会)行权的独立性、无利益冲突性,才有可能真正切断控股股东/实际控制人的干预之手,从而实现规制控股股东/实际控制人的立法目的。当然,确立真正的董事会中心主义需要特别注意两个问题。一方面,真正的董事会中心主义的确立并非要在所有公司中进行“一刀切”的强制适用,而是应当根据公司的“公共性”程度而有所区分。例如,在上市公司中,因其涉及之利益群体的广泛性,真正的董事会中心主义应当以强行法之方式加以确立;而在有限公司以及绝大多数的非上市股份公司中,倘若能够完善少数股东压迫救济制度(容后详述),真正的董事会中心主义就可以通过“可选择”的方式由公司章程进行自主设置。另一方面,真正的董事会中心主义的确立并不意味着控股股东/实际控制人退出公司治理,而是更加清晰地划定投资者和管理者的身份定位,使得控股股东/实际控制人主要在“享有资产收益、参与重大决策和选择管理者”等方面发挥作用。这样一来,既可以提升中国公司的治理质量,又能够确保公司内部不出现可能的监督真空。

(三) 继续完善少数股东压迫救济制度

如前所述,尽管对于少数股东压迫救济问题,公司法一直在通过引入不同的制度

---

① See generally Jaron van Bekkum, Steven Hijink, Micheal Schouten and Jaap Winter, *Corporate Governance in the Netherlands* (November 19, 2009). International Congress on Comparative Law, Washington, 2010, Available at SSRN: https://ssrn.com/abstract=1507633, last visit on July 17th, 2024.

② 参见楼秋然:《董事职务期前解除的立场选择与规则重构》,载《环球法律评论》2020 年第 2 期。

来完成查漏补缺，但是却始终留下了不小的规制漏洞。在未来，公司法仍然应当对这一问题提供持续的体系性解决方案。就目前而言，这一体系性的解决方案，至少应当包括如下方面。

首先，公司法或者适用公司法的法院系统，应当改变以往将滥用股东权利的认定简化或者僵化为是否违反法定程序、是否超越外部界限，而改采美国公司法上已经形成相当成熟之制定法、判例法体系的合理预期规则。①

其次，在强制股利分配之诉之中，法院或许可以考虑在认定滥用股东权利之情形存在时，即直接以公司全部未分配之利润与原告股东所持股权比例之乘积确定应分配之利润。这一计算方式虽然看似简单粗暴，但是却具有至少两方面的优势。一方面，这一裁判方法可以避免因计算难题而干脆认定滥用股东权利不存在的不正义现象。值得注意的是，尽管在强制股利分配之诉中，法官可以通过使用所谓的“贴现现金流模型”来对公司可能需要留存的现金流进行计算，从而推导得出不损及公司持续运营能力的股利分配数额；但是，由于该模型的运用涉及诸多计算参数的主观设定，可能造成不同评估者之评估结果差异较大的结果。因此，直接以公司全部未分配之利润与原告股东所持股权比例之乘积确定应分配之利润还具有更具确定性的优势。另一方面，这一看似简单粗暴的裁判方法，还可以起到以此作为惩罚倒逼控股股东/实际控制人，在日常经营管理过程中照顾中小股东合理预期的效果。这种将纠纷消弭于事前的“激励机制”的设置，可能是一种更有效率、更能推动公司健康发展的改革方案。

最后，公司法未来应当对强制回购规则进行全面完善。① 第 89 条第 3 款未来应当将实际控制人滥用权利同样纳入可以触发强制买断的法定情形之中。② 第 89 条第 3 款未来至少应当将滥用股东权利的控股股东/实际控制人（也）规定为履行买断义务的主体。这既可以解决公司无财力进行回购时受压迫股东无法退出的问题，而且也符合有过错者承担责任的法的正义观。需要注意的是，倘若强制股利分配之诉可以作前述适用方式上的改革，则第 89 条第 3 款原本存在的“必须退出公司”的弊端就可以得到大大的缓解。其原因在于：当强制股利分配之诉的运作得到极大的畅通之后，受压迫的少数股东就可以在“继续持股以获得红利”和“退出公司以一次性解决纷争”之间作出选择。

---

① See In re Kemp & Beatley, Inc., 473 N. E. 2d 1173 (N. Y. 1984).

五、结　　语

在股权结构主要呈现一股独大之特征、公司运作往往依托集团而非原子之方式的现实背景下,中国公司治理在实践中其实呈现的是一种控股股东/实际控制人中心主义的径路。正因如此,中国公司法及其配套规则的制定与修改都往往特别关注对控股股东/实际控制人的权力制约问题。在 2023 公司法之前,直接规制模式是主流方案;而在 2023 公司法之后,间接规制模式亦得到引入。然而,无论是何种规制模式在具体建构的过程中都存在着或大或小的制度缺失。而这些制度缺失也已经或者可能在未来造成公司法整体规制的效果不彰。在弘扬企业家精神被写入 2023 公司法第 1 条之立法目的的背景下,控股股东/实际控制人的规制应当特别注意两点问题。第一,控股股东/实际控制人行使权力具有其天然的正当性,对其权力行使的抑制应当有所界限。第二,对控股股东/实际控制人的权力限制应当避免一味采取加重责任的规制思路,而应当注意"助推型"公司法规则的构建。若此,真正的董事会中心主义在不同公共性公司中的不同程度的落实,可以被理解为对控股股东/实际控制人之公司决策权的"正当限缩"(当公司之公共性越强时,控股股东/实际控制人"独享"公司决策的正当性就越低);而少数股东权利保护的加强、股东会与董事会职权划分的科学化、董事会选任程序的中立化等,可以被理解为助推控股股东/实际控制人不必为防止自身利益受损而"被动"干预公司的助推力。

(责任编辑:吴飞飞　刘霄鹏)

DS 视角下中小投资者保护机制之重构

万国华[*]　延莎静[**]

摘要：当前 DS 等人工智能技术广泛且深度应用于证券市场，在提高交易效率、降低交易成本的同时，也带来了一定的风险与挑战，加剧了中小投资者交易安全、交易公平、知情权保障等问题。法律与金融研究者认为良好的投资者保护法律体系是一国证券市场发展与金融稳定的重要基础。因此，应不断完善对中小投资者的法律保护。对于人工智能技术在证券市场的应用秉持包容审慎的理念，加强技术应用的合规性管理，发展技术驱动型的监管手段，建立算法责任追究机制。

关键词：人工智能　中小投资者　法律保护

一、DS 视角下证券中小投资者权益保护面临的挑战

众所周知，证券市场具有天然的技术性、信息传播和披露性特征，进而无论何种特色的证券市场均是这三性（技术性、传播性和披露性）发展与应用的结果。当前 DS 及其衍生的新技术在证券市场或者与证券市场相关联的其他金融市场甚至非金融市场正方兴未艾，并且已经进入证券市场的发行和交易各个环节或倒逼一些市场经营行为。DS 在证券市场充分应用的典型为智能投顾、程序化交易等。DS 的运用可以提高交易效率，减少情绪原因等非理性投资行为，降低交易成本，但也带来了一定的风险与挑战。

从各个维度看，当 DS 技术被运用到证券市场，中小投资者权益保护是更加强大，还是愈发被弱化呢？相比其他 AI 科技，我们必须承认 DS 技术用于证券市场，一般会

*　南开大学法学院教授，博士生导师。

**　南开大学法学院博士研究生。

给中小投资者保护带来更多隐患,而并非目前业界或学术界所希望的:当前是证券市场引进类似DS等为代表的交易技术的关键时候,否则,就会错过一波由于科技对金融改变而引起的大行情。

一是DS技术加剧了中小投资者交易安全问题。DS技术运行的核心为算法,但因编码失范或外部攻击,可能发生算法失灵从而损害投资者的交易安全。证券交易市场是以交易所为中心,众多交易参与人环绕周围,呈各种类型投资者位于最外层的网状结构。在证券交易的多层环形网状结构中,某个交易单元的程序化交易算法出现问题,都可能通过高速网络迅速扩散至交易所交易系统,并对整个市场造成影响。例如高盛期权交易系统算法失灵事件,2013年8月20日,在每股开盘后的几分钟内,高盛集团的一个交易系统发生故障,算法错误地将客户对某些期权的交易兴趣识别为实际交易指令发往交易所,且发出订单总数超过40万张,使高盛面临上亿元的损失。对于产生错误订单的原因,高盛声称是由前一日内算法系统的更新所致。事后纽约证券交易所取消了80%的错误订单。又如我国2013年光大证券816事件,起因也在于程序化交易软件系统设计存在缺陷,算法失灵导致自动生成巨量市价委托订单,在未经审核的情况下直接发送到上交所,申报买入234亿元的订单,上证综指在仅仅2分钟内涨幅达5.65%。光大证券因算法错误而大量报单,相当于以正常价格买入了超过其预期数量的股票。

二是DS技术恶化了中小投资者的交易公平问题。每当运用DS之类的人工智能技术在市场进行交易时,表面看起来无歧视,但实际上技术优势方或者机构方会算计中小投资者进行相关投资。事实上各国或者地区出现程序化交易或者高频投资者(比如机构包括政府公募基金和民营经营的私募投资基金)所进行的交易,几乎所有资本市场的中小投资者或自然人在证券交易决策中并未取得实际好的效果。在交易的频率方面,中小投资者永远不可能与机构投资者相提并论。换言之,一个不对等的交易双方,从交易刚开始就输了。更为严重的是,若程序化交易投资者滥用技术优势运用某些算法策略操纵市场,中小投资者就会在操纵行为中被动受损,且当前算法操纵越来越隐蔽,行为认定愈发困难。我国高频交易操纵市场第一案——伊世顿公司操纵期货市场案,该案中行为人通过非法手段将高频交易系统接入交易所系统,利用算法技术频繁的虚假申报,长时间的规避了证券监管部门的查处,最终获利20多亿元人民币。

三是DS技术进一步侵害了中小投资者的知情权。信息披露是为了确保中小投资者可以获取具有时效性、完整性和准确性的信息掌握以作出交易决策。但是因算法技术的复杂性、代码不透明性,加剧了中小投资者与算法技术应用者之间的信息不对称程度。如,中小投资者难以理解量化基金公司的算法金融产品及其模型。智能投顾服务中存在显著的透明度缺陷与道德风险隐患:其算法决策机制缺乏可解释性,投资标的遴选过程构成“技术黑箱”,服务机构在委托代理关系中可能基于利益驱动实施策略偏移。研究表明,当服务协议条款存在认知壁垒且风险披露机制不完善时,极易形成双重信息不对称格局——既包括金融产品复杂性与投资者认知能力的结构性矛盾,也涉及服务机构主动选择的信息过滤行为。特别值得警惕的是,在现行激励机制下,部分平台可能通过优化推荐算法权重,将佣金提成率作为产品匹配的核心参数,而非基于投资者适当性原则进行资产配置。这种利益驱动下的产品推荐机制,实质上剥夺了中小投资者对风险收益特征的知情权,使其在未充分理解产品属性和市场波动规律的情况下形成非理性决策,最终导致财富异常转移风险。

二、中小投资者保护的法理基础

在 DS 时代中小投资者保护愈发困难,这也是科技金融变革和发展的结果,这个结果可能令业内人士、中小投资者以及监管部门感到迷茫。事实上,随着证券市场的数字化发展,DS 技术的深度应用,证券投资者也具有了更多时代气息,因此需要对中小投资者的内涵进行阐释,从而构筑中小投资者保护的理论基石。国内理论与实务界围绕金融消费者与消费者、投资者的关系存在长期争议,相关争议主要集中在行为人的行为目的(是否为了生活消费)与主体范围(是否限于自然人)两个方面。金融消费者是消费者概念在金融领域的延伸。根据行为主体是否以获利为目的来区分消费与投资的传统理论,以及将金融消费限于自然人的做法已无法满足金融市场混业发展的现状。[①] 本文认为应将金融消费者明确为投资者的上位概念,使投资者享受更多金融消费者层面的保护。我国证券市场有 2.25 亿投资者,中小投资者占比超过 99%,且中小投资者在信息获取与分析、专业能力、纠纷解决方面均处于劣势,保护中小投资者的合法权益关乎市场公平与正义,势在必行。

健全的法律制度、高效的执行机制及政府监管措施是提升投资者权益保护效能

① 参见任自力:《金融消费者与消费者、投资者的关系界分》,载《中国政法大学学报》2021 年第 6 期。

的关键路径。“法律与金融”研究范式的核心要义在于:通过修订公司法、证券法、破产法等基础性法律规范,辅以公司治理准则等配套制度安排,系统构建投资者法律保障体系,进而优化公司治理效能并培育高效率资本市场。该理论体系将法律界定为特殊的外部治理机制,以LLSV学派为代表学者,开创性地论证了法律体系与金融市场发展的内在关联。研究指出,法律体系在投资者权益保护方面具有重要作用,甚至决定性作用,其完善程度直接影响金融市场的演进轨迹——投资者保护机制与金融市场成熟度存在显著的正向关联,制度优势与市场活力呈现明显的协同效应,反之则导致市场发展滞后。即投资者保护机制越完善,其金融市场发展越蓬勃,反之,投资者保护机制越弱化,其金融市场发展越疲软。① 当法律体系对外部投资者保护存在制度性缺陷时,将直接制约公司治理结构的优化和外部融资渠道的拓展。

目前,我国出台了公司法、证券法、《证券投资者保护基金管理办法》等规范性文件,建立了中小投资者权益保护法律体系。证券法以及证监会发布的《证券公司治理准则》《证券公司内部控制指引》《证券投资顾问业务暂行规定》等规定了证券公司有义务保护中小投资者交易安全。中小投资者权益司法保护的相关规定有《关于审理证券市场虚假陈述侵权民事赔偿案件的若干规定》《关于全面推进证券期货纠纷多元化解机制建设的意见》等。各地人民法院为有效应对群体性证券纠纷,也正在积极创新符合本土特征的司法运行机制。

尽管我国已构建起中小投资者权益保护的基础性法律框架,但在DS技术革新背景下,发现许多创新对证券中小投资者的保护仍有很多不足。如前所述,中小投资者权益受损具有新的变化。因此,DS技术的应用掣肘证券中小投资者权益保护的状况亟须纾解,应改良法律体系,给予投资者更好的保护,这对于我国证券市场的发展与维护金融稳定都有重要作用。

三、DS视角下中小投资者权益保护机制的重构

(一)明确包容审慎的规制理念

包容审慎理念由重视鼓励创新、提高效率的“包容”与重视安全、防范风险的“审慎”构成。在人工智能技术不断迭代快速发展的背景下,会不断出现新技术、新业态、

① La Porta, Rafael, Florencio Lopez-de-Silanes, Andrei Shleifer, Robert W. Vishny, Investor Protection and Corporate Governance, *Journal of Financial Economics*, Vol.58, 2000.

新模式。在新技术不触及安全底线的情况下，对其采取包容态度，鼓励创新，发挥其价值功能。同时设计、开发与应用人工智能技术时，应遵循科技向善原则，考虑和解决与社会价值观、伦理原则和法律规范相冲突的问题，以确保人工智能技术的发展和应用符合公共利益、个人权益和社会正义原则。但另一方面，新技术也意味着新风险与新问题，在新技术发展初期还看不准的时候给予其观察期，并以有效的金融风险控制为前提。

对于 DS 技术在证券市场的应用，监管机构的审慎应多于包容。因为当前对于程序化交易、智能投顾等的风险认识还是比较模糊的，无论是基于域外的经验还是国内的实践，虽然相关的部分风险已经暴露，但基于人工智能技术的迭代演进，某些新型风险可能我们却浑然不知。且证券市场与公共利益密切相关，风险具有高传染性，风险一旦现实化将严重危害投资者利益与证券市场发展。在此情形下，监管机构应基于审慎性原则加强监管，践行“场景化风险评估”的理念，针对不同技术特性制定差异化的监管规则。过度严苛的规则标准不仅将推高监管成本，更可能抑制证券市场创新活力，阻碍市场整体效率提升。新兴技术的引入已成为证券市场不可逆的发展趋势，现阶段的核心任务在于构建技术领域的统一评估体系。监管机构亟须提升人工智能技术风险识别与研判能力，确保监管规则设计与措施的公平性与效率性，在平衡创新激励与风险防控的基础上，保障中小投资者的合法权益，维护市场稳定。

就程序化交易而言，程序化交易在我国证券市场大面积或者大规模地引进或开放还有很长的路要走。原因很多，一是 A 股市场本身具有天生的缺陷：如从投资者数量结构层面看 95% 为散户；二是市场参与主体具有较大影响的国有全资或者国有控股股东，甚至实际控制人等主体的数量虽少，但其持有股份数量却占了全市场的 90% 股份以上；三是由于与人工智能相关的伦理空缺，目前国际社会对 DS 为首的人工智能缺乏统一的认识。沪深北证券交易所在 2024 年 6 月 7 日发布的《程序化交易管理实施细则(征求意见稿)》对高频交易的认定标准为每秒最高申报速率 300 笔以上，或者单日最高申报 2 万笔以上。对高频交易进行差异化管理，将高频交易限制为每秒 300 笔与单日 2 万笔以上，证监会和证券交易所并没有做出公开的解释。但从实践来看，每秒 300 笔与单日 2 万笔对现有绝大多数量化交易的影响不大，大部分的量化交易达不到如此频率与规模。那现有规定是否有宽松之嫌？是否对中小投资者提供了实质性的保护？我国对高频交易的认定标准仍待商榷。

（二）加强DS技术应用的合规性管理

DS技术应用时的优势和劣势,如何取舍？其标准合规性管理的要点在于提高其透明度与数据的标准化、规范化。巴尼·弗兰克(Barney Frank)提出的金融科技透明度监管理论强调构建“技术可审计性”制度体系。该框架要求建立基于准入许可的技术备案制度,对核心算法架构、数据交互协议及系统运行参数实施牌照化管理。在资本市场信息披露维度,需构建穿透式监管以应对金融科技衍生的数据黑箱效应——技术供应商与金融机构通过智能合约、加密数据库等技术手段形成信息垄断闭环,导致公共权力在实施个人信息保护时面临执行效力弱化困境。研究表明,金融科技在降低市场摩擦系数的同时,产生了风险形态的异化效应。技术扩散导致操作风险与系统性风险的耦合度显著提升,监管主体因信息滞后性和数据颗粒度不足形成监管盲区。2015年证券市场的异常波动案例表明,以HOMS系统为代表的金融科技创新成为市场波动的重要催化因素,其分仓记账功能引发的杠杆嵌套问题暴露了监管科技的适配性缺陷。构建信息披露的均衡模型需满足双重约束条件：在监管效能层面,建立满足最小必要原则的数据开放标准,确保监管机构获取关键风险参数;在权益保护维度,设定包含商业秘密保护系数与个人隐私熵值的上限阈值。通过建立动态调整的信息披露指数矩阵,实现监管数据需求与市场主体权益的帕累托最优配置。

另一方面,促进数据的标准化和规范化。数据的标准化与规范化旨在将分散的、不同类别的数据聚合起来,挖掘潜藏在其中的有用信息。推进数据的标准化有利于促进数据共享、数据分析与决策。2023年11月10日,证监会发布了《证监会职能配置、内设机构和人员编制规定》,明确提出要设立科技监管司,其职责主要为构建集中且统一管理的数据体系,进行数据标准化治理,推进大数据平台的建设进程,促进监管数据共享。应细化相关规则,对数据以统一的预设标准与格式进行收集与管理。如SEC在建立CAT系统后,要求交易所、自律监管组织以及其国家市场证券(NMS)的成员以标准形式向中央存储库提交详细的交易数据。同时构建交易数据查验机制。数据的真实性、准确性是监管机构以数据为依托预警风险、进行智慧监管的关键。证券市场财务报告造假层出不穷,证券监管机构应建立数据查验机制,对市场主体提交的数据进行真实性辨别,确保可用于合规检查,发挥事前预防、事中监测、事后惩处的基础性作用。监管机构应充分采用科技手段进行穿透式监管,督促报告主体规范化上报数据,对采集的数据进行分类和汇总。若报告主体以账户组为单位报告相关数据,申报速率应取所有账户交易的最高值,交易量计算采取合并计算的标准。

此外,随着人工智能技术的进步与证券市场环境的变化,有关交易风险的数据与信息类型也在变动,监管机构需要更加注重识别、选择重要的交易数据类型,适时优化调整程序化交易报告,保证收集的数据常变常新,并迭代查验的报告数据。[①] 若投资者不实报告,交易所应在充分考虑监管对象的主观状态、违规行为对市场的影响程度、违规次数、违规后整改情况等考虑给予监管对象相应的监管措施和纪律处分。

(三)发展技术驱动型监管手段

金融创新催生的新型产品与服务对现行监管体系形成显著压力,其技术特征与运行模式已显著突破传统监管框架的覆盖范畴。实证研究表明,金融科技在提升交易效率的同时,监管科技的发展速度与市场创新存在明显脱节。2015 年证券市场异常波动事件中,以 HOMS 系统为代表的创新技术架构成为风险传导的关键节点。值得关注的是,分仓系统通过伞形账户架构构建的多层级账户体系,在证券结算系统中仅能识别至配资机构维度,而无法穿透至终端投资者个体,这种结构设计导致市场透明度显著降低。[②] 进一步分析表明,监管机构在风险识别与应对层面存在双重技术困境:首先,面对新型交易模式等复杂账户体系,监管技术手段存在监测盲区;其次,与市场主体基于逐利动机快速迭代技术系统相比,监管技术更新周期呈现明显滞后性。这种技术代差源于两个维度:其一,新型交易技术往往涉及算法工程、高性能计算和低时延网络等专业领域,需持续投入大量技术资源;其二,监管机构在技术储备与响应速度方面处于相对劣势,这种不对称性客观上延长了风险识别与处置的响应周期,显著提升了系统性风险暴露概率。

DS 技术在证券监管框架中不仅作为监管客体接受规制,更逐步演化为监管实施的技术支撑。传统证券监管体系以人力密集型监管为主,数据采集依赖统计报表、窗口指导等滞后性手段,风险评估基于金融机构定期报送的历史数据。然而,此类静态数据仅能反映监管对象在特定时段内的经营样态,难以捕捉金融市场的实时动态风险特征。有必要在传统金融监管方式之外,辅之以技术驱动型监管,构建双维监管体系,以应对 DS 技术及其在此基础上后来者持续创新发展所主动或被动带来的挑战。为了防备 DS 的天生缺陷(如黑箱操作带来许多环节的信息不对称),建议将算法的黑箱操作列为监管重点关注对象。

---

① 参见吕桐弢:《程序化交易报告制度的问题检视与完善建议》,载《现代经济探讨》2024 年第 6 期。

② 参见刘燕、夏戴乐:《股灾中杠杆机制的法律分析——系统性风险的视角》,载《证券法律评论》2016 年第 1 期。

首先,要逐渐建立 DS 视角下风控的同时,谨慎构建以 DS 等人工智能风险监控系统。风险监控系统的建立有利于提高风险识别与预警能力,保障交易安全、防控潜在风险。一是通过建立全流程风险监控体系,可以实现对证券交易风险的即时识别与应对。借助其强大的数据收集和技术资源优势,可以实时捕捉证券交易风险,包括异常交易行为的甄别、市场操纵迹象的探测以及流动性风险的评估。进一步地,该系统还能对风险进行量化分析,为后续的风险预警和处置奠定基础。二是在识别风险动态或者静态的基础上,我国应逐步健全实时预警机制,即当风险监控系统检测到潜在风险时,应能迅速激活预警机制。具体而言,预警机制的实施包括以下几个核心环节:其一,实施动态监控与深度数据分析,运用 DS、云计算等技术对证券交易的全过程进行实时监测,涵盖市场数据、交易指令、系统状态等多个维度,然后通过数据分析,及时发现交易异常或系统隐患,为预警提供信息支持;其二,设定合理的风险阈值,根据交易策略和市场环境,制定包括最大亏损限额、最大滑点等在内的风险容忍度标准,一旦实际交易数据触及或超越这些阈值,系统将自动触发预警;其三,建立高效的预警通知与应急响应体系,通过短信、邮件、系统弹窗等多种渠道,确保预警信息能够即时送达相关人员,并制定详尽的应急响应预案,明确处理流程和责任人,以便在预警发出后能够迅速采取行动;其四,持续优化预警机制,根据预警机制的运行,不断调整预警策略、优化风险阈值,并深化对市场、技术和系统风险的研究,以期提升预警机制的精准度与灵敏度。[①] 总之在全流程风险监控系统的支撑下,可以防范程序化(高频交易)交易的风险,促进程序化或者 DS 技术支持证券期货品种的发行与交易的稳健发展。

其次,维护风险监控系统的安全是必不可少的。一方面,在风险监控系统的搭建与运行过程中,应充分考虑交易所信息系统与证券公司接入系统的安全性,可以采取防火墙、灾难恢复、数据加密等措施,应对程序化交易算法失灵等风险,保证系统的安全稳健运行。另一方面,还应定期对风险监控系统进行检测与升级,适应证券市场环境的变化与程序化交易风险的挑战。一是建立并强化用户反馈机制。积极搜集投资者对风险监控系统的性能和运行效率的意见,及时回应投资者提出的问题,提升投资者满意度及系统的实效性。二是依据风险监控系统的实际运行的相关数据,对其进行深度挖掘,优化系统算法,提高处理速度,降低资源能耗。

---

① 参见程雪军:《生成式人工智能下证券市场程序化交易的风险监管范式构建》,载《当代经济管理》2025 年第 2 期。

再次,监管规则的数字化转换。运用监管科技对程序化交易进行监管,其中的关键点为监管规则应能翻译为机器可读语言,即机器可执行规则。但法律条文具有语义多重性、含糊性等特征,计算机虽然可以运用机器学习算法将监管法规转化为机器程序,但还不能理解与处理语言中的微妙表达。通常将法律语言转化为机器可读是在法规发布之后进行,是一个后端操作环节。英国 FCA 发起了一个“MDMER”项目,将机器可读程序由后端转为前端,旨在监管规则制定之初便消除歧义并立即让机器执行。这意味着将法律条文的内容、逻辑等以编程的方式表现,便于机器分解学习。同时启示我们程序化交易监管规则的制定要减弱词语的多义性,使具体制度以细粒度的方式表达。将法条的一般性规定转换为案件信息指标类别与数据阈值,监管科技可自动运行、智能判断程序化交易违法行为。[①] 具体来看,法律规范通常为概括性规定,规制的是类型化的违法行为,而非具体的案件事实。案件事实与法规适用之间由执法人员或司法人员通过涵摄确立。可执行规则需要通过技术性手段即法律的代码化,将具体的、已拆分且语义限缩的规则转化为算法的运算逻辑,便于通过对比、分析海量程序化交易数据,得到可靠的结果。因此,对程序化交易潜在风险与违法行为的汉语法律表达,需要转换为结构化、微观化代码语言,便于计算机系统的识别和执行。

(四) 建立算法责任追究机制

算法黑箱特性引发的司法归责困境已成为证券监管领域的突出问题。该技术特征导致传统法律框架中的行为归责逻辑面临适用障碍,具体表现为三大核心难题:第一,责任主体识别机制失能。基于海量多源数据迭代训练的智能算法系统,其决策输出受多重非线性变量交互影响。由于算法控制权分散于数据采集方、模型开发方及运营应用方等多元主体,加之算法自优化机制导致决策路径动态演变,使得具体侵权行为的责任主体认定存在显著识别障碍。第二,违法行为判定标准缺失。算法侵害行为具有显著的隐蔽性和间接性特征,典型如基于用户画像的差异化定价机制。此类损害事实的识别受制于信息孤岛效应,权益受损主体往往缺乏认知能力。即便损害结果显性化,算法决策的统计学相关性特征与传统因果认定标准形成本质冲突,且算法输出的结果异质性进一步加剧了合规性判断的复杂性。第三,主观过错认定机制失效。在现行技术中立原则的司法适用框架下,算法开发运营主体常以技术自主性为由规避审查义务。由于算法涉及的多层级数据处理流程和自动化决策机制具

---

① 参见陈来瑶:《算法嵌入监管的法治化路径研究——以证券违法活动的算法监管为例》,载《金融监管研究》2023 年第 11 期。

有高度技术耦合性,其过错形态呈现分布式特征,难以通过传统过错推定规则进行有效归责。这种技术复杂性导致过错要素的司法认定面临实质障碍,亟待构建新型归责理论框架。

因此,构建算法责任制度框架需着力完善以下三个核心机制:其一,确立举证责任倒置规则。鉴于算法设计者与应用方对技术系统的绝对控制权,应参照《民法典》第 1 166 条严格责任原则,将无过错举证义务强制赋予算法控制主体。当出现算法侵权事件时,需由技术开发方与运营机构证明其算法在数据采集、模型训练及决策输出全流程均符合技术规范与合规要求。其二,创新群体性诉讼实施机制。建议在现行《民事诉讼法》第 53—54 条基础上构建示范诉讼机制,建立金融科技纠纷调解中心与在线诉讼平台的协同体系。通过制定算法侵权案件审理指引,明确代表人适格标准与赔偿金分配规则,实现小额分散型损害的集约化处理,有效突破传统诉讼模式下的维权困境。其三,构建多层次风险保障体系。[①] 在金融安全网框架内设立算法风险专项保障基金,要求持牌机构按算法业务规模缴纳风险准备金。同步推进算法责任保险产品研发,涵盖模型偏差、数据污染等新型风险类型。监管机构应制定强制投保标准,建立风险准备金与商业保险联动的偿付机制,完善赔付流程与标准细则。

四、结　　语

我们要谨慎评估在证券市场引进与适用相关 DS 技术的时机和条件是否合适与恰当。借鉴域外有关国家规制 DS 等人工智能的经验;同时也要避免重走这些国家或地区在学术和实践上的弯路。对于程序化交易、智能投顾等证券交易新型方式,趋利避害,引导其规范发展,不断提高对中小投资者的保护水平,促进我国证券市场的稳健发展。

(责任编辑:刘霄鹏　沙　含)

---

① 参见杨松、周楠:《数字金融的算法风险及其法律规制》,载《陕西师范大学学报(哲学社会科学版)》2024 年第 2 期。

新公司法视角下股东代表诉讼原告资格的确定

肖　宇*　王长华**

摘要：新公司法的实施引发了股东代表诉讼原告资格确定的诸多问题。在公司不设监事的情形下，当董事、高级管理人员损害公司利益时，应当豁免股东代表诉讼的前置程序。在单层制公司中，股东在提起代表诉讼前应向审计委员会履行前置程序。在只设董事或监事的公司中，当公司利益受到损害时，兼具董事或监事身份的股东有权选择以自己名义依法提起股东代表诉讼或者以公司名义提起公司直接诉讼。兼任董事或监事的股东即便在董事会或监事会决定以公司名义提起诉讼时发表了反对意见，该股东仍可以在事后以自己名义提起股东代表诉讼。鉴于公司的法人独立性和诉权的直接性，有必要赋予公司合理的抗辩权及其对股东代表诉讼的影响力，以便阻止或终止不合理的股东代表诉讼。

关键词：股东代表诉讼　前置程序　适格原告　公司抗辩权

一、问题的提出

股东代表诉讼，也称股东派生诉讼或股东代位诉讼，是指当公司的利益受到损害而公司不起诉时，符合法定条件的股东有权以自己的名义对损害公司利益之人提起诉讼。法律之所以让股东在特定条件下代公司行使诉权，其主要原因在于为因公司利益受损而致使股东利益间接受损的中小股东提供救济途径，进而健全公司法人治理结构。然而，公司作为企业法人，具有独立的法人资格，能够独立进行民事法律行为和民事诉讼行为，其行为活动不受包括股东在内的其他主体的直接干涉。此乃公

*　河南财经政法大学硕士研究生。

**　河南财经政法大学民商法学院副教授、企业与公司法研究中心主任。

司法人独立理论的直接体现和基本要求。鉴于此,各国公司法在规定股东代表诉讼制度时大都规定了股东代表诉讼的前置程序和原告起诉的条件。我国新公司法第 189 条也不例外,该条明确规定股东只有在履行前置程序后或者前置程序豁免时才有资格作为原告提起股东代表诉讼。也就是说,股东代表诉讼的适格原告除了必须具备股东身份这一要件外,还必须满足已履行前置程序这一要件,除非存在前置程序豁免的情形。在不存在前置程序豁免的情形下,若股东未履行前置程序或者前置程序存在瑕疵,则法院应裁定不予受理,已经受理的应裁定驳回起诉。[①] 简言之,只有在穷尽公司内部救济后,股东才能提起股东代表诉讼。

关于股东代表诉讼的前置程序,我国新公司法第 189 条延续了 2018 年修正的公司法第 151 条规定的交叉征询公司意思规则,即董事、高级管理人员损害公司利益时请求监事会提起诉讼,监事损害公司利益时请求董事会提起诉讼。此种规则有利于保障公司意思的独立性,进而最大限度地维护公司的利益。诚如学者所言,要求股东通过交叉机制提出诉讼请求,旨在保持公司的独立性人格,为公司提供内部救济的机会。[②] 然而,鉴于我国公司法 2023 年修订时对诸多公司法律制度做了重大创新,譬如允许公司采取不设监事会或监事的单层制治理模式、新增双重股东代表诉讼等等,由此,新公司法第 189 条在适用时如何确定股东是否具备原告资格就成为一个亟待研究的问题。具体来说,关于新公司法第 189 条规定的股东代表诉讼原告资格的界定,以下问题尚待深入探究:

其一,在单层制公司中,由于没有监事会和监事,当董事、高级管理人员损害公司利益时,股东应否以及如何履行前置程序?当公司根据新公司法第 83 条既不设监事会也不设监事时,应否豁免股东的前置程序?当公司根据新公司法第 69 条、第 121 条、第 176 条设置董事会审计委员会而不设监事会和监事时,股东在提起代表诉讼之前是首先向董事会审计委员会履行前置程序,还是直接豁免其前置程序?

其二,兼任公司董事或监事的股东是否享有提起股东代表诉讼还是公司直接诉讼的身份选择权?根据新公司法第 75 条、第 128 条以及第 83 条和第 133 条的规定,符合法定条件的公司可以不设董事会而仅设一名董事,也可以不设监事会而仅设一名监事。在一个不设监事会而仅设一名监事的公司中,当董事、高级管理人员损害公

---

① 参见王长华:《论他人侵犯公司权益情形下的股东派生诉讼》,载《郑州航空工业管理学院学报(社会科学版)》2010 年第 2 期。

② 参见沈贵明:《股东代表诉讼前置程序的适格主体》,载《法学研究》2008 年第 2 期。

司利益时，兼任监事的股东是以公司为原告代表公司提起公司直接诉讼还是以股东为原告提起股东代表诉讼？即此种情形下股东是否具备原告资格，能否提起股东代表诉讼？

其三，非全资子公司利益受损时，母公司的股东能否提起股东双重代表诉讼？根据新公司法第 189 条的规定，母公司的股东可以依法对损害全资子公司利益者提起双重代表诉讼。然而，实践中大量存在的情形是非全资子公司利益受损而母公司的股东想提起股东双重代表诉讼的情形。由此产生的问题是，能否将第 189 条第 4 款新增的股东双重代表诉讼扩张适用于非全资子公司？

其四，当股东请求公司董事会或者监事会对损害公司利益者提起诉讼时，公司能否以合理的理由进行抗辩？公司的这种抗辩能否阻止股东代表诉讼的发生？如何妥善处理公司抗辩权与股东代表诉讼权的关系？

二、单层制下股东代表诉讼原告资格的确定

广义的单层制包括两种情形：一种情形是既不设监事会和监事也不设董事会审计委员会，这是新公司法第 83 条新规定的公司治理模式。另一种情形是不设监事会和监事，但设董事会审计委员会，这种情形是学界常说的单层制或单轨制，这是我国新公司法第 69 条、第 121 条和第 176 条新增规定的公司治理模式。

1. 小型有限责任公司的股东代表诉讼

下面先探讨第一种情形下股东代表诉讼的原告资格确定问题。根据新公司法第 83 条的规定，小规模有限责任公司经全体股东一致同意，可以不设监事。该条实际上是对规模较小或股东人数较少的有限责任公司的监督机构的简化。在全体股东同意的情况下，不设监事会和监事既有利于减少公司的管理成本，使其资源集中于核心业务的发展，又充分体现了股东自治权，“且本质上肯认了有限责任公司的自我监督价值”。[①] 笔者认为，在公司不设监事的情形下，当董事、高级管理人员损害公司利益时，应当豁免前置程序，股东可以直接提起股东代表诉讼。股东代表诉讼的制度前提是“穷尽公司内部救济”，具体而言则为最大化发挥公司内部监管机制的功用。[②] 当公司受到董事侵害时，按照新公司法第 189 条规定，股东应该先向监事会或监事请

① 徐强胜：《公司法：规则与应用》，中国法治出版社 2024 年版，第 232 页。

② 参见王亮：《股东代表诉讼的权利属性阐明——以前置程序重构为中心》，载《学术探索》2015 年第 12 期。

求,因为监事会或监事作为公司的监管机构能够代表公司提起诉讼,因此需要向监事会或监事请求以便穷尽公司内部救济。然而,当公司没有设置监事会和监事时,面对董事损害公司利益的情形,公司内部已经不存在能够代表公司起诉的合适机关,无法、也没有必要再穷尽内部救济了。因此,在此情形下应豁免前置程序,股东可直接提起代表诉讼。司法实践中,法院也大多秉持着此种思路,在监事会和监事缺失的情况下,豁免股东履行前置程序。[①]

2. 设董事会审计委员会公司的股东代表诉讼

如果公司设审计委员会而未设监事会,股东提起代表诉讼前应否向审计委员会履行前置程序?对此,有观点认为应向审计委员会履行前置程序,[②]但也有观点认为不用向审计委员会履行前置程序,股东可直接提起代表诉讼。[③] 笔者认为,股东在提起代表诉讼前应向审计委员会履行前置程序,只有在审计委员会拒绝起诉或者 30 日内未提起诉讼时,股东才具备提起股东代表诉讼的原告资格,才能提起股东代表诉讼。主要理由如下:

其一,我国新公司法规定的单层制下的审计委员会享有完全的监督权,完全移植了监事会的职权。根据新公司法第 69 条和第 121 条的规定,审计委员会的职权是"行使本法规定的监事会的职权",也就是完全移植了监事会的职权。"如若其职权范围不能覆盖监事会制度既有范围,又如何能够期待其实现预期的监督功能?"[④]根据文义解释,审计委员会理应承接监事会的一切职权,具体包括公司财务监督权、职务执行监督权和解任建议权等权利。也就是说审计委员会是对监事会职权的"依法全面承接",即在新公司法已经明确要求审计委员会行使监事会职权的背景下,审计委员会应严格按照法律要求将全部监事会职权确定好、吸收好、行使好;既不应不行使监事会职权,也不应部分行使、部分不行使。[⑤] 而根据新公司法第 78 条第(六)项的规定,监事会有权依照该法第 189 条对董事、高级管理人员提起诉讼。据此,审计委员会有权依照第 189 条对董事、高级管理人员提起诉讼。既然审计委员会享有以

---

① 参见最高人民法院(2019)最高法民终 1679 号民事裁定书;参见福建省高级人民法院(2010)闽民终 117 号民事裁定书。

② 刘斌:《新公司法注释全书》,中国法治出版社 2024 年版,第 675 页;刘贵祥:《关于新公司法适用中的若干问题》,载《法律适用》2024 年第 6 期。

③ 参见禹海波、黄蕾:《股东代表诉讼规则的司法适用——以某市三级法院 2016 年至 2022 年 178 件案件为样本》,载《首都师范大学学报(社会科学版)》2023 年第 s1 期。

④ 郜俊辉:《法律试错的开始:审计委员会的模式定位与制度构造》,载《中国法律评论》2024 年第 5 期。

⑤ 参见胡耕通、向丹霖:《"单层制"模式下的董事会审计委员会制度:现状、困境与改进》,载《会计研究》2025 年第 3 期。

公司名义提起诉讼的权利,那么根据穷尽公司内部救济的基本法理,股东在对董事、高级管理人员提起代表诉讼前就应当先向审计委员会履行前置程序,即请求其以公司名义对董事、高级管理人员提起诉讼。

其二,审计委员会行权具有独立性。由于审计委员会为董事会内设机构,因此其行权独立性受到质疑,有观点甚至认为在股东提起书面诉讼请求时,受到利害关系的驱使而拒绝起诉。对此可以从两个方面探讨:第一,其成员选任是否受董事会影响?新公司法第69条和第121条并没有规定审计委员会成员的选任方式,但学界通说认为应当由股东会选任,笔者也持此观点。在审计委员会作为董事会内设机构的情况下,若让董事会内部自行选任,董事会成员必定会选任和董事会利益一致的董事,与公司利益至上原则相违背。而股东与公司的利益在大致方向上是一致的,都期望公司得到更好的发展。由股东会选任审计委员会成员,股东必定会谨慎考虑,选择有能力、有责任心、与董事会其他董事没有太多关联关系的董事担任,保证审计委员会在行权过程中不受执行董事影响。第二,其作为董事参加董事会决议是否会受影响?根据上文所述,审计委员会成员由股东会选任,那么其行使权利当然不会因为害怕被董事会撤职而受影响。唯一可能影响其独立性的地方在于审计委员会成员基于其董事身份可以参加董事会决议。对此,部分学者认为,审计委员会成员根本就不能参加董事会决议事项的表决,否则就会出现"既当裁判员,又当运动员"的情况,当董事会表决事项违背公司利益时,作为表决者的审计委员会绝不可能"大公无私"的行使监督权。① 另一部分学者认为审计委员会成员具有董事身份,应当拥有参加董事会行使表决权的权利。笔者认为审计委员会成员参加董事会会议并不影响其独立行使监督权。原因在于公司法引入审计委员会的目的之一,就是解决监事会不能有效发挥监督职能的问题。监事虽然可以列席董事会会议,但由于监事会和董事会是两个不同的组织机构,监事不像执行董事与管理层那样直接在一线组织领导公司业务,也难以在第一时间获悉其工作失误与违规风险。② 因此监事很难判断董事会哪些决议对公司有利,哪些决议有损公司利益。而审计委员会成员除了行使监督权之外还参加董事会会议并进行表决。为了避免作出错误决定而承担责任,当董事会的其他成员作出不利于公司的决议时,审计委员会更会积极且严格的行使监督职责。所以,审计委

① 参见蒋大兴:《新〈公司法〉董事会审计委员规则的执行困境》,载《中国法律评论》2024年第2期。

② 参见刘俊海:《论基于理性自治的公司监督模式创新——兼评〈公司法(修订草案)〉监事会与董事会审计委员会"二选一"模式》,载《中国社会科学院大学学报》2023年第4期。

员会并不会因为与董事会同根同源而受到影响。

综上,审计委员会具有自己的独立性,当执行董事、高级管理人员损害公司利益时,其能够独立作出是否提起诉讼的决策。因此,在单层制公司结构下,审计委员会以外的董事或者高管损害公司利益时,符合条件的股东应当向审计委员会请求提起诉讼。[①]

三、股东兼任董事或监事时股东代表诉讼原告资格的确定

在股东兼具公司董事或者监事身份时,理论上会涉及两种诉讼模式:一是以股东身份提起股东代表诉讼;二是以公司董事(会)或监事(会)身份以公司名义提起公司直接诉讼。这里的问题是,股东对这两种身份是否具有自主选择权。回答这一问题的关键在于诉讼的目的是否相同。无论股东是以自己的名义提起股东代表诉讼,还是以董事或监事的身份提起公司直接诉讼,尽管这两种诉讼的目的都是为了维护公司利益且胜诉利益归属于公司,但这两种诉讼存在着很大区别。第一,董事或监事提起诉讼仅是为了维护公司利益这一目的,而股东代表诉讼,除维护公司利益外,其根本目的在于维护起诉股东的切身利益。第二,董事或监事以公司名义提起的直接诉讼,其实体权益的主体和诉讼权益的主体完全一致。而股东代表诉讼则是一种法定诉讼担当,权益主体不一致。第三,公司在诉讼中所处的地位不同。在董事或监事提起的公司直接诉讼中,公司是原告;而在股东代表诉讼中,公司为第三人。基于以上对比分析可知,股东兼任董事或监事时基于不同身份所提起的诉讼的性质并不相同,所以有必要针对不同情况进行类型化分析。

首先探讨公司不设董事会和监事会的情形。根据新公司法第75条、第128条以及第83条和第133条的规定,符合法定条件的有限责任公司和股份有限公司可以不设董事会而仅设一名董事,也可以不设监事会而仅设一名监事。由此就出现了实践中常见的股东兼任董事或监事的情形(该情形在一人公司中十分常见)。在一个不设监事会而仅设一名监事的公司中,当董事、高级管理人员损害公司利益时,兼任监事的股东是以公司为原告代表公司提起直接诉讼还是以股东为原告提起股东代表诉

① 参见刘贵祥:《关于新公司法适用中的若干问题》,载《法律适用》2024年第6期。

讼？此种情形下股东是否具备原告资格，能否提起股东代表诉讼？对此，有观点认为股东可以提起代表诉讼，但鉴于其同时兼具监事身份，因此应当豁免前置程序。[①] 但也有观点认为股东不能提起代表诉讼，但司法实践中也有法院通过的规范性法律文件认为股东不能提起代表诉讼。譬如，深圳市中级人民法院2015年通过的《广东省深圳市中级人民法院关于审理股东代表诉讼案件的裁判指引》第6条规定，不设监事会的公司的监事兼具股东身份时，其对损害公司利益的董事、高级管理人员或他人提起的诉讼不属于股东代表诉讼。笔者认为，在只设董事或监事的公司中，当公司利益受到侵害时，兼具董事或监事身份的股东有权选择以自己名义依法提起股东代表诉讼或者以公司名义提起公司直接诉讼。主要理由如下：

其一，赋予股东这种选择权非但未损害公司利益，反而更有利维护公司利益，可以囊括司法实践中股东代表诉讼的多种现实需求。譬如，在一个不设监事会的公司中，当公司的董事兼法定代表人（甲）损害公司利益时，若兼任监事的股东（乙）不能提起股东代表诉讼的话，将出现该监事乙以公司名义起诉董事甲时，无法在起诉状中加盖公司印章以及向法院出具公司营业执照（印章、证照等由法定代表人甲持有）的情形。这种常见情形被不少法院以不符合起诉的形式要求而不予受理或驳回起诉。在这种情形下，若赋予股东代表诉讼权，股东乙就可以以自己名义对甲提起代表诉讼，进而维护公司利益。此外，这两种诉讼的胜诉利益都是归公司，管辖法院也都相同，因此赋予股东选择权并不存在损害公司利益或规避法律规定的情形。

其二，在符合两种不同诉讼要件的情形下，兼任监事的股东有权选择以不同身份提起诉讼。当公司利益受到董事等人的损害时，因公司未设监事会，故兼任股东的监事可以直接根据新公司法第78条、第83条和第189条的规定以公司名义提起诉讼。此时，该兼任股东的监事提起的诉讼属于公司直接诉讼而非股东代表诉讼，其本质是监事代表公司进行诉讼。当公司利益受到董事等人的损害而公司未提起诉讼时，此时已满足了新公司法第189条规定的股东代表诉讼的场景，其可能存在的争议是兼任监事的股东应否以及如何履行前置程序。对此，有观点认为此种情形下的请求可视为该自然人自己（以股东的身份）请求自己（以监事的身份）行使监事职权，故不应将此种诉讼作为股东代表诉讼予以受理，而应告知该监事直接起诉。[②] 其推断逻辑是

---

① 参见朱慈蕴：《股东派生诉讼的前置程序研究——“紧急情况”之外是否存在可豁免情形》，载《政法学刊》2010年第3期。

② 参见《广东省深圳市中级人民法院关于审理股东代表诉讼案件的裁判指引的说明》（2015年10月15日通过）第6条。

自然人自己(以股东的身份)请求自己(以监事的身份)行使权利,故该监事只能、也必须行使监事权利(代表公司提起诉讼)。但该推断忽视了实践中常见的一种客观情形,即监事无法或不能代表公司起诉的情形(如上文所述的董事、法定代表人把持印章、公司营业执照等情形)。因此,出于对公司利益的全面维护,应当正视并重视监事无法代表公司起诉的情形,当监事不能提起诉讼时,股东有权以自己名义提起股东代表诉讼。当然,鉴于股东本人兼任监事,因此没有必要再履行自己(以股东的身份)请求自己(以监事的身份)的前置程序。简言之,当公司利益受到董事等人的损害而公司未提起诉讼时,兼任监事的股东提起代表诉讼时应豁免其前置程序。综上,不能以前置程序的豁免而否定此种情形下的诉讼乃股东代表诉讼的法律本质,更不能否定兼任监事的提起股东代表诉讼的资格。

下面探讨公司设董事会和监事会的情形。在一个设有董事会和监事会的公司中,兼任董事或监事的股东如果在董事会或监事会决定是否以公司名义提起诉讼时发表了意见,该股东应否会因其发表的不同意见进而影响其事后能否再以自己名义提起股东代表诉讼?该股东在会议上发表的意见可概括为以下几种情形:一是赞成公司提起诉讼;二是反对公司提起诉讼;三是对公司是否提起诉讼投了弃权票。在兼任董事或监事的股东对公司提起诉讼投赞成票或弃权票的情形下,如果董事会或监事会作出了公司不起诉的决议,由于该股东的意思并未被公司采纳,因此该股东事后可以提起股东代表诉讼。这里可能存在的争议是兼任董事或监事的股东对公司提起诉讼投反对票的情形。如果此种情形下董事会或监事会作出了公司不起诉的决议,由于该不起诉决议采纳了该股东的意思,那么该股东能否在事后再提起股东代表诉讼呢?

对此,也许有观点认为该股东既然已经表达了反对起诉的意思,根据民商法的禁反言原则,其就不能再提起诉讼(股东代表诉讼)。笔者认为,兼任董事或监事的股东即便在董事会或监事会决定以公司名义提起诉讼时发表了意见(包括反对起诉的意见),该股东仍可以在事后以自己名义提起股东代表诉讼。因为公司与股东的人格相互独立,公司的意思与股东的意思也相互独立,因此不能将兼任董事或监事的股东在董事会或者监事会上表达的意思等同于股东的个人意思。根据公司法人机关理论,董事(监事)在董事会(监事会)上表达的意思通过公司法或者公司章程规定的决议形成机制形成公司机关的意思,而公司机关的意思(董事会决议或监事会决议)就是公司的意思。诚如学者所言,尽管股东兼具监事身份,但是在法律主体的性质认定上应将其视为股东而非监事,因为监事会已经否定了起诉的请求(无论是积极的或消极的),故此原告的起诉只能属股东个人行为。[①] 也就是说,不能将同一个主体在不同场合基于不同身份表达的意思混为一谈。

四、股东双重代表诉讼中原告资格的确定

根据新公司法第 189 条第 4 款的规定,母公司的股东可以依法对损害全资子公司利益者提起双重代表诉讼。从该款的字面表述来看,股东双重代表诉讼的对象仅限于全资子公司,而不包括非全资子公司。对此,有学者认为,该款规定的双重股东代表诉讼制度是否以及如何适用于非全资子公司仍需实践中通过类型化及实质穿透理论予以解决。[②] 也有学者认为,股东双重代表诉讼的主体仅限于全资母子公司之间,即母公司为子公司的唯一股东,这是适格原告的实体要件。[③] 还有学者认为,该款规定的全资子公司不仅包括全资子公司,而且包括间接全资子公司。[④] 仅将全资子公司作为股东双重代表诉讼的对象,会严重挤压该制度的适用空间。[⑤] 那么是否应该扩大该款的适用范围呢? 笔者认为,不应进行扩张解释,母公司股东不能对非全资子公司提起双重代表诉讼。主要理由如下:

其一,股东双重代表诉讼与股东代表诉讼均是公司法人独立理论的例外制度,除非法律有明确规定,否则应严格限定其适用空间,以便维护公司法人独立这一基本原则。股东代表诉讼实质上是如何平衡公司人格独立与股东监督的关系问题,[⑥]只要公司内部还存在救济途径,一般情况下并不提倡突破公司人格独立性。在全资母子公司中,母公司作为子公司的唯一股东,可以说子公司利益与母公司利益是一致的,任何一方受损,都会使损失波及至另一方。当子公司合法权益遭受损害时,母公司作为唯一股东必然会遭受损害,从而间接损害母公司股东利益。倘若母公司与子公司不积极维权,母公司股东当然有理由提起双重代表诉讼,因为如果不提起诉讼,公司内部将没有任何途径维护自身权益,这是在迫不得已的情况下突破公司独立性,符合股

① 参见朱慈蕴:《股东派生诉讼的前置程序研究——“紧急情况”之外是否存在可豁免情形》,载《政法学刊》2010 年第 6 期。

② 参见徐强胜:《公司法:规则与应用》,中国法治出版社 2024 年版,第 439 页。

③ 参见赵旭东主编:《新公司法条文释解》,法律出版社 2024 年版,第 413 页。

④ 参见刘斌:《新公司法注释全书》,中国法治出版社 2024 年版,第 678—679 页。

⑤ 参见李建伟:《股东双重派生诉讼的制度构成与规范表达》,载《社会科学研究》2023 年第 2 期。

⑥ 刘斌、梁樱子:《新〈公司法〉股东双重代表诉讼规则的展开》,载《西南政法大学学报》2024 年第 3 期。

东代表诉讼制度本意。

而对于非全资子公司的母公司股东来说,其并不必须通过双重股东代表诉讼获取救济。针对实践当中存在的非全资母子公司的情形,可大致分为两类:一类为母公司与子公司的其他股东有利害关系,另一类为母公司与子公司的其他股东没有利害关系。下面首先分析母公司与子公司的其他股东没有利害关系的情形。例如,甲公司和乙公司共同设立丙公司,此时甲乙之间要么各自独立,要么存在利害关系。在各自独立的情况下,当丙公司利益受损,即便甲不维权,乙作为利益受损者也会想尽办法维护丙公司利益,甲公司的股东的权益也能得到间接维护。即当子公司利益受损而母公司未提起股东代表诉讼时,完全可以由子公司的其他股东提起代表诉讼,因为子公司的股东远比母公司的股东更加担心子公司利益,其利益受损的传导路径也更为直接。如果母公司与子公司的其他股东没有利害关系,子公司股东没有理由、也不可能在利益受损时无动于衷,此时由子公司的其他股东提起股东代表诉讼更具合理性。在母公司与子公司的其他股东有利害关系的情况下,当丙公司利益受损,由于甲乙有利害关系,当两者都不提起股东代表诉讼的情况下,丙公司已没有其他股东维权,此时丙公司的损失会传导给其股东(即甲乙公司),从而间接损害甲、乙公司的股东的利益。那么,当子公司利益受损,而其股东均不提起股东代表诉讼时,母公司的股东如何维护自己的权益?对此,可以借鉴日本公司法的规定,即强化母公司董事的权利与义务,明确规定母公司董事对子公司的经营负有监督管理的义务。① 这样,通过母公司董事行使对子公司经营的监督管理来实现对子公司利益的维护并进而维护母公司的利益。当子公司利益受损,若母公司董事怠于维权,母公司的股东即可追究董事责任,以维护自身利益。综上,在有相关制度为非全资子公司利益受损提供法律救济途径时,不应突破法律关于双重股东代表诉讼仅适用于全资子公司的限定,以便维护各公司的独立法人资格。

其二,对全资子公司进行扩张解释会助长母公司和子公司的股东搭便车的心理,反倒不利于维护子公司的利益。股东代表诉讼虽然由少数股东提起,但如若胜诉,其维权效力会辐射至其他股东,其他股东可一并享受胜利的果实;如果败诉,诉讼费用也只是由提起诉讼的股东承担,其他股东并无损失。② 如此百利而无一害的行为,会

---

① 朱大明:《日本公司法中的多重代表诉讼制度:妥协与平衡之下的立法》,载《证券法苑》第30卷,法律出版社2020年版。

② 参见谭逍月、段文波:《论股东代表诉讼之判决既判力主观范围的扩张》,载《商业经济与管理》2021年第11期。

造成子公司股东和母公司股东在公司利益受损时互相等待对方提起诉讼。在股东代表诉讼中股东之间这种搭便车心理尚且严重,在股东双重代表诉讼中母公司的股东之间、子公司的股东之间、母子公司的股东之间的这种搭便车心理会更加严重,更不利于子公司利益的救济。

其三,将股东双重代表诉讼扩张适用至非全资子公司会增加诸多法律适用难题。根据新公司法第 189 条第 4 款的规定,母公司是有限责任公司时,其股东提起双重代表诉讼没有持股比例和持股时间的要求;而母公司是股份有限公司时,其股东提起双重代表诉讼则有持股比例和持股时间的要求。若将该款规定的双重股东代表诉讼扩张适用于非全资子公司的话,在非全资子公司是股份有限公司而母公司是有限责任公司时,则会产生子公司的股东提起股东代表诉讼的条件严于母公司的股东提起股东双重代表诉讼的条件。譬如,甲有限责任公司(股东是 A 和 B)与乙出资成立了丙股份有限公司,甲公司持有丙公司 90%的股权。若丙公司利益受到他人损害而怠于起诉,则其股东乙提起股东代表诉讼时有持股比例和持股时间的要求,而母公司的股东 A 提起股东双重代表诉讼时却无持股比例和持股时间的要求。在全资母子公司中,母公司系子公司唯一股东,相比于母公司的股东,母公司提起诉讼虽然还需要达到相应条件,但这些条件很容易满足。[①] 相比之下,子公司的股东起诉的条件竟比子公司的股东的股东(即母公司的股东)起诉的条件更加苛刻,其合理性难免存疑。

五、公司的抗辩权及其对原告诉讼资格的影响

根据新公司法第 189 条的规定,股东只要履行前置程序遭到董事会或者监事会拒绝后,股东就有权提起代表诉讼。就该条的字面表述而言,即使公司董事会或者监事会做出合理拒绝,股东仍有权提起代表诉讼。就此而言,无论董事会或者监事会拒绝股东的理由多么合理,公司都不能阻止股东代表诉讼的发生。

就公司法第 189 条的文义解释而言,股东只要满足形式条件,即履行前置程序向董事会、监事会请求,遭到拒绝后,就必然能依法取得派生诉权。由此,产生的问题是公司能否以合理理由拒绝股东的请求并进而阻止股东提起代表诉讼?在 ST 龙昌案

① 参见刘斌、梁樱子:《新〈公司法〉股东双重代表诉讼规则的展开》,载《西南政法大学学报》2024 年第 3 期。

中,新任董事长经调查发现诉讼并不符合公司最佳利益,但碍于公司股东的请求,鉴于即使公司不提起诉讼,股东也会提起代表诉讼,所以最终公司不得已提起了诉讼。[①] 这样,股东的行为一方面增加了公司的运营成本,另一方面还迫使公司违背真实意思提起诉讼。根据2006年以来公司在股东代表诉讼中的参诉态度,可以发现公司更多地倾向与被告保持一致或形式上保持中立。[②] 也就是说,公司并不愿意提起诉讼,大量类似的情况证明公司内部对于股东请求的审查流于形式,造成最终无论审查如何,结果都是要参加诉讼,先诉请求程序和派生诉讼审理程序出现严重衔接不足。[③] 鉴于此,有必要赋予公司合理的抗辩权及其对股东代表诉讼的阻止效力,以便阻止或终止不合理的股东代表诉讼。主要理由如下:

其一,公司是直接利害关系人,其利益受损后享有诉权。在股东准备提起的诉讼纠纷中,公司是民事诉讼法第122条所规定的有直接利害关系的法人,因此公司享有诉权。是否提起诉讼应当由公司自主决定,这不仅是诉权的题中应有之义,也是民事诉讼法第13条规定的处分原则的具体体现。诉讼并非是解决纠纷的唯一途径,在诉讼、和解、调解、另行达成交易安排以及成本收益分析后做出何种选择,这是实体权利享有者和诉权享有者意思自治的范畴,原则上应由其自主抉择而不应受到他人的干涉。当公司的利益受到董事等管理层损害后,公司会从自身的利益出发,根据现行法律体系所提供的"价格机制"约束条件进行"成本—收益"分析,去选择是否起诉。[④] 毕竟公司是利益的直接受害者,其实体权利遭到直接侵害而享有诉权,故有权决定是否向法院提起诉讼。[⑤]

其二,公司是自身利益的最佳维护者。提起股东代表诉讼的主体大都是公司中的中小股东,大部分情况下,这些股东并不会参与公司日常经营,对于公司的情况不甚了解。此外,由于中小股东在公司中的持股比例较低,公司实际运营情况对其来说影响并不大,就算公司出现危机,中小股东大都会选择"用脚投票"将股权转让,退出公司。除此之外,目前法律并没有规定,如果股东恶意提起代表诉讼,最终败诉的情况下要对公司承担赔偿责任,可能造成中小股东只要感觉到自己利益受损,抑或是为

---

① 参见胡道之:《ST龙昌被掏空没钱起诉邱忠保》,"新浪财经"官网,https://finance.sina.com.cn/stock/s/20060324/08232444372.shtml,2025年7月12日访问。

② 参见山茂峰:《论股东代表诉讼中公司的地位及其权利》,载《北方法学》2023年第6期。

③ 参见王琦:《股东派生诉讼先诉请求规则的功能重校》,载《经贸法律评论》2024年第4期。

④ 参见胡义奎:《股东代表诉讼诉权的权利基础辨析——兼论我国股东代表诉讼制度的完善》,载《政治与法律》2015年第9期。

⑤ 参见王长华、张思宇:《论股东派生诉讼调解的公司法规制》,载《河南财经政法大学学报》2016年第3期。

了争夺控制权,甚至是仅为了发泄不满情绪,就会为自己的私利提起代表诉讼。[1] 综上,除非存在大股东、董事等内部人严重掌控公司的情形,否则公司应当作为其自身利益的最佳维护者,其是否提起诉讼的意思应当被尊重。

相较而言,董事作为董事会成员享有公司经营管理权并参与公司重大决策,比股东更加了解公司,知道公司在什么时期该如何发展。[2] 因此,对于公司因日常经营活动引发的纠纷以及他人对公司利益损害引发的纠纷,董事会更清楚如何做出合理应对。就此而言,董事会在通常情况下是公司利益的最佳维护者。一方面,董事要承担忠实、勤勉义务,不能做有损公司利益的事。除了接受监事会的监督外,董事的任免也由股东会决定,股东作为公司剩余利益的享有者,不会轻易让董事侵犯公司利益,双重监督让董事需要时刻注意自己的言行。另一方面,如果董事监守自盗,损害公司利益,造成公司破产或吊销营业执照,不仅意味着董事职业生涯的结束,而且会遭受声誉裁减等市场制裁。所以当公司利益受损时,董事会会基于综合考虑,做出最符合公司利益的决策,或是通过非诉方式(比如和解),或是主动让利以获取未来的商业机会。因此,董事会作为公司利益维护者,作出的决议就是公司的意思,该决议不仅能维护公司利益,还能间接维护股东利益,法院在受理案件时,应当尊重公司作出的选择。综上,除非存在大股东、董事等内部人严重掌控公司的情形,否则公司应当作为其自身利益的最佳维护者,其是否提起诉讼的意思应当被尊重。

其三,公司作为企业法人,具有独立的法人资格,其具备进行包括诉讼在内的行为活动的独立性。股东代表诉讼提起的前提是已经穷尽公司内部救济途径,目的是为了保证公司意思独立。但实际上,该制度并没有充分尊重公司的意思:当股东和公司的意思一致时,是由公司以自己的名义提起诉讼,体现了公司的意志;但是当股东和公司的意思不一致时,股东仍有权提起代表诉讼。也就是说,只要股东的请求被拒绝,股东就可以提起代表诉讼,而不论公司拒绝的理由的是否正当。在股东提起诉讼前向公司董事会或者监事会请求后,若公司作出起诉的决定,说明该决定是在董事会或监事会基于公司最佳利益考虑后作出的决议,公司的这种选择应当予以维护和尊重。基于同样的道理,当股东的请求被董事会或监事会拒绝,说明公司认为诉讼并不是最佳途径,公司的这种选择同样应当予以维护和尊重。公司依据法律和章程作

① 参见陈月棋、刘莺:《刍议滥用股东派生诉讼权利之规制》,载《河北法学》2013 年第 2 期。

② 参见胡晓静:《论股东派生诉讼中的公司抗辩权》,载《现代法学》2021 年第 5 期。

出的这种选择,无论是提起诉讼还是拒绝诉讼,均是公司法人独立性的体现。如果在关涉公司自身利益的诉讼上公司的意志不被维护和尊重,那么公司的意思自治和人格独立也就荡然无存。这也正是公司法规定股东提起代表诉讼前要穷尽公司内部救济以及设置前置程序的初衷和目的所在。

综上所述,在股东根据新公司法第189条书面请求公司提起诉讼时,公司享有一定的抗辩权,公司有权基于自身最佳利益拒绝股东的起诉请求。公司的这种合理的抗辩权应当予以维护和尊重,股东在此情形下提起的代表诉讼应当不予受理,已经受理的应当驳回起诉,以便阻止或终止不合理的股东代表诉讼,维护公司的人格独立和正常经营。

六、结　　语

股东代表诉讼制度的革新是新公司法回应现代公司治理需求的重要举措。根据民事诉讼不告不理的基本法理,没有原告的起诉就没有股东代表诉讼程序的启动,因此,股东代表诉讼原告资格的确定是股东代表诉讼制度的重大问题。鉴于我国公司法2023年修订时对诸多公司法律制度做了重大创新,譬如允许公司采取不设监事会或监事的单层制治理模式、新增股东双重代表诉讼等等。由此,新公司法第189条在适用时如何确定股东是否具备适格原告资格就成为一个亟待研究的问题。这一问题的解决不仅涉及单层制公司中的前置请求的必要性及其请求对象问题,而且涉及兼任董事或监事的股东在诉讼中的身份选择问题,还涉及母公司的股东能否对非全资子公司提起股东双重代表诉讼以及公司在股东代表诉讼中的抗辩权问题。这些问题的研究不仅具有重要的学术价值,而且具有重要的现实意义。当然,由于新公司法实施不久,这些问题及其解决路径尚待司法实践中进一步观察和优化。

(责任编辑:刘霄鹏　沙　含)

市场实务

证券市场公开征集股东权利的实践和监管规则演变

姜小勇*

摘要： 本文以2000年胜利股份股权争夺战为切入点，系统梳理了我国证券市场公开征集股东权利的实践发展与监管规则演变历程。早期实践中，君万之争、辽宁金帝、延中实业等案例已显现出征集投票权在公司控制权争夺中的作用，但也存在着操作不规范等问题。胜利股份事件中，通百惠公司通过公开征集委托书来争夺控制权，同时也暴露了信息披露缺失、有偿征集等乱象，上述事件推动了监管层逐步完善规则。从2002年《上市公司治理准则》到2019年新证券法及2021年《公开征集上市公司股东权利管理暂行规定》，监管体系历经初步构建到细化完善，明确了征集主体、程序、信息披露及法律责任，中证投服中心等机构的实践亦推动制度落地，为股东参与公司治理提供了规范化路径。

关键词： 公开征集　股东权利　股权争夺　监管规则演变

2000年1月，一场激烈的股权争夺战在胜利股份拉开帷幕，广东通百惠公司（以下简称通百惠）与山东胜利集团、山东胜邦公司（以下简称胜邦公司）围绕胜利股份的控制权展开了一场惊心动魄的较量，其过程跌宕起伏，直接催生了公开征集股东权利规则的诞生。

一、胜利股份2000年股东大会董事席位争夺权战事件

胜利股份于1994年创立，1996年7月3日在深交所挂牌上市，股票代码000407。

*　山东证监局党委委员、副局长。

它由山东省胜利集团公司独家发起设立。其主营业务呈现多元化的特点,涵盖生物产业、农化产业、塑胶产业、房地产开发以及石化产业等多个领域。在生物产业,公司专注于兽用原料药及制剂的研发、生产和销售,拥有济南、济宁生产基地,产品像泰妙菌素等通过农业部GMP认证且有出口业务资质;农化产业主要进行除草剂等产品的研发、生产与销售,章丘、东营是其生产基地,还通过了多项体系认证;塑胶产业生产的聚乙烯管道系统应用于城市燃气输配等领域,在东营、西安、重庆设有生产基地;房地产开发方面,参与过青岛市相关项目;石化产业则拥有成品油批发和进口燃油经营权,与中石油、中石化有合作。当前,公司以天然气产业为主导和重点发展方向,兼顾天然气装备制造业,在多个省市拥有燃气公司、特许经营权和加气站。

山东胜利集团作为胜利股份的发起人,原本是公司第一大股东。然而,1999年12月10日,因自身经营不善,陷入经济纠纷,其所持有的3 000万股胜利股份国家股被司法冻结并拍卖。彼时,胜利股份及其他大股东均未收到拍卖信息,而民营企业通百惠却从深圳有关报纸上敏锐捕捉到这一消息。通百惠深入研究胜利股份年报后,认为该公司质地优良,股价被严重低估,极具投资价值。于是,2000年1月10日,通百惠果断出手,以每股1.06元的低价竞得胜利集团3 000万股发起人法人股。1月28日完成交割后,通百惠凭借持有胜利股份总股本13.77%的股权,取代胜利集团成为胜利股份第一大股东。在此之前,山东胜利集团持有胜利股份5 265.765万股,占总股本的24.17%;此次股权拍卖转让后,其持股降至2 265.765万股,占总股本的10.40%。至此,通百惠与胜利股份之间的股权拉锯战正式打响。

2月26日,胜利股份董事长X某某与通百惠首次见面交流。X某某表示,本届董事会、监事会将于4月任期届满,为保障公司稳定发展,希望下届董事会人员变动不要太大。同时,他告知通百惠,已为其在董事会中分配2个名额,并希望通百惠在2月28日前提交董事推荐名单。尽管通百惠对这一董事名额分配方案持有不同意见,但为顾全大局,还是在规定时间内向胜利股份推荐了2名董事和1名监事。

3月3日,胜利股份管理层察觉到公司控制权易主,面对通百惠这个“门口的野蛮人”,迅速展开反收购行动。身为胜利股份第四大股东的胜邦公司,在这场争夺战中扮演了关键角色。其法定代表人、董事长X某某同时也是胜利股份的法定代表人、董事长。当日,胜利股份董事会突然发布公告,宣布胜邦公司通过协议受让山东省资产管理公司、山东省广告公司、国泰君安证券公司等单位持有的胜利股份转配股及法人股,持股比例从原来的6.98%大幅提升至15.34%,以微弱优势领先通百惠1.57个百分比，成功夺回第一大股东地位。为进一步巩固控股优势，胜邦公司还不惜以每股10多元的高价从二级市场购入289万股胜利股份股票。紧接着，3月4日，胜利股份董事会再次发布公告，决定于3月30日召开股东大会，选举产生新一届董事会、监事会，并明确表示对通百惠推荐的董、监事人选不予提名。

3月15日，通百惠和胜邦公司均未停止增持步伐。胜利股份发布的公告显示，通百惠以每股0.71元的价格再次成功竞买630万股法人股，持股比例增至16.66%。胜邦公司也不甘示弱，以每股1.50元的价格受让146.25万股法人股，持股比例升至17.35%，继续领先通百惠0.69个百分点。值得注意的是，胜邦股份的大股东中，润华集团持有3.36%的胜利股份，深圳中广银投资公司持有0.95%的股份，再加上胜利集团的7.51%，胜邦一方实际可支持的股份高达29.16%。如此一来，胜邦与通百惠之间的差距扩大到约13个百分点。

3月17日起，通百惠为扭转局势，决定采用征集投票委托书的方式，争取约占总股本50%的流通股社会股东支持，这一举动在中国上市公司控制权之争中留下了浓墨重彩的一笔。通百惠在其下属网站推出有奖股民民意在线调查，呼吁股东积极参与胜利股份管理层选举的投票表决。同时，通百惠提出将胜利股份经营发展引向电子商务及网络业务的全面规划，并向公司股东承诺未来将带来丰厚回报。此外，通百惠还在证券媒体频繁投放广告，打出“你神圣的一票决定胜利股份的明天”的宣传语，并在网上发行委托书，公开征集中小股东的受托表决权。3月20日，证监会要求通百惠对这一征集方式立即作出汇报，并要求停止征集活动。3月25日，通百惠公告其前期征集活动违规，随即停止征集委托书，同时提出新的董监事人选名单和修改公司章程两项提案。3月27日，胜利董事会同意将双方提案都列入股东大会议程，但增加了只能选其中之一进入表决的办法。3月27日至30日，通百惠再次大规模公开征集中小股东的投票委托书。通百惠为中小股东发声的姿态，引发了长期受大股东压制的广大中小股东强烈共鸣。短短3天内，就征集到1 500名股东近3 200万股的委托权，其中有效委托股票2 625.78万股，占总股本23 958.88万股的10.96%，占出席本次股东大会代表股份17 267.74万股的15.20%。加上3月16日所持有的3 630万股胜利股份法人股，通百惠共持有6 255.78万股，占总股本的26.11%，占出席本次股东大会代表股份的36.21%。通百惠为此派出数十人前往全国各地办理接受委托书事宜，委托授权占公司流通股本的20%以上。按当时胜利股份市值每股约14元计算，若在二级市场收购这些股权，需耗费3.68亿资金，通百惠短期内根本无法筹集如此巨额资金,而委托书收购让其成功实现拥有这些股票的委托授权,发挥了关键作用。

3 月 30 日,胜利股份股东大会如期举行。会议期间,通百惠相关人员针对胜利集团的亏损问题、X 某某与胜利集团的关系、胜邦公司的背景以及胜利股份前几大股东之间的关联关系等一系列问题提出质询。大成基金代表发言表示,如果双方迫使基金做出选择,大成基金将选择支持网络业务发展的一方。其余几位发言者大多倾向于通百惠,或保持中立态度,呼吁两大股东真诚合作、共谋发展。晚上 7 时 20 分,投票表决正式开始;9 时 08 分,总监票人宣读表决结果,关于第三届董事会、监事会候选人提名的两份议案均被股东大会否决。短暂休会后,董事会宣布股东大会将于次日继续进行,并表示届时将向大会提出一份董事会、监事会候选人产生办法的"修正案"。

3 月 31 日下午 3 时,股东大会再次召开。开会前,代表们收到了董事会提出的新的董事会、监事会候选人产生办法。该办法将董事会和通百惠双方提出的候选人名单合二为一,作为下届董事会、监事会候选人的候选名单。这一提案立即遭到通百惠方面的强烈抗议。通百惠认为,公司章程明确规定董事会、监事会实行等额选举,而新办法提出的董事候选人有 19 人,超出章程规定的 11 人,属于差额选举,违反了公司章程,应属无效。鉴此,通百惠提议在两个月内召开临时大会以解决相关问题,但这一提议未被主持人采纳。随后的股东发言环节出现了与 30 日截然相反的情况,大多数发言对通百惠持负面态度,形势急转直下。5 时,进行第一轮表决,通百惠拒绝参加投票表决并离场。半小时后,表决结果揭晓:在参加股东大会的 1.72 亿股中,参加投票的为 1.05 亿股,符合法定股数,其中赞成新办法的为 8 820 万股,反对 1 224 万股,弃权 5.25 万股,新办法以 51.05%的比例获得通过。这一轮投票具有决定性意义。

在推选董事会、监事会候选人的投票过程中,戏剧性的一幕发生了,通百惠有两人分别被选为董事和监事的候选人。然而,在最后一轮投票中,两人又双双落选。最终,通百惠方面无一人当选董事;在 11 名董事候选人中,仅有 6 人超过出席股东大会股份的半数通过。监事会方面,5 名候选人中有 3 人当选,通百惠仅有 1 人当选。由此,产生了新一届胜利股份缺额董事会、监事会。2000 年 4 月 4 日,胜邦股份对股东大会决议予以公告,至此,通百惠与胜邦的代理表决权之争暂时落下帷幕,胜邦公司继续掌握胜利股份的控制权。

二、前期征集股东投票权委托的实践

实际上，证券市场征集股东投票权的历史可以追溯到1994年。

在1994年3月发生的君万之争中，深圳君安证券股份有限公司自称作为合计持股万科股份有限公司10.73%的四名股东的财务顾问公开发出《告万科企业股份有限公司全体股东书》，提出对万科的业务结构和管理层进行重组，并拟征集股东的表决权代理，后因股权之争被万科管理层瓦解而未实施。

1999年6月召开的辽宁金帝建设集团股份有限公司（现辽宁能源）临时股东会增补和更换选举董事、监事过程中，作为持股辽宁金帝建设集团股份有限公司20.7%股份的第二大股东辽宁省建设集团通过征集委托投票权等手段，联合内部职工股和部分法人股成功阻击第一大股东上海新绿复兴城市开发有限公司推选的董事、监事候选人当选（出席表决的股东代表股数占公司总股本的61.71%），掌握了公司的实际控制权。

1998年，延中实业（后改名方正科技）召开临时股东大会，审议董事会换届等议案。北大方正之前提名了董事候选人名单，但持股比例较低，仅为5%左右，低于第一大股东深宝安的约9.8%持股比例，有可能面临深宝安的反对。为此方正集团通过公开征集中小股东投票权，联合部分中小股东支持其提名的董事候选人，最终成功取得了对董事会的控制。

2000年底郑百文公布债务重组的原则方案。核心内容包括：郑百文将现有资产和从业人员剥离至控股股东百文集团；三联集团以3亿元现金分期购买郑百文所欠信达公司约15亿元债务，三联集团豁免这15亿元债务，作为交换郑百文全体股东需将所持股份的50%过户给三联集团，不同意的股东所持股份将按“公平价金”由郑百文回购注销，最终回购价格确定流通股每股1.84元，法人股每股0.18元。此外，方案还涉及郑百文控股股东承接剩余债务、三联集团与郑百文进行资产置换等安排，包括百文集团承接郑百文除3 014万元房产外的全部资产9.7亿元，同时承接部分债务5.92亿元，差额3.78亿元记为郑百文对百文集团的其他应收款；三联集团将旗下三联商社部分优质资产装入郑百文，郑百文以对百文集团3.78亿元其他应收款中的2.52亿元，与三联集团总价值4亿元的优质资产置换，实现借壳上市，差额1.48亿元记为郑百文对三联的负债。为使郑百文的债务重组原则方案在股东大会上顺利通过，时任独立董事L某某发起了股东投票权征集。L某某从1995年起担任郑百文独立董事,他呼吁全体股东,特别是中小股东尽量参与股东大会,并于12月20日至24日向股东征集投票权,以代表不能到会的股东在2000年12月31日的股东大会上就资产重组议案进行投票表决。陆家豪声称自己对即将提交股东大会的重组原则持赞成态度。最后相关方案顺利通过。

2001年4月国际大厦(现名建投能源)第二大股东(持股比例18.77%)河北开元房地产开发股份有限公司提出罢免两位董事等方案,并在2001年4月27日自行召开临时股东大会。在会议召开前,于4月14日发起了征集投票权报告书。最终河北开元房地产开发股份有限公司征集投票权28 600股。4月27日召开的股东大会会议一度中断,并于5月8日复会。河北开元房地产开发股份有限公司对复会的会议召集程序合法性提出异议,退出会场未参与投票;但出席股东大会的第一大股东石家庄国大集团有限责任公司(持股比例29.78%)的委托代理人河北省建设投资公司及大部分股东投了反对和弃权票。相关议案未通过。

2001年,上海高清数字科技产业有限公司(简称"上海高清")通过二级市场持续增持方正科技股份,持股比例一度接近10%,成为第一大股东,并提出召开临时股东大会,要求修改公司章程,增加董事、监事人数,其同时提出的改组董事会、更换管理层后未提交股东大会审议。为抵御野蛮人入侵,北大方正除二级市场增持股票外,再次启动投票权征集:向其他中小股东发出征集函,强调上海高清"非经营性收购"的风险(如缺乏电子信息产业背景),呼吁中小股东支持方正集团提名的现有管理层;通过媒体宣传、路演等方式争取中小股东认同,最终在2002年1月的股东大会上以微弱优势保住了控制权。

2004年8月湖南电广传媒股份有限公司董事会提出"以股抵债"方案,为使方案在临时股东大会上获得通过,湖南电广传媒股份有限公司的四位独立董事向该公司全体流通股股东征集表决权代理。而该公司流通股股东周某和张某则提出了"以股返本"方案。为使"以股返本"方案获得通过并否决"以股抵债"方案,周某和张某也向全体流通股股东征集表决权代理。此次表决权代理征集大战最终以周某和张某只征集到36万股的表决权、四位独立董事获得胜利而宣告结束。2004年8月,宝山钢铁股份有限公司董事会于股市低迷之际抛出增发280亿元A股的计划,并拟将该增资方案提交给当年9月27日在北京召开的宝山钢铁股份有限公司临时股东大会审议。此举直接将股市从1 400点拖跌至1 300点附近,激起了众多流通股股东的愤慨。

在此种情况下，今日商报的《大众证券》周刊和新浪财经网为抵制宝钢增发新股共同向众多流通股股东发出了征集表决权代理的倡议。二者公布了征集电话、传真号码以及股东授权委托书等，承诺他们将“负重前行，不辱使命”，由此发起了声势浩大的表决权代理征集活动。该征集活动是我国第一个由股东和管理层之外的第三方发起的征集表决权代理案例，引起了激烈争论。

早期的投票权征集行为具有鲜明的“市场实践”特征：依赖非正式渠道，征集行为主要通过电话、传真、公开信等非标准化方式进行，信息披露透明度有限。在大多数情况下，投票委托书的征集者大部分是公司现主要股东或管理层。一般而言，在董事会换届选举或更换董事会成员时，董事候选人由他们提名，他们会请求股东把代理投票权授予他们，以决定下届董事人选。从经验来看，股东往往倾向于支持征集投票的发起人。竞争者想要改变这种倾向，不仅需要花费大量时间，而且在现实中，时间通常非常有限。同时，管理层或大股东还会利用自身的有利地位操控公司运作机制。显然，如果不对委托投票书的征集机制进行规制，就相当于为现任管理层永久性保留控制地位提供便利。颁布相关规则的目的，在于防止现任大股东或管理层滥用投票委托书征集权，避免他们为巩固自身地位而做出自利行为，确保委托书征集机制能够让股东更好地了解公司情况。这样一来，股东就能在充分掌握公司和候选人真实信息的基础上，按照自己的意愿选举董事，保障自身和公司的长远利益。而胜利股份股权之争给市场带来了更深刻启示：对委托书征集行为进行法律规制十分必要，且迫在眉睫。市场普遍认识到，在争夺股东授权委托书的过程中，各方手段层出不穷。现任管理层可能会夸大经营成果，让股东误以为其业绩出色，认为这些董事有继续当选的必要；而觊觎董事席位的一方则可能对经营成果进行贬低，声称若不更换董事，公司将面临倒闭风险。股东在收到双方截然不同的资料后，往往会感到迷茫，难以做出正确决策。此外，除了在征集资料上做手脚，还存在用金钱收买或用其他利益交换投票委托书的情况。其中，以金钱买卖委托书的行为深受投机性股东欢迎，在他们看来，只要价钱合适（当然是越高越好），能拿到现钱就行，至于公司管理层是否变更、公司是否会倒闭，他们并不关心。这些行为严重损害了股东和公司的利益，必须也应加以规范。应该说征集股东投票权作为当时市场环境下控制权争夺的核心手段之一，尽管操作尚不规范，但其实践为后续中国公司治理与股东权利保护制度的完善提供了重要经验。

三、监管规则的制订和演变

（一）规则初步构建期

在胜利股份股权之争后，证监会对委托书征集行为的规范给予了高度重视，陆续出台了一系列相关规则，以加强对资本市场的监管，保障股东和公司的合法权益。

2002年1月7日，证监会发布了《上市公司治理准则》。该准则对上市公司治理的诸多方面进行了规范，其中涉及委托书征集行为的部分，主要内容包括：规定上市公司董事会、独立董事和符合一定条件的股东可向上市公司股东征集其在股东大会上的投票权；征集人应当向被征集人充分披露信息，保证信息真实、准确和完整，不得进行虚假陈述或误导性宣传；征集投票权应当采取无偿的方式进行，严禁以有偿或变相有偿的方式征集投票权等。这一准则从基本原则上对委托书征集行为进行了约束，明确了征集主体、信息披露要求和禁止有偿征集等关键事项，为规范委托书征集行为提供了重要依据。

证监会在2004年12月7日发布了《关于加强社会公众股股东权益保护的若干规定》，就涉及征集股东投票权进行了规定，具体内容如下：

明确征集主体。董事会、独立董事和符合一定条件的股东可以向上市公司股东征集其在股东大会上的投票权。

明确征集方式。征集人公开征集上市公司股东投票权，应按有关实施办法办理。

2006年，证监会发布《上市公司股东大会规则》(证监发〔2006〕21号，以下简称《规则》)，这是我国首部系统规范上市公司股东大会的规范性文件，进一步细化了委托书征集的相关规定。《规则》对股东投票权征集行为作出了系统性、原则性的规定，填补了此前规则在该领域的空白，为后续股东投票权征集实践提供了重要依据。《规则》指出，上市公司董事会、独立董事和符合相关规定的股东可以公开征集股东投票权；征集股东投票权应当向被征集人充分披露具体投票意向等信息；禁止以有偿或者变相有偿的方式征集股东投票权；公司不得对征集投票权提出最低持股比例限制等。在征集信息披露的具体内容、禁止行为的明确界定以及对征集门槛限制的规范等方面更加完善，增强了规则的可操作性，进一步规范了上市公司股东大会的投票权征集活动。具体内容有：

明确征集投票权的法律地位。《规则》首次认可了“股东投票权征集”的合法性，将“委托代理人行使表决权”与“主动征集投票权”纳入规范框架。根据《规则》精神，股东(或其代理人)可通过合法方式征集其他股东的投票权，以集中行使表决权，这是股东参与公司治理的重要手段。

对征集主体的要求。《规则》未明确限定征集主体的具体类型(如股东、管理层、第三方机构等)，但隐含要求征集人需符合股东身份或法定代理资格。实践中，征集人通常为：股东本人(包括单独或合计持股一定比例的股东)；公司董事会、监事会(基于职责征集投票权)；其他经股东大会授权的主体(如受托代理人)。

程序与信息披露要求。《规则》强调征集投票权需遵循公开、透明原则，核心要求包括：一是提前通知要求。征集人需在股东大会召开前，以书面形式向被征集股东发出征集通知，说明征集目的、投票权范围(如议案表决方向)、征集期限等关键信息。二是授权委托书规范。被征集股东需签署明确的授权委托书，载明代理人权限(如仅限对特定议案表决)、期限等，委托书需提交公司备案。三是禁止不当行为要求。明确禁止征集人通过欺诈、误导、胁迫等方式获取投票权，或利用征集行为损害其他股东合法权益(如操纵表决结果)。

与其他股东权利的衔接。《规则》将投票权征集与“股东提案权”“股东大会召集权”等权利结合，强调征集投票权需基于正当目的(如维护全体股东利益或推动公司治理优化)，而非滥用权利干扰公司正常经营。例如，若股东通过征集投票权恶意阻挠股东大会召开或否决必要议案，可能被认定为滥用权利。

监管与责任。《规则》虽未详细规定违规征集的具体罚则，但明确要求上市公司董事会需对征集行为进行合规性审查，并将征集过程及结果在股东大会决议中披露。若征集行为违反法律法规或公司章程，证监会可依法对相关主体采取监管措施(如责令改正、公开谴责等)。

这些规则的出台，针对胜利股份股权之争中暴露的问题，从信息披露、征集方式、征集主体等多个维度进行了规范。通过加强对委托书征集行为的监管，有效防止了征集人滥用权力，保障了股东能够在充分了解信息的基础上行使投票权，对维护资本市场的公平、公正和稳定发展起到了重要作用。通过确立合法性、规范程序与信息披露，为股东投票权征集提供了基础框架，是我国公司治理法治化进程中的重要一步。上述投票权征集的规定，标志着我国上市公司治理从“被动接受表决”向“主动行使权利”的转变，为股东积极主义(Shareholder Activism)提供了制度空间。但由于当时市场环境与立法技术限制，规则仍较为原则(如未明确征集比例门槛、未细化违规认定标准)。

(二)规则完善期

2019年12月28日修订通过的《中华人民共和国证券法》(以下简称新证券法)第90条首次在法律层面上明确公开征集股东权利,内容包括征集范围、权利主体、征集原则和法律责任。

征集范围:上市公司股东的提案权、表决权等股东权利。

权利主体:上市公司董事会、独立董事、持有百分之一以上有表决权股份的股东或者依照法律、行政法规或者国务院证券监督管理机构的规定设立的投资者保护机构。这些主体可以作为征集人,自行或者委托证券公司、证券服务机构进行股东权利的征集。

征集原则:征集人应当披露征集文件,上市公司应当予以配合,且禁止以有偿或者变相有偿的方式公开征集股东权利,以确保征集过程的公正、透明和合法合规。

法律责任:公开征集股东权利违反法律、行政法规或者国务院证券监督管理机构有关规定,导致上市公司或者其股东遭受损失的,应当依法承担赔偿责任。此外,根据新证券法第199条规定,违规征集股东权利的,监管部门可以责令改正,给予警告,可以处50万元以下的罚款。

2021年12月证监会颁布《公开征集上市公司股东权利管理暂行规定》(以下简称《暂行规定》)在新证券法框架下对公开征集股东权利的程序和信息披露等方面进行了细化,进一步规范了公开征集股东权利行为,既保障了股东参与公司治理的权利,也防范了征集过程中的违规风险,推动上市公司治理的规范化。主要内容如下:

1. 征集程序

(1)征集人资格与备案。

征集人需符合证券法规定(如董事会、独立董事、持股1%以上股东、投资者保护机构等),且需提前向证监会备案,说明征集目的、方式、范围等信息。

委托证券公司、证券服务机构征集的,需明确委托关系及责任划分。

(2)征集文件的制作与送达。

征集文件需包含征集事项、理由、对上市公司的影响分析等,且内容需真实、准确、完整,不得有虚假记载或误导性陈述。

征集文件需通过上市公司公告、交易所网站等渠道向全体股东公开,并确保股东可便捷获取。

(3) 股东权利的提交与统计。

股东可通过规定渠道(如网络投票、书面委托等)提交权利委托,征集人需及时统计并公示委托情况,确保程序透明。

2. 信息披露的要求

(1) 事前披露。

征集人需在征集活动启动前披露备案信息、征集文件全文,明确征集目的、事项及自身与上市公司的关联关系(如有)。

(2) 事中动态披露。

征集过程中,如出现重大事项(如征集比例变化、被征集股东质疑等),需及时公告说明,避免信息不对称。

(3) 事后结果披露。

征集活动结束后,需披露最终委托数量、表决结果等,确保股东知情权。

3. 禁止性规定与监管措施

(1) 禁止有偿征集:明确禁止以金钱、利益承诺等变相有偿方式征集,防止股东权利被滥用。

(2) 违规追责:若征集人未按规定披露信息、违规操作,证监会可依法采取责令改正、出具警示函等监管措施,情节严重的按证券法追究法律责任(如罚款、市场禁入等)。

沪深交易所在《暂行规定》的基础上修订相关信息披露指引并进一步细化征集程序的实践要求,初步构建了我国公开征集股东权利制度的体系。

实践中,作为投资者保护机构的中证中小投资者服务中心(以下简称中证投服中心)出台了《持股行权工作规则》《公开征集股东权利业务规则》明确自身开展持股行权及征集股东权利的实施要求,并于 2021 年 7 月针对中国宝安股东大会的公司章程修改提案开展了首次征集表决权,收获了良好成效,推动了中国宝安修改公司章程中不当的反收购条款。自 2021 年 12 月 31 日《暂行规定》生效以来至 2024 年 10 月 31 日,近三年间全市场共有 9 家上市公司进行了 23 次主动征集股东权利,其中 * ST 文化在同一年度出现 5 次征集,东方海洋进行了 4 次征集,ST 先河进行了 3 次征集, * ST 美吉、交大昂立和科林电气开展了 2 次征集,同济科技、ST 曙光、经纬纺机、第一医药、汇隆新材各开展了 1 次征集。

(责任编辑:刘霄鹏　王昕宸)

证券内幕交易中民事责任因果关系的认定*

刘卫锋** 周禛源***

摘要: 证券市场的复杂性与内幕交易的特殊性使得传统侵权责任中因果关系认定理论在内幕交易民事责任中难以适用,现行法律体系对此缺乏明确规定,导致理论与实践中争议较大。作为民事责任成立的核心构成要件,因果关系的认定不仅关系到责任的归属,更直接影响赔偿机制的合理运行与投资者权益的实现。基于此,本文探讨了现行法律框架下的难点与不足,指出内幕交易对同时反向交易者公平交易权的侵害,跳出"价格影响链条"的传统模式,提出基于公平交易理论的推定因果关系规则,并通过明确赔偿范围与引入惩罚性赔偿等措施,细化因果关系认定与损害赔偿机制,为证券法实践提供参考。

关键词: 内幕交易 民事责任 因果关系 公平交易权

一、问题的提出

随着金融市场的复杂化与全球化的加剧,内幕交易作为一种严重破坏市场公平秩序的行为,其危害愈发显著。它不仅损害了广大投资者的合法权益,还破坏了市场的交易秩序,是我国证券市场改革与发展的重大障碍。其中,因果关系是追究内幕交易行为人法律责任的关键环节与前提,是决定受害投资者能否获得赔偿的核心要素。因果关系的证明不仅涉及投资者的损失是否源于被告的内幕交易行为,也牵涉到如

* 本文系2024年国家社会科学基金一般项目之"民法典善意制度公司法应用的特殊性研究(24BFX075)"研究成果之一;西北政法大学义乌研究院课题"义乌市跨部门综合监管的困境与优化路径研究(YW2025-4-1)"的阶段性研究成果之一。

** 法学博士,西北政法大学民商法学院副教授,硕士研究生导师。

*** 西北政法大学经济法学院本科生。

何界定原、被告的责任分配比例①。但在实际操作中,内幕交易因果关系的认定面临着市场影响因素多元、行为识别困难、举证难与查明难等问题,此类困境是一般内幕交易中普遍存在的共通难题②。

为应对这一问题,2021年,中共中央办公厅、国务院办公厅发布《关于依法从严打击证券违法活动的意见》,明确提出要加快建设规范、透明的资本市场,以期全面提升市场的法治化水平。然而,我国在内幕交易民事责任认定,特别是因果关系方面,仍然缺乏系统性的标准与明确的指导,导致受损投资者维权困难。

表1　内幕交易民事赔偿案件分析表

案件名称	案件概要	分析
陈宁丰诉陈建良证券内幕交易民事赔偿案③	被告拒不出庭,法院借鉴境外内幕交易法律制度就因果关系认定和赔偿计算标准进行审理,但最终因原告撤诉而终结诉讼。	此案的审理结果以原告陈宁丰撤回诉讼而终结,但是此案作为我国法院受理内幕交易民事赔偿的第一起案件,在内幕交易民事案件的司法实践中具有重要意义。
李岩与黄光裕、杜鹃证券内幕交易责任案④	李岩主张的系交易的佣金、印花税的费用,此为进行股票交易必然产生的费用,并不是黄光裕、杜鹃的内幕交易行为所致的损失,法院对该项主张不予支持。李岩所主张的"由于黄光裕、杜鹃的内幕交易行为被查处,终止了对鹏润地产公司的资金注入,导致了公司重组的失败从而导致股票下跌,产生损失",其性质属于因公司经营状况发生变化而对公司股票价格产生的作用,已不属本案内幕交易行为所致损失的民事责任范围,二者之间缺乏因果关系。因李岩有关损失的主张均不成立,其有关利息的请求,亦不能成立。最终驳回原告李岩的诉讼请求。	受害人要求赔偿的范围应当与内幕交易行为具有必然的因果关系。此外,税费是交易过程中必然产生的费用,内幕交易行为与投资者的交易税费之间不具有必然的因果关系,因此,受害人无权要求赔偿股票交易的相关税费。

① 参见王志明:《内幕交易民事赔偿制度之审思》,载《交大法学》2024年第4期。

② 一般内幕交易与显性内幕交易应予区分。显性内幕交易系指因交易量巨大等因素直接导致市场价格异常波动,使其他投资者产生市场趋势判断偏差,从而影响其交易决策的行为类型。在此类情形中,价格变化具有可观测性,通常可适用"欺诈市场理论"与"价格扭曲"模式进行因果关系认定。然而,该模式虽在形式逻辑上具有一定解释力,却忽略了内幕交易侵害公平交易权这一核心法益,其所构建的因果关系结构仅是一种补丁式路径。与此不同,本文所称"一般内幕交易"指不直接扭曲市场价格的情形,交易量较小、行为隐蔽,难以引发市场异动,亦不易被其他投资者感知。在此类案件中,因果关系认定更具挑战性,因此本文聚焦于该类问题展开深入讨论。

③ 江苏省南京市中级人民法院(2008)苏01号民初136号民事裁定书。

④ 北京市第二中级人民法院(2011)京02号民初20524号民事判决书。

续 表

案件名称	案 件 概 要	分 析
2015年“光大证券乌龙指”股民索赔胜诉系列案[①]	北京市第一中级人民法院和北京市高级人民法院驳回了本次事件的主要负责人杨剑波的诉讼,维持了证监会的行政处罚决定。随后,上海市第二中级人民法院和上海市高级人民法院分别审理了多起投资者诉光大证券内幕交易民事索赔案件,认定光大证券存在过错,并判决其赔偿投资者损失。	法院采用因果关系推定原则与过错推定原则,推定了投资者的损失与光大证券的内幕交易行为之间存在因果关系,光大证券应承担相应的民事责任。开创了内幕交易民事赔偿成功的先例。

(数据来源:北大法宝内幕交易司法案例)

如上所述,因果关系的认定是证券内幕交易民事赔偿案的争议焦点,也是原告能否取得民事赔偿的关键性因素之一。因此,在涉及内幕交易的民事责任认定中,因果关系的判断成为复杂且具有争议性的核心问题。尤其在我国现行法律体系下,内幕交易因果关系的认定标准仍显模糊,使得该类案件在举证责任、证明力判断等方面产生诸多困境。深入研究这一问题,旨在回应市场公平与投资者保护的现实需求。通过厘清因果关系的判断标准与适用路径,不仅有助于合理分配责任,也能为投资者提供明确的救济依据,提升证券市场法律保护的有效性。

二、内幕交易民事赔偿责任因果关系认定之检视

(一)传统因果关系认定标准的局限性

1. 行为特殊性引发的因果关系认定难题

内幕交易行为主体的独立性必然带来因果疏离。根据证监会的相关意见,内幕交易案件“参与主体复杂,交易方式多样,操作手段隐蔽,查处工作难度很大。随着股指期货的推出,内幕交易更具隐蔽性、复杂性。[②]”内幕交易行为具有独特的交易方式,和其他证券侵权行为都不同,因而无法直接套用既有的因果关系认定模型[③]。其他证券侵权行为,如虚假陈述通过影响市场信息公开性,直接干预投资者的决策,具

① 上海市高级人民法院(2015)沪民(商)终58号民事判决书。

② 参见国务院办公厅转发中国证券监督管理委员会等部门《关于依法打击和防控资本市场内幕交易意见的通知》(国办发[2010]55号)。

③ 参见熊玲:《内幕交易侵权责任因果关系的认定:路径选择与规则构建》,载《证券法律评论》2023年第10卷。

有欺诈性。而内幕交易则是行为人凭借未公开信息进行获利，与市场价格或投资者决策无直接干预，其行为主体（侵权人和受害人）之间没有直接互动或决策依赖。由于行为主体在交易实践中的独立性，因果关系的认定难以满足传统侵权法要求的高标准证明[①]。投资者的损失往往是市场波动等多重因素共同作用的结果，损失的具体金额需要复杂的计算工具剔除市场因素影响，但目前尚无统一的标准[②]。所以当侵权行为并未直接改变市场价格或干预投资决策时[③]，因果联系显得更为模糊。

内幕交易民事责任因果关系认定标准的缺失，制约了证券市场民事赔偿制度的发展，造成了司法实践对因果关系的认定标准存在差异的局面，进而影响普通投资者维权，形成“恶性循环”[④]。在陈某灵诉潘某深证券内幕交易赔偿纠纷案中，法院以内幕交易没有操作股价，未引起股价的不正常波动，不会对原告产生负面影响为由认定因果关系不存在[⑤]；在李某与黄某裕、杜某证券内幕交易责任案中，法院以原告交易行为与内幕交易行为时间段不符及市场本身的交易风险否定了因果关系[⑥]；在吴某峰诉杜某等证券内幕交易责任纠纷案中，法院以双方不认识而否定因果关系[⑦]。

2. 回应特殊性的复杂因果模型

（1）必要条件模型。

根据必要条件理论，行为与结果之间必须存在“But-for”（若无，则不）的直接联系，内幕交易行为是投资者受损的必要条件。然而，在证券市场环境下，内幕交易行为往往只是影响市场价格的诸多因素之一，并非单一决定因素。内幕交易人和受害投资者在证券市场中没有直接接触，双方决策独立，交易独立，投资者无法确定其交易对手是否为内幕交易者，难以证明自己的损失源于特定的内幕交易行为。必要条件理论的要求过于苛刻，投资者难以证明没有内幕交易就不会损失。为此，有学者建议通过引入“可能性”标准替代“必要条件”[⑧]，虽然能在客观上降低认定难度。然而，此标准的合理性和适用范围需进一步论证，否则会导致因果关系的认定变得过于宽泛，使内幕交易行为人的责任范围不当扩大，不利于市场稳定。

---

① 参见陈洁：《内幕交易特殊侵权责任的立法逻辑与规则设计》，载《法律适用》2024 年第 10 期。

② 参见吴任桓：《内幕交易违法所得计算中对市场因素的处理》，载《金融理论探索》2017 年第 4 期。

③ 参见赵旭东：《内幕交易民事责任的司法政策与导向》，载《法学论坛》2013 年第 6 期。

④ 参见徐宇翔：《公平交易理论视域下内幕交易民事赔偿责任因果关系的认定》，载《证券法苑》第 40 卷，法律出版社 2024 年版。

⑤ 北京市第一中级人民法院（2009）京 01 号民初 8217 号民事判决书。

⑥ 北京市第二中级人民法院（2011）京 02 号民初 20524 号民事判决书。

⑦ 北京市高级人民法院（2014）京民申 02751 号民事裁定书。

⑧ 参见曾洋：《内幕交易侵权责任的因果关系》，载《法学研究》2014 年第 6 期。

(2) 相当因果关系理论。

相当因果关系理论,由德国学者冯·克里斯在19世纪末提出,首次将概率论的思想用于侵权法上的因果关系研究领域[①]。行为必须是损害结果的条件,并且这种因果关系在社会经验下被认为是"通常会导致该结果",由"条件关系"和"相当性"构成[②]。英美侵权行为法上亦采取此种二阶段判断路径,分别称为事实上因果关系及法律上因果关系,前者以"But-for"(若无,则不)作为判断标准,后者以直接、接近或预见作为判断标准[③]。

然而,该理论在内幕交易案件中依然适用困难。内幕交易对市场价格的影响往往不确定,难以满足"通常导致损害"的要求。投资者行为高度自主,即使价格受影响,其决策未必因内幕交易所致,不同投资者因策略差异可能在同一时点做出不同操作,进一步削弱了"通常性"判断基础。在此背景下,相当因果关系难以精准识别内幕交易与个体损害之间的联系,标准模糊,不利于法律规则的明确适用。

(二) 对"交易因果关系"规范引入的批判

1."交易因果关系"司法实践之争议

最高人民法院于2003年发布的《关于审理证券市场因虚假陈述引发的民事赔偿案件的若干规定》(已失效)并未明确区分"交易因果关系"和"损失因果关系",而是仅在第18条中规定了"虚假陈述与损害结果之间存在因果关系"的推定规则。早期有学者提出可以借鉴美国法律体系,明确区分虚假陈述的民事赔偿责任中的交易因果关系与损失因果关系,这一观点逐步得到了司法实践的采纳[④]。在2012年的一起案件中,法院判决指出,虚假陈述行为与交易损失之间的因果关系包括"虚假陈述与交易决策之间的因果关系"和"虚假陈述与投资者损失之间的因果关系",二者缺一不可[⑤]。这一概念在司法实践中逐渐成为证券侵权民事责任的特殊构成要件。2015年最高人民法院提出该概念适用于虚假陈述、内幕交易与操纵市场案件[⑥]。但值得关注的是,在2016年《最高人民法院对十二届全国人大四次会议第6393号建议的答复》中又将内幕交易排除在外,反映出其适用范围仍存在争议。

---

① 参见范利平:《侵权行为法中的因果关系——理论和实践》,中山大学出版社2004年版,第57页。

② 参见程红星、牛广济、王超:《操纵证券市场侵权责任因果关系认定研究》,载《证券法律评论》2024年第11卷。

③ 参见杜忻奕:《浅析内幕交易民事责任的因果关系》,载《金融法苑》2012年第1期。

④ 参见盛焕炜、朱川:《证券虚假陈述民事赔偿因果关系论》,载《法学》2003年第6期。

⑤ 贵州省高级人民法院(2012)黔030001号民终3号民事判决书。

⑥ 参见杨临萍:《当前商事审判工作中的若干具体问题》,载《人民司法(应用)》2016年第4期。

至 2022 年，最高人民法院发布的《关于审理证券市场虚假陈述侵权民事赔偿案件的若干规定》（以下简称新《虚假陈述民事赔偿规定》）首次在司法解释层面明确区分两类因果关系，确立了交易因果关系的证明结构。但该规定专门适用于虚假陈述案件，其他类型证券侵权案件并无明确适用依据。尽管如此，一些法院在内幕交易案件中仍援引该规则作为因果关系判断基础，在陈某灵诉潘某深证券内幕交易赔偿纠纷案中，法院基于内幕交易行为并不影响价格否定因果关系[①]。吴某峰诉杜某等证券内幕交易责任纠纷案中法院又基于投资者与内幕交易人不相识否定投资者交易决策与内幕交易行为之间存在因果关系[②]。这实质上将"交易因果关系"泛化为证券侵权的一般构成要件。但内幕交易与虚假陈述等证券欺诈行为具有本质差异，因此在当前法律规范缺失的情况下，将新《虚假陈述民事赔偿规定》中的交易因果关系认定模式套用于内幕交易案件，存在一定的疑问，亟须在理论与制度层面予以反思与纠偏。

2. 交易因果关系并非民事赔偿责任构成要件之反驳

其一，交易因果关系不是侵权损害赔偿责任的构成要件。侵权损害赔偿责任的因果关系有两层含义：一是责任成立因果关系或事实因果关系，即侵权行为与权益损害之间的联系；二是责任范围因果关系或法律因果关系，即损害与损失之间的关系，是归责问题。尽管在证券侵权领域有观点认为美国判例法只是将其称谓更改为交易因果关系和损失因果关系[③]，或者认为新司法解释虽未明示损失因果关系的推定规则，但实质上通过交易因果关系的推定已间接确立了这一推定逻辑[④]。但二者本质不同，责任成立因果关系要求证明 A 行为导致 B 受损，交易因果关系只关注内幕交易行为与交易决策的关系，而未涉及权益损害，也无法涉及损害的发生。

其二，交易因果关系也不应当被视为证券侵权损害赔偿责任的构成要件。该理论源于"欺诈市场理论"，适用于虚假陈述等通过误导信息扭曲市场价格的行为。而内幕交易的行为模式与欺诈不同[⑤]，内幕交易的本质是利用未公开重大信息进行交易，没有通过欺骗行为影响市场，受损投资者并非被误导做出错误决策受损，而是因为交易机会的不平等，这与欺诈性证券侵权行为存在本质区别。因此，内幕交易不符

① 北京市第一中级人民法院（2009）京 01 号民初 8217 号民事判决书。

② 北京市高级人民法院（2014）京民申 02751 号民事裁定书。

③ 参见王林清：《内幕交易侵权责任因果关系的司法观察》，载《中外法学》2015 年第 3 期。

④ 参见陈洁：《证券虚假陈述侵权损害赔偿中因果关系的认定机制》，载《中国社会科学院大学学报》2023 年第 10 期。

⑤ 参见王志明：《内幕交易民事赔偿制度之审思》，载《交大法学》2024 年第 4 期。

合交易因果关系的适用前提。

若强行将内幕交易套入交易因果关系,会因因果关系链条断裂而无法证明[①]。在内幕交易案件中,内幕交易者往往采取隐蔽交易策略,市场价格可能未受明显影响,普通投资者虽基于公开信息交易,但与内幕交易者无直接交集,二者行为相互独立,导致难以认定因果关系。尽管有学者提出假设:若事先知道市场上存在着内幕人且与其实施同时反向交易,理性投资者必然不会作出原来的交易决策,从而即可更为直观地揭示出同时反向交易者的交易决策受到了内幕交易的影响[②]。该逻辑也因事后推理偏见和认知前提虚设而不具说服力,如果投资者知情,则可能构成内幕信息知情人,就不属于保护对象,而是内幕交易链条的一部分。再则,该推导存在逻辑跳跃,该假设只能证明"若知情则或许不交易",但并不能推导出投资者"当时"的决策受到实际影响。

在隐蔽的内幕交易案件中,无论是采用交易因果关系的认定模式,还是尝试通过假设法进行推导,均难以证明侵权行为与投资者决策之间存在因果关系。因此,交易因果关系可以被视为责任成立因果关系在证券侵权领域中的一种特殊化表现,但并非适用于所有证券侵权情形的普遍因果关系认定工具。不应将交易因果关系作为认定内幕交易民事赔偿责任的标准,否则不仅无法有效确认侵权行为与投资者损失之间的因果纽带,还可能忽视内幕交易对公平交易权的实质性侵害,应当转而构建更契合其行为特征的因果关系认定标准,以更好实现法律的保护目的。

三、内幕交易民事责任因果关系的法理分析

(一)因果关系认定中传统价格传导模式的局限性

1. 信赖推定理论:未公开信息对信赖假定构建的制约

根据信赖推定理论,在内幕交易案件中,原告无须证明其对被告披露信息的积极信赖,只要能证明未披露信息具有重大性,则可推定信赖要件成立。投资者在做出交易决策时依赖市场中的公开信息,而内幕交易的发生破坏了这一市场信息环境,使投资者在不对称的信息条件下做出错误交易决策从而导致损失,并据此主张因果关系的存在。然而,内幕交易案件与证券欺诈不同,内幕信息本质上是"未公开"的信息,

---

① 参见刘颖、薛晓芳:《内幕交易民事赔偿责任中的因果关系再检讨》,载《证券法苑》第40卷,法律出版社2024年版。

② 参见曹理:《证券内幕交易民事责任认定与承担的规则构建》,载《财经法学》2025年第1期。

并非直接向市场公开。其对市场信息环境的破坏体现在削弱了市场的“公平性”而非改变市场上已有的公开信息。因此,投资者不是因为信赖错误信息而损失,而是因为他们不掌握内幕信息。基于信息的不公开性和投资者交易行为的非依赖性,信赖推定理论不足以支持内幕交易民事责任因果关系的认定。

2. 欺诈市场理论:因果链条的“价格中心主义”困境

根据欺诈市场理论,市场是有效的,价格反映所有公开信息。若公司发布虚假信息或隐瞒重大事实,市场价格就会被扭曲,投资者的交易决策就被认为是基于该价格变化作出的,从而推定因果关系[①]。但内幕交易既不直接影响投资者的投资决策,也不直接影响交易价格[②]。即使影响价格,其作用机制是信息渗透,通过交易间接传导,而非信息篡改。欺诈市场理论为便利诉讼[③],将“价格影响”拟制为“欺诈媒介”,但内幕交易中,若价格未受影响,则“欺诈”无媒介;若价格受影响,其根源是私有信息渗透,而非信息污染,用“欺诈”解释“非欺诈性信息优势”,属于概念滥用,以“价格扭曲”解释“信息隐匿”会混淆作为与不作为的违法性。

(二)基于公平交易理念的因果关系认定路径

市场的生命力不仅在于价格的“正确”,更在于规则的“公正”。内幕交易的核心问题不在于价格波动本身,而在于对市场公平性的破坏。根据公平交易理论,内幕交易的违法性就在于破坏市场信息的公平分配,而非直接影响市场价格。因此,在因果关系认定上,公平交易理论不再依赖价格影响,而是关注投资者因未能获取内幕信息而导致的交易决策失误。相比传统理论需要复杂的价格影响分析,公平交易理论仅需证明内幕交易行为的发生及内幕信息的存在;相较于价格扭曲论的事后矫正价格偏差,公平交易论作用于事前维护市场信任。这一认定方式与IOSCO《证券监管原则》、欧盟MAR等国际规范高度契合,均以维护市场诚信为核心目标,是全球立法实践的趋势。公平交易理论直击内幕交易的本质危害——市场作为博弈场所的纯洁性,为规制一般内幕交易提供了更自洽的法理基础。较之传统“价格中心主义”的“事后”矫正更具正当性与可操作性,从“价格中心主义”回归“权利本位主义”,更契合投资者对公平交易环境的朴素期待,有助于重建市场信任与法治基础。

---

① 参见程红星、牛广济、王超:《操纵证券市场侵权责任因果关系认定研究》,载《证券法律评论》2024年第11卷。

② 赵旭东:《内幕交易民事责任的司法政策与导向》,载《法学论坛》2013年第6期。

③ 参见于莹、潘林:《证券虚假陈述侵权责任中信赖推定之证成——欺诈市场理论局限性的克服》,载《法制与社会发展》2011年第2期。

结合我国缺乏明确的法律依据的现状,信赖推定理论在解释力度方面存在严重不足,很难对内幕交易行为人并非法定的信息披露义务人这一事实进行合理解释;欺诈市场理论仅仅以价格敏感性这一标准作为适用前提,对造成明显价格波动的内幕交易行为能够进行适用,但在实际操作中,仍会有大量的内幕交易行为不会必然导致证券市场价格的大幅波动;公平交易理论适用范围更具有普遍性,更具有正当性。

此外,应当明确公平交易法益主体范围。在 Fridrich v. Bradford 案中法院明确了只有那些与内幕信息知悉人进行直接交易的善意投资者,其所发生的实际损失才是内幕交易所导致的,因此是内幕交易的真正受害人,才有权就其交易损失请求赔偿。这一原理应当适用,只是在具体实践中因识别成本过高,可以考虑通过拟制交易对手及设定内幕交易时间段划分主体范围①。因此,依据公平交易理论,只有内幕交易人的同时反向善意交易者才属于行为侵权对象。

之后,我们可考虑通过假定因果关系的方式,直接确定内幕交易行为与投资者的投资损害之间的联系。

(三) 内幕交易行为侵害的法益

根据否定论观点,内幕交易虽违背市场公平理念,但未必对个别投资者造成实质损害②。在“零和博弈”框架下,盈亏本属交易常态,只要参与证券市场交易,面临亏损是经济市场规律的结果,无法避免③。内幕交易确实对公平市场秩序造成危害,但是市场危害性不能当然推导出个别投资者民事索赔的正当性,其他投资者所承受的风险属于市场规律应有之义,因此不宜认定其承担民事赔偿责任④。

然而,将证券信息公开视为内幕交易侵权的前提来探讨其因果关系存在逻辑漏洞,难以自圆其说⑤。内幕交易的本质并非发布虚假信息,而是行为人通过秘密交易破坏市场规则,损害了未参与交易者的公平交易机会。禁止内幕交易规则的立法目的在于维系公平价值,确保投资者处于同一竞争规则下,以维护市场交易秩序、增强投资者信心⑥。内幕交易者凭未公开信息提前交易,实质上将本应承担的市场风险转

---

① 参见徐宇翔:《公平交易理论视域下内幕交易民事赔偿责任因果关系的认定》,载《证券法苑》第 40 卷,法律出版社 2024 年版。

② 参见耿利航:《证券内幕交易民事责任功能质疑》,载《法学研究》2010 年第 6 期。

③ 参见李翀:《股票投机是零和博弈吗——关于股票投机性质和特点的分析》,载《学术研究》2016 年第 2 期。

④ 参见吕成龙:《论内幕交易民事责任之否定》,载《财经法学》2023 年第 5 期。

⑤ 参见郑勇:《内幕交易侵权民事责任中因果关系的认定研究》,载《证券市场导报》2018 年第 1 期。

⑥ 参见王志明:《新〈证券法〉内幕信息重大性的立法表达与适用逻辑》,载《证券法苑》第 38 卷,法律出版社 2022 年版。

嫁他人，其获利即源于反向交易者的机会损失，构成对公平交易权的直接侵害。因此，内幕交易行为真正违反的是市场的公平交易原则，而非信息公开原则。从“若无则不”反证角度看，若不存在内幕交易，市场将仅依据公开信息定价，投资者决策不会被不对称信息所扰。可见，内幕交易破坏的是市场的公平交易秩序，而非单一的信息披露义务，其侵害的不仅是个别投资者的财产权益，更是对市场系统性侵害。

因此，内幕交易的侵权本质在于破坏了所有同时交易者的信息对称与公平竞争的权利，侵害的对象是所有同时交易者的公平交易权[①]。公平交易理论不仅从法律逻辑上更符合内幕交易行为的本质，也具备更强的司法可操作性，为因果关系认定提供了现实基础与价值依据。

（四）损失归因与转嫁

内幕交易者利用信息不对称优势进行不公平交易，将本应由其自身承担的风险或损失转嫁给其他投资者，从中获利，破坏了市场的价格发现机制也损害了交易公正性。损失归因的认定不应仅聚焦于交易行为本身，还需从整体市场公平与利益平衡出发，深入分析其风险与损失如何向他人转嫁，以实现司法上的有效救济。

损失转嫁并非理论假设，而是内幕交易行为的直接后果。基于证券市场“零和博弈”特性，由于市场中的利益总量恒定，内幕交易的利益获取是以他人损失为前提的，实际上就是对其他投资者利益的剥夺。在信息公开前，投资者可分为同向交易者、反向交易者与持有不动者。在利空型交易中，内幕交易者提前高价卖出，规避损失，信息公开后，反向交易者和持有不动者都会遭受损失。在交易平衡的情况下，内幕交易者的强势卖出会导致买入者的买入量增加，即内幕交易者将其损失转嫁给了与其同时反向交易的投资者[②]。同理，在利好型交易中，内幕交易者低价买入后坐享上涨收益，内幕交易者多获利的部分将转化为其他交易者的损失[③]。在这三类投资者中，同向交易者和持有不动者因股价上涨而获利，因此只能是反向交易者承受了这部分损失，间接承受了内幕交易人获利的成本转嫁[④]。

我国司法实践中已经有“同时反向交易”这一标准的适用先例，在光大“乌龙指”案中，光大公司主张，当日 13 时起证券价格迅速下跌，至 14 时许公告发布后走势趋

① 参见耿利航：《证券内幕交易民事责任功能质疑》，载《法学研究》2010 年第 6 期。

② 参见黄彬、周子告、孙琳原：《市场性因素介入之内幕交易罪违法所得的计算》，载《实事求是》2024 年第 3 期。

③ 参见熊玲：《内幕交易侵权责任因果关系的认定：路径选择与规则构建》，载《证券法律评论》2023 年第 10 卷。

④ 参见王林清：《内幕交易侵权责任因果关系的司法观察》，载《中外法学》2015 年第 3 期。

稳,因此其内幕信息披露行为未对股价造成实质影响。最终,法院认定:若投资者的交易方向与内幕交易方向相反,且所涉证券与内幕信息直接相关并因此受损,应认定内幕交易与损失之间存在因果关系。同时反向标准的提出,兼顾了证券交易品种之间的关联性及侵权行为的时间与空间特征,也明确指出内幕交易行为对投资者损失具有直接的放大效应,从而有别于一般的对敲交易行为。

由此可见,内幕交易因信息优势造成的损失转嫁,不仅侵害个别投资者权益,更破坏市场公平秩序,因果链条清晰。传统"价格因果链"虽可解释价格与损失间关系,却难识别内幕交易引发的实质损害。故应跳出价格路径,从"信息获取机会丧失"的角度出发,以交易公平性为视角,重构因果关系认定标准。

四、内幕交易民事赔偿责任因果关系规则完善的具体路径

(一) 因果关系认定的考量因素

1. 公平交易原则

完善因果关系规则时,必须将保护公平交易权作为首要原则①。内幕交易造成的损失本质上源于信息不对称引发的市场失灵,而非一般性的价格波动,因此因果关系认定应聚焦于信息优势对交易结果的不正当影响,强调内幕交易者的不当得利与投资者损失之间的直接关联。

正如"市场中的柠檬问题"理论所揭示的那样,信息不对称会使优质交易退出市场②。在证券市场中,内幕信息的垄断使普通投资者处于劣势,容易因判断失误而蒙受损失,甚至失去参与意愿,从而动摇市场信任基础。法律应通过因果关系认定,明确内幕交易者的非法获利与反向交易者损失之间的直接联系,以司法手段实质性保障交易公平性,维护市场生态的稳定与可持续发展。

2. 善意保护原则

在内幕交易民事责任中,因果关系的认定应关注交易者的主观状态,优先保护基于公开信息、未接触内幕信息且方向相反的"善意反向交易者"。相比之下,试图利用

---

① 参见张桦:《证券市场内幕交易监管的法经济学分析》,载《金融经济》2016 年第 2 期。

② "柠檬问题"是由经济学家乔治·阿克尔洛夫(George Akerlof)在 1970 年提出的理论。在信息不对称的市场中,卖方掌握更多信息,买方无法准确评估商品质量,导致价格被压低,最终优质商品退出市场,劣质商品占据主导地位,造成市场效率下降,最终导致市场机制的失效。这个理论揭示了信息不对称对市场效率和公平性的负面影响。

信息差套利的投机者即使受损，也缺乏获得法律保护的正当性。

善意保护原则以市场诚信义务为基础，内幕知情人负有更高的信息管理责任，普通投资者仅具一般注意义务。为防止因主观判断标准不一而导致赔偿泛化，应引入“反向交易推定”机制，根据交易方向、资金流动等客观指标推定投资者为善意。如果被告能反证其存在异常交易或者其损失其他因素引起，可否定该推定，排除因果关系。在光大证券“乌龙指”案中，法院通过认定投资者的行为是否属于公开信息来判断是否属于受害人，并通过推定因果关系的方式，减轻了善意投资者的举证负担，体现了“善意保护原则”在实践中的适用。

3. 损益平衡原则

证券市场“零和博弈”的特性决定了内幕交易者的获利往往建立在其他投资者的损失之上，因此因果关系认定应兼顾违法所得与实际损失。相较我国台湾地区以“善意反向交易者损失”为基准、美国以“获利或避免损失”为标准的路径，我国在因果关系标准和救济机制上仍显不足。在完善因果关系规则时，应以损益平衡原则为基础，贯彻“过罚相当”的理念，实现责任与损害的对等，避免过度追责削弱制度公信力[①]。

损益平衡原则的核心在于通过双向分析，平衡加害者的不当得利与受害者的合理补偿。同时，内幕交易破坏市场公平与信任机制，带来难以量化的制度性损害，可以引入惩罚性赔偿制度惩罚严重的内幕交易，填补市场信任机制被破坏所带来的“无形损害”，对基础民事赔偿进行有效补充[②]。此外，要与“过罚相当”理念紧密结合，强调在赔偿过程中确保责任和后果相匹配，避免责任泛化或过度，确保赔偿金额与投资者实际损失相符，从而维护市场秩序的稳定。实践中，应根据违法情节设定阶梯式赔偿与罚款标准，轻微者从宽处理，严重者从重追责，既维护市场秩序，又防止对主体形成过度负担。

4. 普遍性与一致性原则[③]

在因果关系的认定中，普遍性和一致性原则不是抽象的立法目标，而是具体司法操作中可预见性和稳定性的保障。普遍性要求规则适用于不同类型的内幕交易，无论交易方式、主体身份或信息类别；一致性则强调统一裁判标准，避免因自由裁量差异导致判决失衡，损害法律权威与市场秩序。

---

① 参见马新彦：《内幕交易惩罚性赔偿制度的构建》，载《法学研究》2011 年第 6 期。

② 参见马新彦：《内幕交易惩罚性赔偿制度的构建》，载《法学研究》2011 年第 6 期。

③ 参见朱子琳：《论泄密型内幕交易规制的问题与完善》，载《金融法苑》2023 年第 1 期。

美国在证券欺诈诉讼中确立的"市场整体依赖理论"统一规定了投资者在有效市场中进行交易时,可以被推定依赖于市场价格,而不论投资者的个别决策动机如何。这一理论虽不能直接适用于内幕交易,但其构建统一判断路径、降低主观依赖的理念具有借鉴意义。我国司法实践中,因个案差异采用"价格影响说""反向交易推定"等不同路径,虽反应灵活应对,但若缺乏统一标准,易导致认定混乱与结果不公。因此,在完善内幕交易因果关系规则时,应坚持普遍性与一致性原则,构建兼具规范性与操作性的认定机制,提升因果判断的科学性与可预期性,确保法律适用的统一与市场秩序的稳定。

(二) 公平交易权模式下的推定因果关系

1. 推定因果关系适用的正当性

传统理论以"价格影响链条"证明因果关系,但这一模式在理论与实践中均存在重大缺陷。一方面,内幕交易过程具有高度隐蔽性,市场价格未必会出现异常波动,内幕信息对价格变动的具体作用往往难以量化;另一方面,这一路径的局限性使得投资者在举证过程中面临极高的证明难度,严重削弱了法律救济的可行性。推定因果关系则基于内幕交易行为的性质及市场运行特征,合理推定损害结果的发生源于行为人的违法交易,以公平交易权的受损为基础,直接将内幕交易行为与损害后果联系起来,避免了投资者陷入过度举证的困局,适合证券市场中损害后果广泛分布、单个投资者损失金额难以具体量化的情况。

内幕交易的"利益移转性"特征强化了该推定路径的正当性。内幕交易不同于证券欺诈行为,其损害并非源自对市场价格的扭曲,而是在于信息优势带来的超额收益或不当损失规避,同时根据"零和博弈"理论,这种获利必然建立在其他投资者损失的基础上,这种"利益移转路径"具有唯一性和排他性,完全符合因果关系推定的适用逻辑。事实上,因果关系推定路径的提出,正是对内幕交易民事责任保护客体的重新理解。传统理论过于强调市场效率和价格发现机制,而忽视了证券市场法律制度真正保护的核心法益——公平交易权。此时,由内幕交易人承担"非因果性"的举证责任,更符合民事责任中的公平原则。

我国证券法亦明确以维护公平交易秩序为核心目标。通过"利益移转路径"重构因果关系判断,不仅贴合市场实际,也回应了立法保护投资者权益的初衷,为司法裁判提供了更明确、可操作的规则基础[①]。

---

① 参见赵旭东:《内幕交易民事责任的价值平衡与规则互补——以美国为研究范本》,载《比较法研究》2014年第2期。

2. 推定因果关系的具体适用

推定因果关系作为一种法律推定规则,已经在内幕交易案件中如光大证券案被初步运用。内幕交易受损者获得民事赔偿终于有了实质性突破,但至今仍没有具体的司法解释明确内幕交易民事赔偿案适用因果关系推定理论。要想从根本上保护内幕交易受损者利益,还需加强顶层制度设计,明确推定因果关系在公平交易权模式下的具体适用。

推定因果关系的适用应以下三项要素为前提:一是内幕交易行为的存在,即被告在内幕信息敏感期内实施了基于非公开信息的证券交易;二是受害投资者的"同时反向交易"行为,即投资者在内幕信息敏感期内进行了与内幕交易人相反方向的买入或卖出操作;三是投资者实际产生了经济损失,包括市场价格损失或投资机会损失。通过"利益移转路径"直接实现损失归因,从而绕开对市场价格波动的复杂分析。也就是说,在内幕交易行为中,信息优势的一方获取非法收益,必然意味着信息劣势的一方承担了相应损失,二者在交易过程中形成了一种典型的"零和博弈"关系。因此,只要受害投资者能够证明自身在内幕信息敏感期内进行了"反向交易"并且实际产生了经济损失,即可推定因果关系的存在,无须进一步证明内幕信息对市场价格的具体影响。

一旦满足条件,举证责任转移至内幕交易人,由其承担"反证责任",即证明投资者的损失并非因内幕交易行为所致,而是由市场波动、投资决策或其他外部因素引发①。这一举证机制平衡了投资者救济与被告正当程序保障,避免传统标准下维权成本过高的问题。适用范围方面,该规则应主要限于两类情形:① 市场损失难以量化的案件,通过合理推定可简化因果判断并提升司法效率;② 以普通投资者为诉讼主体的案件,因资源和能力限制,往往难以证明复杂的因果关系,推定机制可有效降低维权门槛。只要初步证据成立,即可认定因果关系,转由被告提供反证。

公平交易权模式下的推定因果关系,是针对证券市场特点的一种创新性规则。其通过降低因果关系认定的门槛,加强了对市场公平性和投资者权益的保护。在完善该规则的同时,应结合实际情况,进一步细化适用条件与责任范围,使其能够在打击内幕交易、维护市场秩序的同时,最大限度地实现法律的公平与效率。

(三) 明确界定内幕交易侵权案件的适格原告

不同于传统一对一侵权,内幕交易具有"一对多"的特征,涉及广泛市场参与者,

① 参见张斌:《内幕交易中的因果关系认定和赔偿数额确定》,载《人民司法》2008 年第 22 期。

损失分布复杂,并非所有投资者均具原告资格,明确适格原告成为核心问题。有学者主张,内幕交易侵权案件的受害人是与内幕交易侵权责任人进行交易的投资人[①];有学者指出,内幕交易开始以后到内幕交易结束的一段时间内,未参与内幕交易的投资者均可以作为原告提起民事侵权诉讼[②];还有的学者认为,内幕交易侵权责任的适格原告应当界定在同一天内因侵权人进行内幕交易行为而遭受损害的相对人[③]。本文在上面的论述中已经明确内幕交易侵害的是同时反向交易者的公平交易权。换言之,原告必须满足“同一时段”和“反向交易”这两个条件[④]。在实际操作中,美国法院已经采用了“同时交易模式”来界定适格原告。

关于“同一时间”的范围,学界存在两种主要观点:根据严格解释论,“同期”的结束时间限定在内幕交易发生的同一天;根据宽泛解释论应当以内幕交易造成的实际损害情况来确定结束时间。考虑到我国市场特征,应将时间范围限定为内幕交易指令下达至交易完成期间,此阶段信息尚未公开,信息优势仍在发挥,对交易价格具实质影响。虽然宽泛解释可扩大投资者保护范围,但容易造成责任延伸与因果链条模糊。随着内幕信息逐渐公开,行为人的信息优势逐渐消失,其他市场因素开始主导股价变动,继续归责于内幕交易不具合理性[⑤]。因此,采取严格解释更有利于明确责任边界,确保因果关系清晰,兼顾司法公正与市场稳定。

(四)损害赔偿机制的具体规则

1. 损害赔偿责任范围的界定

内幕交易民事责任中的赔偿范围,应围绕因信息不对称造成的直接经济亏损进行界定,侧重保护交易方向相反、处于劣势地位的善意投资者。其中,价差损失是核心内容,而为完成该交易所支付的佣金、印花税等必要费用,亦因其明确的交易关联性和直接性,应纳入赔偿范畴。若因内幕信息迟迟未披露导致投资者被动持仓、资金长期占用,在具备直接因果联系的前提下,亦可合理认定为可赔偿的利息损失。对内幕交易侵权的损害只能认定为其直接利益的损失,而不包括间接的可得利益的损失。

此外,还应明确与内幕交易不存在损失因果关系的损失类型。根据信义理论,法

① 参见吴量博:《内幕交易民事责任探析》,载《经营管理者》2010年第4期。

② 徐子桐:《美国法上内幕交易赔偿责任的理论分析》,载《清华法学》2005年第2期。

③ 参见刘敏:《论内幕交易侵权责任因果关系的认定》,载《法学评论》2017年第5期。

④ 参见郭锋:《内幕交易侵权纠纷案件的法律适用问题——以光大证券“乌龙指”引发的内幕交易案为例》,载《金融服务法评论》2018年第9卷。

⑤ 参见王越、郭献朝:《内幕交易罪违法所得的计算方法》,载《人民司法(应用)》2016年第22期。

律可推定内幕交易与投资者损失之间的因果关系，但赔偿责任应限于由该行为直接造成的损失。若被告能提供如以下反证，则可否定该推定，免除责任。① 因宏观经济、政治等市场因素导致的损失，与内幕交易无关；② 公司自身事件如财务造假、管理层变动等引发的损失，应由公司或其他责任主体承担；③ 其他违法行为如市场操纵或虚假披露所致损失；④ 市场已提前反应内幕信息的情况下，股价变化不再由内幕交易直接引发；⑤ 投资者因个人误判或投机行为造成的损失；⑥ 投资者未与内幕交易者在同一时段直接交易，其损失不具直接性。上述类型的损失均不能归责于内幕交易行为，明确排除这些非直接因果关系，有助于划定合理的赔偿边界。

2. 损失赔偿的计算方法

在内幕交易的损失赔偿计算中，应采用修正差额法，遵循利益平衡与方法平衡原则。其一，计算应考虑投资者与内幕交易人之间的利益平衡，保障投资者在证券市场中的利益，尤其是在其处于弱势地位的情况下。其二，赔偿计算应具备客观性与可操作性，最大程度还原投资者的实际损失，避免因方法不当导致赔偿失衡。

损失赔偿的主要计算方法有两种：一种是以投资者的实际损失为标准，另一种是以内幕交易人的非法获利为标准。由于后一种方法未能充分考虑内幕信息对市场价格的实际影响，前者更具合理性。具体来说，修正差额法通过以内幕信息公开后的合理期间内证券价格的平均值作为基准，再计算内幕交易时的成交价与基准价之间的差额来确定赔偿金额。这一方法既能准确反映投资者损失，又具备可操作性。而过早或过迟设定基准日都会影响计算结果，因此，合理确定基准日是实现赔偿公平性和可操作性的关键，司法解释中应允许灵活确定基准日期的范围。这种损失计算方式既能实现实际损失还原，又具备司法可行性的损失计算方式，是实现方法平衡的更优方案。

3. 严格限定赔偿数额

其一，损害赔偿的计算应以内幕交易者的不当收益为基础，合理限定赔偿数额，以确保公平性和可操作性[①]。投资者损失的计算应严格限定于该期间内幕交易者所获之不当收益，并合理区分内幕交易收益与正常投资收益，避免计算范围的不当扩大。其中，内幕交易者的不当收益既包括交易所得收益，也包括因交易避免的损失，应当依照交易发生时间段，对应证券日均价格差额进行计算，对于信息公开后交易行

① 参见袁康：《内幕交易民事赔偿的损失认定与数额计算》，载《证券法苑》第40卷，法律出版社2024年版。

为已纳入市场价格的部分,则不应计入违法所得,以免不适放大内幕交易对证券价格波动的影响。基于此,内幕交易损害赔偿规则应当严格限定损失计算的时间范围和方法,确保公平交易机会的合理补偿,同时避免不当扩张,保障市场秩序的稳定[①]。

其二,损失赔偿的数额应具有正当性依据。一方面,应当排除系统性风险的影响[②]。投资者需自行承担市场普遍波动带来的风险,内幕交易人仅对因信息不对称直接造成的损失负责。在具体赔偿计算中,可以参考大盘或板块指数的波动幅度,对内幕交易者的非法所得进行适当的减扣。在基础赔偿之外,适度引入惩罚性赔偿机制有助于增强震慑力。但同时也应当注意不能惩罚过重,要找到合理的平衡点,避免过度惩罚导致企业经营风险或赔偿无法兑现,应当根据违法情节与非法所得设定赔偿数额。同时,还可以通过设立专门的投资者补偿基金来保障未能完全获得赔偿的投资者,这既能弥补市场的失衡,又防止过度诉讼风险。

五、结　　语

在内幕交易民事责任体系中,因果关系的认定不仅是法律责任成立的逻辑前提,更关乎制度正当性与司法实践的有效运行。传统"价格影响链条"模式难以应对内幕交易的隐蔽性与市场因素的复杂性,渐显局限,难以充分回应公平交易的核心诉求。鉴于此,本文主张以公平交易权为基础,重塑因果关系认定逻辑,突出交易机会不对等的实质侵害,并借助推定因果关系路径,在兼顾程序效率的同时,弥补传统路径的不足。内幕交易的危害不仅在于投资者个体利益受损,更在于对市场信任、公平与透明机制的系统性侵蚀。因而,因果关系认定的重塑应超越技术层面的修补,体现法律保护核心价值的回归,推动从"价格中心主义"走向"权利本位主义",构建更具实质意义与操作性的因果判断路径,在制度演进中真正回应投资者保护的现实需求。未来,随着资本市场发展与法治体系完善,因果关系规则的持续优化,将为市场注入更强的公平性与信任,也为投资者保护与市场健康发展提供更加坚实的制度保障。

(责任编辑:沙　舍　王昕宸)

---

① 参见王越、郭献朝:《内幕交易罪违法所得的计算方法》,载《人民司法(应用)》2016年第22期。

② 参见袁康:《内幕交易民事赔偿的损失认定与数额计算》,载《证券法苑》第40卷,法律出版社2024年版。

证券民事赔偿案件的可仲裁性实务研究

赖冠能*

摘要：我国的证券民事赔偿纠纷经历了从“不可仲裁”到“可仲裁”的规则演变，现行案例表明，当前司法实践不仅认可证券民事赔偿纠纷的可仲裁性，还对仲裁协议的拘束范围进行了大幅扩张性解释，甚至超出了仲裁试点的范围；尽管对仲裁协议的拘束范围进行适度扩张具有一定的合理性，但仍不应超出当事人之间合意的范围，目前法院对于仲裁协议的扩张适用已过度超前，应予适当修正；此外，仲裁试点意见的前置程序应当取消。

关键词：证券纠纷可仲裁性　证券虚假陈述　仲裁协议的扩张

一、规则的演变：从“不可仲裁”到“可仲裁”

本文旨在探讨证券市场虚假陈述等行为引起的民事侵权赔偿纠纷的可仲裁性问题。我国证券法明文规定，行为人因虚假陈述、内幕交易、操纵市场等行为给投资者造成损失的赔偿责任属于特殊侵权责任。《最高人民法院关于审理证券市场虚假陈述侵权民事赔偿案件的若干规定》（以下简称《新虚假陈述司法解释》）亦在此基础上从侵权责任角度规范证券虚假陈述民事赔偿责任，故本文所探讨的民事赔偿责任均属侵权责任范畴。诚然，此类纠纷可能存在侵权责任与违约责任的竞合，但对于以合同纠纷为由提起的证券投资损失赔偿纠纷，自可依合同寻求解决，不在本文探讨之列。

对于证券侵权纠纷，我国法律及司法实践经历了从“不可仲裁”到“可仲裁”

* 北京隆安（深圳）律师事务所合伙人、中证投服中心公益律师。

的转变。早期观点认为,商事仲裁仅适用于合同纠纷,不适用于侵权纠纷。2012年修订的《民事诉讼法》删除了原第111条“双方当事人对合同纠纷自愿达成书面仲裁协议向仲裁机构申请仲裁”中的“合同纠纷”限定,为侵权纠纷的可仲裁性留下了空间。

关于证券侵权纠纷的可仲裁性的具体发展,2004年1月,国务院法制办、中国证监会联合发布《关于依法做好证券、期货合同纠纷仲裁工作的通知》,将仲裁范围限定为证券、期货合同纠纷,且称“上市公司与证券市场公众投资人之间纠纷的仲裁,另行研究确定”。2021年7月,中共中央办公厅、国务院办公厅印发《关于依法从严打击证券违法活动的意见》,要求健全民事赔偿制度,开展证券行业仲裁制度试点。2021年10月,证监会、司法部发布《关于依法开展证券期货行业仲裁试点的意见》(以下简称《试点意见》),明确试点仲裁范围包括因证券期货市场平等主体之间产生的财产性权利受到侵害引起的民事赔偿纠纷,其中包括因虚假陈述、内幕交易、操纵市场等行为引起的民事赔偿纠纷。同时,该意见还明确设立证券期货仲裁院(中心),开展证券期货行业仲裁试点。

2021年11月,深圳国际仲裁院(以下简称“深国仲”)设立中国(深圳)证券仲裁中心(后更名为“中国(深圳)证券期货仲裁中心”,以下简称“深圳证券期货仲裁中心”),成为全国首个证券期货行业仲裁中心。2024年8月29日,深国仲发布《证券期货民事赔偿纠纷仲裁程序指引》(以下简称“深国仲《证券仲裁指引》”),首次针对因虚假陈述、内幕交易、操纵市场等行为引起的证券期货民事赔偿纠纷制定了专门的仲裁规则。

至此,证券侵权纠纷的可仲裁性已得到明确认可。除当事人之间存在明确仲裁协议外,《试点意见》及深国仲《证券仲裁指引》还对仲裁协议的解释进行了一定扩张。《试点意见》规定,若公司章程载有相关纠纷的仲裁条款,投资者可以据此申请仲裁。深国仲《证券仲裁指引》进一步扩大了达成仲裁合意的范围,规定若一方当事人在招股说明书、募集说明书、公司章程等文件中作出愿意将争议提交仲裁的意思表示,另一方向据此申请仲裁的,视为存在书面仲裁协议。

不过,《试点意见》及深国仲《证券仲裁指引》在支持证券民事赔偿纠纷可仲裁的同时,又设置了前置程序。《试点意见》第5条第1项规定,投资者提起民事赔偿仲裁需“依据有关机关的行政处罚决定或者人民法院的裁判文书”,深国仲《证券仲裁指引》为保持与《试点意见》的一致性,也作了同样规定。

二、实践的发展：从可仲裁到激进扩张

从法院对仲裁协议的司法审查实践来看，2017年至今，证券民事赔偿案件的可仲裁性问题经历了三个阶段的发展：从确认侵权纠纷可仲裁，到仲裁协议仅拘束明确限定主体，再到仲裁协议扩张适用到中介机构及其他责任主体。

（一）民事侵权纠纷的可仲裁性得到法院支持

2012年《民事诉讼法》修订之后，司法实践逐步认可民事侵权纠纷可仲裁性。2017年，最高人民法院在某银行诉某农商行等金融侵权纠纷案中认定，因案涉基金合同约定因合同有关的争议应提交仲裁解决，当事人在该合同签订和履行过程中发生的侵权纠纷亦当通过仲裁解决，法院对此不享有管辖权。①

自此之后，证券民事赔偿纠纷的可仲裁性得到了大部分法院的支持，其中包括北京、上海、广东等证券纠纷较为高频发生的地区。事实上，经笔者检索，在当事人之间有明确仲裁协议的情况下，仅发现一起未被支持的案例，即"16长城02债"虚假陈述。该案中，被告某证券公司提出募集说明书中存在仲裁条款，但法院认为证券虚假陈述民事赔偿案件属于侵权纠纷，不属于仲裁条款所涉及的纠纷。② 但该案显然属于个例，因为除该案外，包括审理该案的北京二中院、北京高院在内的北京地区法院在该案前后审理的类似案件中均认可仲裁条款的拘束力。例如，在北京金融法院几乎同期审理的"15金茂债"案中，被诉主承销商同为某证券公司，且该案募集说明书的争议解决条款表述与"16长城02债"案几乎一致，但北京金融法院却支持了某证券公司关于仲裁管辖的主张。③ 可以确信，证券侵权纠纷的可仲裁性已得到了法院的广泛支持。

（二）仲裁条款仅拘束明确限定主体阶段

2018—2019年，法院对证券民事赔偿案件中发行募集文件中仲裁条款的司法审查较为严格，通常认为其仅约束仲裁条款中明确约定或提及的主体。例如，在五洋债系列案中，投资者对发行人、主承销商某证券公司等提起诉讼，某证券公司以募集说明书中约定"双方对因上述情况引起的任何争议，任何一方有权向上海国际经济贸易

---

① 参见最高人民法院（2017）最高法民辖终247号民事裁定书。

② 参见北京市高级人民法院（2021）京民辖终210号民事裁定书。

③ 参见北京金融法院（2021）京74民初394号裁定书。

仲裁委员会(上海国际仲裁中心)提请仲裁”为由提出管辖权异议,杭州中院及浙江高院均认为该条款中约定的“双方”系指发行人与投资者,故仲裁条款仅对发行人及投资者具有约束力,并不约束某证券公司等其他主体。此外,法院在该时期审理的多起公司债券交易纠纷案中也有类似处理,如在某星公司诉某装饰城公司公司债券交易纠纷案中,北京高院认为,《募集说明书》所载关于《债券受托管理协议》中约定的仲裁条款仅约束发行人与受托管理人,不及于债券投资者。[①]

在这一阶段,法院严格依据募集说明书中的仲裁条款的文本表述认定其适用主体及范围。如仲裁条款中表述的是“双方”而非“各方”,则仲裁合意仅限于投资者与发行人之间;又如募集说明书仅载明债券受托管理协议中约定的仲裁条款,则该仲裁条款仅能约束债券受托管理协议的签约主体,即发行人与受托管理人。可见,在这一时期,司法机关在审理此类案件时仍秉持较为审慎的司法态度。

(三)仲裁协议扩张适用到在发行募集文件中作出声明的全部主体阶段

2020年开始,法院逐步将仲裁协议扩张适用于发行募集文件中的其他作出声明的主体,包括中介机构、发行人的董监高,甚至包括在中介机构声明中签字的项目经办人员。经检索2020年迄今的共20余份司法裁判文书,除前述“16长城02债”案外,其余案件均将仲裁条款的适用范围扩张至在募集说明书中作出声明的全部主体,参与审理的法院包括北京金融法院、上海金融法院,以及京、沪、粤、辽等地的高级法院,其中最新的案例为广东高院2024年9月作出的(2024)粤民终3592号裁定。显然,将仲裁条款的约束范围扩张至在募集说明书作出声明的全部主体,已成为当前司法审判的主流意见。

1. 仲裁协议及于发行募集文件中作出声明的中介机构

该类裁判观点最初见于北京二中院2020年就富贵鸟公司债券虚假陈述案作出的管辖权裁定中,其首次将中介机构纳入仲裁协议的约束范围。在该案中,某机构投资者以债券虚假陈述为由对主承销商某证券公司、某审计机构,以及审计中的被函证对象某国际银行、某银行提起诉讼。法院认为,某证券公司、某审计机构出具的债券虚假陈述责任声明为募集说明书内容的一部分。募集说明书载明,凡因本次债券的募集、认购、转让、兑付等事项引起的或与本次债券有关的争议均应提交仲裁解决。债券投资人持有本案所涉债券,视为其同意募集说明书载明的条款和内容,前述仲裁条款即对其

① 参见北京市高级人民法院(2018)京民初188号民事裁定书。

产生法律约束力。据此，法院驳回了原告对某证券公司和某审计机构的起诉。与此同时，法院认为，某国际银行和某银行仅作为审计中的被函证对象，不属于仲裁协议约束的范围，故其将对某国际银行和某银行提起的诉讼移送有管辖权的法院管辖。[①]

上述案件突破了以往司法实践中对募集说明书所载争议解决条款仅适用于投资者与发行人之间或发行人与债券受托管理之间的限制，将适用范围扩张至在募集说明书中作出过声明的中介机构。同时，法院在此过程中仍保持了必要的审慎态度，未将未在募集说明书中作出过声明的两家银行纳为仲裁条款约束对象。

2. 仲裁协议及于发行募集文件中作出声明的董监高及中介机构的项目签字人

在 2020 年后的司法实践中，法院逐步将仲裁协议的约束范围扩展至在募集说明书中作出声明的发行人董事、监事及高级管理人员。如在上海金融法院审理的“15 华信债”案中，法院认定公司董事长兼总经理李某应受仲裁管辖。[②] 值得注意的是，这种扩张适用还延伸至中介机构的项目经办人员。在北京金融法院审理的“15 金茂债”案中，法院认定在主承销商声明中签字的项目经办人员许某某亦受仲裁协议约束，应一并提交仲裁管辖。[③] 类似裁判思路亦见于“16 玉皇 03”及“16 玉皇 04”债虚假陈述纠纷案。[④] 其中，法院作出裁定的主要理由均为该等人员在募集说明书中作出了关于承担虚假陈述责任的声明，系案涉募集说明书的当事人，其声明亦为募集说明书的一部分，继而使其成为仲裁协议的适格主体。

3. 仲裁协议不再受限于仲裁条款中的限定的主体和范围

在此前提及的五洋债等案件中，法院通常依据仲裁条款的具体文义确定募集说明书中的仲裁条款的适用主体及范围，但这一限制在后续的司法实践中逐渐被突破。例如，在 2021 年审理的“15 金茂债”案中，虽然募集说明书中的争议解决条款明确规定“因履行受托管理协议所发生的或与受托管理协议有关的一切争议……任何一方均有权将争议提交上海国际经济贸易仲裁委员会”，且在“第四节偿债计划及其他保障措施”关于“发行人违约责任及争议解决机制”中载明“债券受托管理人将依据《债券受托管理协议》代表债券持有人向公司进行追索……受托管理人与公司应首先通过友好协商方式解决相关争议……协商不成时，则任何一方均有权将争议提交上海

---

① 参见北京市第二中级人民法院（2020）京 02 民初 133 号民事裁定书、（2020）京 02 民初 133 号之一民事裁定书及北京市高级人民法院（2020）京民终 481 号民事裁定书。

② 参见北京金融法院（2022）沪 74 民初 2805、2806 号民事裁定书。

③ 参见北京金融法院（2021）京 74 民初 394 号民事裁定书。

④ 参见北京金融法院（2022）京民终 86、100、284 号民事裁定书。

国际经济贸易仲裁委员会”,从条款文义来看债券受托管理协议中的仲裁条款仅约束受托管理人和发行人,且除此之外募集说明书对争议解决条款未有其他表述。但是,北京金融法院仍将仲裁条款扩张适用于中介机构及主承销商经办人员,并称“前述仲裁条款不应仅局限理解为关于发行人与债券管理人之间发生纠纷的管辖约定,而应当对上述所有证券虚假陈述纠纷主体产生法律约束力”。

又如,在2022年北京高院审理的(2022)京民终74号案中,募集说明书中的仲裁条款仅表述为发行人、债券受托管理人及债券持有人之间的纠纷应提交管辖[①],但北京高院仍以相关中介机构“关于虚假陈述责任承担的声明也为《募集说明书》的一部分”为由,将仲裁条款适用范围扩大至律师事务所、审计机构和评估机构。

再如,在2023年北京高院审理的“15华资债”案中,法院扩张性地认为,募集说明书载明的争议解决条款中关于“双方对因上述情况引起的任何争议”不应仅仅包括受托管理过程产生的违约纠纷,投资者与中介机构之间的虚假陈述责任纠纷亦应受该争议解决条款的约束,因此该案应当通过仲裁程序解决。[②]

更有甚者,法院还对公司章程的约束对象进行了扩张性解释。在某机床公司股票虚假陈述一案中,对于投资某机床公司香港H股的投资者,法院根据某机床公司章程关于“凡境外上市外资股股东与公司之间,境外上市外资股股东与公司董事、监事、总经理或者其他高级管理人员之间,境外上市外资股股东与内资股股东之间,基于公司章程、公司法及其他法律、行政法规规定的权利义务发生的与公司事务有关的争议或者权利主张,有关当事人应当将此类争议或者权利主张提交仲裁解决”的规定,认定因认购H股股票所引发的争议应当适用前述仲裁约定。法院进一步认定,因某证券公司、西藏某公司、某集团及某机床公司为共同侵权人,其应为本案必要共同诉讼的参加人,故机床公司的公司章程的仲裁约定应一并适用某证券公司、西藏某公司、某集团等主体。[③]

三、对当前实践中仲裁协议扩张的思考与分析

(一)当前裁判观点的逻辑及其争议

通过研读上述裁判可知,法院将仲裁条款扩大适用于中介机构及其责任人员、董

① 原文表述为:“发行人、债券受托管理人及债券持有人对因本次债券违约和救济引起的或与违约和救济有关的任何争议,应首先通过协商解决。如果协商解决不成,可将争议提交西安仲裁委员会进行仲裁。”

② 参见北京市高级人民法院(2023)京民终36号裁定书。

③ 参见最高人民法院(2020)最高法民申2391号裁定书。

监高的裁判理由基本相同。以债券虚假陈述案件为例,法院在该类案件中就仲裁协议的适用问题作出了两个层面的扩张:第一个层面的扩张为,突破了传统上认为募集说明书内容构成发行人与投资者之间的协议,其争议解决条款也仅能约束发行人与投资者的观点,将争议解决条款的适用范围扩大至投资者与募集说明书中作出声明的其他主体之间的争议。其理由为,中介机构的声明属于募集说明书的组成部分,且已承诺承担虚假陈述责任。第二个层面的扩张为,受托管理协议原本仅约束发行人与受托管理人,在募集说明书摘录受托管理协议的仲裁条款时,法院不仅将其适用于债券投资者与受托管理人、发行人之间,更扩张至投资者与各中介机构(及其相关责任人员)之间。其理由为,受托管理协议中的仲裁条款不应仅局限理解为关于发行人与债券管理人之间的管辖约定,而应对上述所有证券虚假陈述纠纷主体产生法律约束力。

对于将中介机构及相关人员纳入仲裁管辖的观点,业界存在较大争议。反对的理由主要有如下几点:首先,中介机构及相关人员仅在声明中盖章,其自身并非募集说明书的出具主体;其次,该声明虽出现在募集说明书中,但其内容仅表明其所出具的报告或意见与募集说明书不存在矛盾,不存在虚假陈述等情形,并不能得出中介机构等主体作出了同意接受募集说明书中仲裁条款并受其约束的意思表示,双方实际上并不存在仲裁合意。再次,中介机构往往分别与发行人签订独立的中介服务协议,并在协议中约定专门的争议解决条款,这些条款很可能与募集说明书中的争议解决条款不一致,从而导致适用上的冲突与矛盾。最后,对于将公司章程的仲裁条款扩张适用至中介机构的裁判观点,则更无可予支持的理论基础和法律依据。

(二)仲裁协议扩张具有一定的逻辑自洽性及实务价值

对于上述将发行募集文件中的仲裁条款扩张适用到中介机构及相关责任人员的处理意见,乍看似乎有悖常理。但本文认为,法院的论证说理具有一定的内在逻辑。以债券虚假陈述为例,本文尝试梳理法院的说理逻辑如下:中介机构在募集说明书中作出声明——该声明本身构成募集说明书的一部分——作出声明的主体属于募集说明书中的当事人——当事人应受募集说明书的仲裁条款之约束——因募集说明书已载明投资者投资债券即视为接受募集说明书的相关条款,故双方存在仲裁合意。故而,在解决中介机构受发行文件中争议解决条款约束这一问题时,法院说理的逻辑链条较为完整,具有一定的自洽性。从实务角度看,通过仲裁协议的扩张适用,也便于投资者与发行人、中介机构及相关责任人员的纠纷解决,特别是相关主体的责任划分可在仲裁程序中一次性解决,有利于实现"案结事了"。

此外,中介机构及相关人员作出关于同意承担虚假陈述责任的声明包含两部分内容:① 作出声明的行为;② 声明内容为同意承担虚假陈述责任。本文认为,法院审查的重点在于中介机构是否作出过声明,至于声明内容是否涉及其同意承担虚假陈述责任,则属于实体审理阶段认定其是否应当承担赔偿责任的考量因素,而非确定仲裁管辖时所需关注的事项。

(三)仲裁合意应限定的范围

在支持仲裁协议扩张的同时,本文认为,相较于当前关于证券仲裁试点的有关规定,法院对于仲裁协议的扩张适用已过度超前,应当予以修正,适度"踩刹车"。商事仲裁仍应以当事人之间存在合意为前提,证券发行募集文件的声明主体虽可解释为其中的当事人,但仍应以仲裁条款本身所描述、限定的范围为限,在扩张适用的同时,仍应对仲裁条款本身进行考察,以进一步认定中介机构等主体是否受其约束。

实务中常见的争议情形有:① 仲裁条款表述的适用主体为"双方"而非"各方"或"任何一方",但未具体指明是哪一方,如五洋债《募集说明书》中表述的"双方对因上述情况引起的任何争议""15华资债"募集说明书表述的"双方对因上述情况引起的任何争议";② 仲裁条款指向了明确的主体,如"18浩通02债"募集说明书中争议解决条款表述为"发行人、债券受托管理人及债券持有人对因本次债券违约和救济引起的或与违约和救济有关的任何争议";③ 募集说明书仅系摘录债券受托管理协议中的争议解决条款,而未载明单独的仲裁条款,如"15金茂债"。对于这几类争议,笔者分述如下:

1. 仲裁条款表述为"双方"而非"各方"或"任何一方"

对于该种情形,本文赞同当前法院裁判时不囿于仲裁条款内容表述为"双方""各方"还是"任何一方"的处理意见。本文认为,在仲裁条款未明确指定哪一方的情况下,"双方"可视为申请人与被申请人之间,即投资者与相关责任主体之间,而不限于投资者与发行人之间。相关的依据是,仲裁法第4条关于仲裁协议表述是:"当事人采用仲裁方式解决纠纷,应当双方自愿,达成仲裁协议。"第41条及第52条也均表述为"双方当事人",民事诉讼法第127条第2项也规定:"依照法律规定,双方当事人达成书面仲裁协议申请仲裁、不得向人民法院起诉的,告知原告向仲裁机构申请仲裁;"显然,仲裁协议当然可以由多方主体共同签订,前面法律规定中的"双方"并非指数量意义上的两个主体,而应是指双方当事人,即本方当事人与对方当事人,在仲裁中即为申请人与被申请人。

2. 仲裁条款指向了明确的主体，可否扩张至其他主体

对于该种情形，本文认为，应严格按其字面意义进行限定。如在“18浩通02债”募集说明书中的争议解决条款表述为发行人、债券受托管理人及债券持有人之间的争议，则即便中介机构等其他主体作出了声明，也不能得出发行人、债券受托管理人及债券持有人之外的其他当事人存在仲裁管辖的合意，不应将仲裁协议的拘束力扩张适用到该三方之外的主体。

3. 募集说明书仅系摘录债券受托管理协议中的争议解决条款

该种情形即为前述法院作出的第二层扩张，即在债券募集说明书未单独约定仲裁条款，而仅仅是摘录债券受托管理协议中的争议解决条款时，法院将该条款扩张适用至募集说明书中作出声明的所有主体。对此，笔者认为法院的说理缺乏完整的逻辑链条，过于牵强。债券受托管理协议仅仅是由发行人与受托管理人之间签订，在募集说明书仅仅是摘录债券受托管理协议的内容、其自身并未约定单独的仲裁条款的情况下，基于受托管理人与债券持有人之间的代理关系以及仲裁协议扩张中的第三方受益理论，该仲裁条款至多可以扩张适用至投资者与发行人、受托管理人之间，但无论如何不应视为该等约定可适用于律师事务所、审计机构、信用评级机构等其他中介机构。换言之，即便中介机构等主体属于募集说明书中的当事人，但鉴于募集说明书中并未单独约定仲裁条款，投资者与该等主体的争议也无法适用仲裁管辖。

此外，仲裁条款中约定的仲裁事项范围应包含虚假陈述等民事赔偿纠纷，或与之有关。如前述债券受托管理协议中的仲裁条款仅表述为“因履行受托管理协议所发生的或与受托管理协议有关的一切争议”，则该内容仅指向受托管理的相关责任义务及与之有关的争议，须进一步考察受托管理协议中是否有约定债券发行人承担虚假陈述责任的条款，以进一步判断仲裁条款约定的仲裁范围是否包括虚假陈述纠纷。

（四）对于不属于发行募集文件或公司章程中的当事人，仲裁协议是否应对其扩张适用

当投资者主张赔偿的责任主体并非招股说明书、募集说明书或公司章程中载明的相关当事人时，难以认定双方存在仲裁合意，法院应保持一定的克制。

在富贵鸟公司债券虚假陈述案中，法院作出了较为适当的处理。在该案中，法院在支持主承销商、审计机构受仲裁协议约束的同时，对于被诉的两家银行，因其仅系审计中的被函证对象，法院认为其不属于仲裁协议约束的范围，仍应由有管辖权的法

院管辖。法院在该案中对不同类型的主体与投资者之间是否存在仲裁协议进行了较好的把握与区分,同时也进行了充分的说理,可作为处理该类纠纷的典范。

与此相比,法院在处理某机床公司涉H股虚假陈述案件时,则作出了一个欠妥的示范。在该案中,某机床公司章程仅约定境外上市外资股东与公司之间,境外上市外资股股东与公司董事、监事、总经理或者其他高级管理人员之间,境外上市外资股股东与内资股股东之间的纠纷适用仲裁协议。但某证券公司作为项目财务顾问,并不受公司章程约束。法院仍以某证券公司作为共同侵权人、本案必要共同诉讼参加人为由,认定公司章程的仲裁约定应一并适用于某证券公司。不仅如此,最高法院还在上述裁定书文末进一步解释,这样处理“亦未对潘国强的实体权益造成损害”。

众所周知,仲裁制度的基础是当事人双方自愿达成仲裁协议,这是仲裁法的基本原则和常识,仲裁法第4条亦有明确规定。法院在某机床公司案件中的裁判意见显然有违仲裁自愿原则,且其进一步阐释通过仲裁管辖不损害投资者的实体权利,无疑忽视了实体法与程序法之别。笔者认为,此举貌似有利于一次性解决纠纷,却可能动摇仲裁法据以安身立命的基石。

四、相关完善建议

(一)建议《试点意见》及深国仲《证券仲裁指引》取消前置程序

《试点意见》及深国仲《证券仲裁指引》均规定了前置程序。《试点意见》之所以有此规定,盖因其发布时新虚假陈述司法解释尚未出台,根据2003年《最高人民法院关于审理证券市场因虚假陈述引发的民事赔偿案件的若干规定》,法院受理证券虚假陈述案件必须以有关机关的行政处罚决定或者人民法院的刑事裁判文书作为前置条件。《试点意见》据此保留了前置程序,而2022年1月新虚假陈述司法解释出台后,虚假陈述诉讼的前置条件已被正式废除,法院受理虚假陈述案件不再需要前置条件。深国仲《证券仲裁指引》虽于新虚假陈述司法解释出台后制定,但其为了保持与《试点意见》的一致性,仍沿用了前置程序的规定。

显然,前置程序是旧司法解释时代的产物,目前已被新虚假陈述司法解释彻底废除,继续保留前置程序殊无必要。事实上,包括深国仲在内的各大仲裁机构目前都已受理证券侵权纠纷案件,目前司法裁判对于仲裁协议的扩张性处理也远比《试点意见》更为激进,故而有无《试点意见》并不影响各仲裁机构正常受理证券民事赔偿纠纷案件。因此，本文建议废除受理证券仲裁民事赔偿案件的前置程序，使之与现行司法解释及仲裁实践相衔接。

（二）对仲裁协议的扩张适用应当适度，不应超越当事人之间的合意

当前证券民事赔偿纠纷特别是债券虚假陈述纠纷中，将仲裁协议进行扩张已成为实践中的主流裁判观点，且这种观点具有一定的逻辑自洽性，也便于投资者与各责任主体之间一次性解决纠纷，有利于"案结事了"，故本文支持对仲裁协议的约束范围进行适度扩张。但与此同时，本文坚持仲裁管辖仍应以当事人之间的合意为前提，相较于当前关于证券仲裁试点的有关规定，法院对于仲裁协议的扩张适用已过度超前，应当予以适当修正，适度"踩刹车"。

首先，在仲裁协议主体的扩张上，应当至多以招股说明书、募集说明书、公司章程等作出声明的主体为限。对于招股说明书、募集说明书中载明仲裁条款的，仲裁协议可扩张至投资者与作出声明的董监高、相关中介机构及在声明中签字的项目人员之间的纠纷；对于公司章程，其本质上属于股东间的协议，仲裁条款可适用于股东（投资者）与发行人、上市公司之间。同时根据新公司法第 5 条"公司章程对公司、股东、董事、监事、高级管理人员具有约束力"以及第 179 条"董事、监事、高级管理人员应当遵守法律、行政法规和公司章程"之规定，亦可扩张适用至董监高。但无论如何，不应认定中介机构受到公司章程的约束，进而认定其与投资者之间存在仲裁协议。

其次，对于发行募集文件的仲裁条款已经限定主体范围的，法院不得超出限定。如仲裁条款表述的主体限定为发行人与投资者之间，或发行人与主承销商、投资者之间的，则中介机构（及其责任人员）、董监高不在可仲裁主体之列，法院不应逾越。

再次，如发行募集文件中的仲裁条款对仲裁事项的内容、范围有所限定，法院应审查证券民事赔偿纠纷是否在所描述的范围之内，且投资者提起的证券侵权纠纷应当与合同存在牵连，与履行合同有关。一般情况下，若仲裁条款所表述的争议范围诸如"因本债券引发""因本募集说明书引发""与本协议有关的"等，且投资者所提起的赔偿纠纷系因发行募集文件本身存在虚假陈述所引发，即可以宽泛地认为该争议落入仲裁协议约束的范围。而若相关虚假陈述实施于证券发行后所作的信息披露，则应进一步考察二者之间是否存在关联。最后，如此前的有关案例中，募集说明书仅系摘录、引用债券受托管理协议等其他文件中的仲裁条款，则应进一步审查受托管理该条款中约定的争议事项是否包含虚假陈述纠纷，以判断投资者与债券受托管理人、发行人的纠纷是否受仲裁管辖，而中介机构等其他第三方并非受托管理协议的签约主

体,则其无论如何不应受到仲裁协议的约束。

(三)应根据不同的证券类别对发行文件中的仲裁条款予以区分适用

不同的证券类型,其性质特征不同、交易方式不同,证券发行文件中的仲裁条款可约束的主体范围亦可能有所不同,本文认为,募集说明书、债券说明书中的仲裁条款并非可以无条件地适用于投资者与发行人及中介机构等责任主体之间,应对其予以区分适用。

股票类虚假陈述案件往往呈现“小额多数”的特点,而且在交易方式上,通说认为通过一级市场认购股票的投资者与发行人之间成立合同关系,而二级市场股票投资者往往是通过集中竞价的非“点对点”的方式投资,与发行人之间并不成立合同关系;对于非公开发行阶段认购股票的投资者,其往往又与发行人单独签订认购合同,可能另行约定争议解决方式;招股说明书也没有如债券募集说明书那样要求投资者购买股票即视为其接受招股书相关内容的强制性表述。因而,除少数情形外,通过仲裁方式审理股票类民事赔偿案件在法律依据和法理基础上均在较多障碍,这类案件更适合通过诉讼方式处理,法院对于处理这类案件也更有经验。

而债券民事赔偿案件则相反,债券纠纷的投资者往往是高净值的合格投资者,单笔投资金额较大,持有人数量较为集中;债券作为标准化的债权凭证,其交易也适用债权转让的一般原理,募集说明书中的仲裁协议适用于二级市场上的债券投资者具有法理依据。因而,债券类民事赔偿案件具备通过仲裁解决的条件,而且仲裁机构在仲裁员的专业性、多样性和保密性上更有优势。

就债券类民事赔偿纠纷而言,由于交易所债券与银行间市场债券适用不同的监管及交易规则。交易所市场债券受证监会监管,银行间市场债券受人民银行监管,二者存在不同的监管规则。例如,交易所债券强制要求中介机构及相关责任人员在募集说明书中出具不存在虚假陈述并承诺承担虚假陈述责任的声明,但银行间市场债券并无此类要求。因而,目前发生的关于募集说明书中的仲裁条款可否适用于中介机构的争议均发生于交易所市场。

另外,证券支持证券(ABS)案件又有所不同。ABS 发行文件中,计划说明书及标准条款是由计划管理人(通常为证券公司或基金子公司)制作并盖章出具,投资者与计划管理人签订认购协议,计划管理人与原始权益人签订资产买卖协议,并分别与资产服务机构、托管人、律师事务所、评级机构等各中介机构签订相应的中介服务协议。因而,对于计划说明书、标准条款或认购协议中有仲裁条款的,投资者可依据合同关系直接对计划管理人提起仲裁。但如计划说明书、标准条款与认购协议约定的争议解决方式不一致的，应以双方正式签订的认购协议为准，该观点得到了上海金融法院公布的“金融仲裁司法审查典型案例（2018—2023）”中的“H 证券公司申请撤销仲裁裁决案”的支持。与此同时，对于 ABS 案件中，投资者能否对原始权益人、资产服务机构以及律师事务所、评级机构等中介机构提起仲裁，实务中存在较大争议。本文认为，应根据计划说明书及相关协议的具体内容进行确定，对于在计划说明书中明确载明其同意承担相应责任的主体，根据上文所述的司法实践中仲裁协议扩张的裁判观点，本文认为可统一受其中仲裁条款的约束。但若无证据证明中介机构曾同意受计划说明书的仲裁条款约束的，则难以认定其存在与投资者达成仲裁协议的合意，不应受仲裁管辖。

（责任编辑：沙　含　刘霄鹏）

虚假陈述揭露日认定的方法及思考

李亚鹏[*]

摘要： 揭露日的认定是证券虚假陈述民事赔偿案件审理的关键环节，直接影响交易因果关系认定、适格原告范围确定、投资者损失计算及诉讼时效起算。2022 年《最高人民法院关于审理证券市场虚假陈述侵权民事赔偿案件的若干规定》出台，对揭露日认定标准做了更具操作性的规定。在揭露日的认定中，应把握“首次性”“全国性”和“警示性”三大构成要件，并采用“假定—排除—确定”的路径进行认定。针对司法实践中的争议，本文深入分析了立案调查信息公开日推定为揭露日的合理性、“一行为一揭露日”原则的正当性，以及信息披露义务人“否认揭露”或“抵抗揭露”行为的影响。揭露日认定应侧重理性投资者视角和立法目的，旨在平衡投资者保护、市场秩序与司法效率。针对实践中揭露日认定的难点，本文提出强化指导案例、发挥投资者保护机构作用、探索诉讼时效中止规则及细化立案调查信息披露内容等完善建议，以促进虚假陈述民事赔偿制度功能的发挥。

关键词： 虚假陈述　揭露日　投资者保护　司法解释

随着我国资本市场的快速发展，证券虚假陈述民事赔偿案件日益增多。在此类案件中，虚假陈述揭露日的认定至关重要，在交易因果关系认定、适格原告范围确定、投资者损失计算及诉讼时效起算等方面发挥着关键作用，是“三日一价”体系中的核心环节。2022 年 1 月 21 日，最高人民法院发布的《关于审理证券市场虚假陈述侵权民事赔偿案件的若干规定》（以下简称《若干规定》），对 2003 年《最高人民法院关于审理证券市场因虚假陈述引发的民事赔偿案件的若干规定》的实践经验进行了总结

* 中证中小投资者服务中心高级经理。

和完善，优化了虚假陈述认定中的实施日、揭露日、重大性和交易因果关系等内容，有力地推动了司法实践的发展。

本文旨在深入探讨虚假陈述揭露日的认定标准、方法及存在的争议，并提出相应的完善建议。具体而言，将从构成要素（需满足“首次性”“全国性”“警示性”三个必要条件）、认定方法（采用“假定—排除—确定”路径）以及对常见争议的分析入手。其一，针对立案调查信息公开日信息量不足的质疑，司法解释强调其警示性已足够，符合保护理性投资者的立法目的；其二，对于是否应分段认定揭露日的观点，本文支持司法解释的“一行为一揭露日”原则，认为这更符合行为本质，并能遏制“知假买假”；其三，面对公司否认媒体报道（“揭露抵抗”）的现象，建议认定揭露日时应更侧重理性投资者视角，避免因公司否认导致投资者诉权受损，必要时可考虑认定诉讼时效中止。

一、虚假陈述揭露日的构成要素

《若干规定》第 8 条第 1 款以及第 2 款规定：“虚假陈述揭露日，是指虚假陈述在具有全国性影响的报刊、电台、电视台或监管部门网站、交易场所网站、主要门户网站、行业知名的自媒体等媒体上，首次被公开揭露并为证券市场知悉之日。人民法院应当根据公开交易市场对相关信息的反应等证据，判断投资者是否知悉了虚假陈述。”认定揭露日应重点把握以下三点[①]：

（一）“首次性”

虚假陈述行为属首次被公开，不要求达到全面、完整、准确的程度。虚假陈述的揭露日应以虚假陈述被证券市场所知悉、了解为标准，其精确程度并不以“镜像原则”为必要。强调“首次”，因根据“推定信赖”的假设，从虚假陈述行为被首次揭露起，投资者所持股票即受到虚假陈述事件的影响并造成损失，基于证券市场对信息的敏感性，只要市场对此已有所反应，即应认为构成揭露，这样揭露不可能要求未达到全面、完整、准确的程度。

（二）“全国性”

揭露应在全国范围内发行、传播。虚假陈述应当揭露在全国性媒体上，揭露载体

① 参见最高人民法院民事审判第二庭编著：《〈全国法院民商事审判工作会议纪要〉理解与适用》，人民法院出版社 2019 年版，第 447 页。

具有权威性、公众性才能达到虚假陈述被揭露的实际效果。当前可被认定为公开揭露的媒体途径有多种：一是监管部门、交易场所网站或其指定的国际互联网信息披露网站；二是具有全国性影响的报刊、电台、电视台及主要门户网站；三是行业知名的自媒体。

（三）“警示性”

揭露对证券交易产生了实质性的影响。市场的客观反应是认定揭露日的重要考量因素，如果某次揭露虽为首次披露，但市场反应很小，或者根本没有被公众投资者注意到，则不宜将其认定为虚假陈述已经被揭露。从客观表现来看，交易市场对揭露信息应存在明显的反应，可以从交易价格或者交易量的变化来体现。

虚假陈述揭露的三个条件是缺一不可的，“首次性”虽不要求“镜像原则”，但揭露效果需通过“警示性”论证——基于“信赖推定”及“有效市场”的假设，首次揭露必然具有“警示性”并对市场有实质性影响，故不具备“警示性”的揭露必然不属于首次披露。

“首次性”和“全国性”是形式要件，“警示性”是实质效果要件，三者共同构成揭露日的完整定义。对某一虚假陈述行为，首次在全国进行相关揭露，并引起市场警觉从而产生反应，此日期可认定为揭露日。

二、揭露日的认定方法

（一）实践中几种认定情形

在《若干规定》出台前，司法实践中认定揭露日比较多样，包括行政监管措施公开日、立案调查通知书公告日、行政处罚事先告知书公开日、行政处罚公开日、上市公司自行更正日、媒体报道公开日等，《若干规定》出台后，第8条、第9条对揭露日的认定进行了细化。从司法实践看，揭露日的认定分为以下三种情形：

1. 立案调查信息公开日

《若干规定》规定若无相反证据，推定“① 监管部门以涉嫌信息披露违法为由对信息披露义务人立案调查的信息公开之日；② 证券交易场所等自律管理组织因虚假陈述对信息披露义务人等责任主体采取自律管理措施的信息公布之日”为揭露日。

《若干规定》出台后，若涉及虚假陈述，监管部门通常会在立案调查通知书中载明涉及信息披露违法，已满足推定揭露日适用条件。除行政处罚外，监管部门也会针对违规行为出具行政监管措施，考虑到自律组织的自律管理措施针对的是违纪行为，根据“举轻以明重”的原则，行政监管措施的信息公开之日也应当被推定为揭露日。因此，根据目前司法解释，立案调查信息公开日、自律管理措施公布日、行政监管措施公布日均具有揭露日推定效力。

2. 自行更正日

信息披露义务人在证券交易场所网站或者符合监管部门规定条件的媒体上，自行更正虚假陈述之日，可认定为揭露日（更正日）。作为虚假陈述行为的主体，信息披露义务人最了解自己的虚假陈述行为，若其通过不明显的方式来更正自己的虚假陈述行为，无法起到警示作用，则不能被认定为揭露日。

3. 媒体报道披露日

除了监管部门及自律监管组织外，媒体（包括自媒体）等社会力量若对其虚假陈述进行指向性披露，只要其满足首次性、全国性、警示性要件，亦可认定为揭露日。

（二）假定—排除—确定的认定路径

从《若干规定》第8条第3款规定“除当事人有相反证据足以反驳外，下列日期应当认定为揭露日：……”来看，认定揭露日是采用假定（推定）后再排除的方式。第一步假定：找出所有可能的“揭露”日期（立案调查信息公开日、更正日、媒体报道日、行政处罚公开日等）。第二步排除：逐一用“全国性”、“警示性”两个要件（首次性通过时间顺序自然筛选）去检验这些日期。不符合任一要件的日期排除。第三步确定：在剩余的符合要件的日期中，选择最早的那个作为揭露日（满足首次性）。

在秀强股份虚假陈述案中[①]，法院在判决中指出“原则上将信息披露义务人公告收到立案调查通知书之日作为虚假陈述揭露日”，“通过对照信息披露义务人主张的更正内容与虚假陈述是否相关，考察更正形式是否满足首次性、全国性要件，重点分析更正信息是否具有警示作用，结合证券市场反应和关注度等辅助因素，判断更正信息是否足以影响投资者的投资决定，进而对更正日作出认定。”

在康美药业虚假陈述案[②]中，法院将媒体报道日认定为揭露日。“揭露信息是对投资者具有较强警示性的信息，有理由怀疑被告存在虚假陈述行为，该行为可能被定性为虚假陈述，对投资者足以产生警示作用。① 揭露信息属于对投资者具有较强警示性的信息；② 揭露信息具体明确，揭露主体权威可信，投资者有理由怀疑虚假陈述行为的存在；③ 事后的客观化指标可以印证揭露信息对投资者产生了警示作用。”

---

① 南京市中级人民法院（2024）苏民终741号民事判决书。
② 广州市中级人民法院（2020）粤01民初2171号民事判决书。

(三) 多项虚假陈述行为揭露日的认定

《若干规定》第 8 条第 4 款对多项虚假陈述行为揭露日的认定进行明确规定,即多项虚假陈述呈连续状态的,则合并认定,以首次被公开揭露并为证券市场知悉之日为揭露日;多项虚假陈述相互独立的,则应当分别认定其揭露日。

在同时受几个虚假陈述行为影响的情形时,首先应当从行为内容、行为时间、行为性质三个方面判断是否存在几个独立的、诱多型虚假陈述行为同时影响证券的情况。[①] 如在北汽蓝谷虚假陈述案[②]中,案涉公司涉及未披露重大担保和重大诉讼两个虚假陈述行为,两项虚假陈述行为揭露日相距较近,中间仅隔两个交易日,市场对于前一项重大担保的反应还来不及充分释放(股价受大盘影响涨停),后一项重大诉讼的揭示进一步叠加影响(八个交易日大跌),"对投资者的决策综合发生作用,使后一个虚假陈述行为揭示后的市场反应能够完整体现出两个虚假陈述行为共同作用的结果。"本案属于部分竞合的因果关系,以重大诉讼事件覆盖重大担保事件,最终法院以在后的重大诉讼事件揭露日为依据计算投资者投资差额损失。

三、对揭露日认定的争议及思考

虽然《若干规定》关于揭露日的规定已经较为完备,但由于上市公司虚假陈述行为的多样性、揭露行为的具体性、资本市场的复杂性,在司法实践中仍存在一些争议。《关于严格公正执法司法 服务保障资本市场高质量发展的指导意见》中指出"以理性投资者的标准判断被告关于不具有交易因果关系的举证是否充分"。本文对最具代表性的三个争议问题进行讨论,从理性投资者角度理解认识揭露日认定相关规定的立法目的。

(一) 立案调查信息公开日推定效力的背后考量

有观点认为,"立案调查通知书的内容既不准确也不完整,投资者除了'知悉、了解'可能存在虚假陈述之外,对于其具体内容一无所知,投资者无法根据该信息作出理性的投资决策。"[③]由于信息量过少,立案调查信息公开无法使股价恢复到没有虚

---

① 参见余周祺:《何某诉北汽蓝谷新能源科技股份有限公司证券虚假陈述责任纠纷案——多个虚假陈述行为的法律适用》,载微信公众号"北京金融法院",2021 年 12 月 31 日。

② 北京市第二中级人民法院(2020)京 02 民初 204 号民事判决书。

③ 樊健:《我国证券虚假陈述被揭露规定的反思:以公告证监会立案调查通知书为中心》,载《经贸法律评论》2022 年第 3 期。

假陈述的状态,规定虚假陈述揭露日的意义与功能也就无法实现。

1. 突出“警示”作用

从《若干规定》来看,只要披露“涉嫌信息披露违法”就达到了信息量的最低要求,最高人民法院认为:“根据相关行政法规规定,证券监管机构只有在掌握较为确定充分的证据的前提下,才能对涉嫌证券市场违法违规者进行立案稽查,行政监管强度已比较高。上市公司发布的证券监管机关对其涉嫌违法违规事项进行立案调查通知的公告内容,对于所有投资者都应属于具有较强警示性的投资信息,足以影响投资者的投资决策,符合有关虚假陈述‘揭露’之客观要求。”①

因此,揭露更强调其“警示性”,而不是准确描述虚假陈述行为。而随着《若干规定》的相关规定及司法实践,又进一步强化了立案调查信息公开日“警示性”属性,大大强化警示作用。

2. 凸显保护“理性投资者”价值取向

由于揭露日承载了阻却交易因果关系的功能,即揭露日后买入的投资者因不存在交易因果关系而不予赔偿。在虚假陈述侵权案件中,法院对揭露日的认定首先决定了哪些投资者具备适格原告资格。若将行政处罚事先告知书日认定为揭露日,则无法保护那些在立案调查信息公开日感知风险并卖出股票的投资者,而这部分投资者通常更具理性。立法者在取舍之后,更倾向于保护这部分理性投资者。

若采用行政处罚事先告知书为揭露日,则立案调查信息公开日后,投资者可以趁着股价下跌进行低位买入,若盈利可卖出获利,若亏损则可以获得虚假陈述赔偿,这样反而可能会鼓励“知假买假”。而采用立案调查信息公开日作为揭露日,强化其警示作用,可以让更多投资者知道其风险,尽早卖出使股价更快回到公司的真实价值,对资本市场发展更为有利。

3. 信息量少阻碍股价回到应有价值

当然,必须承认,选择立案调查信息公开日作为揭露日对于股价回到没有虚假陈述的状态有所影响,但揭露日认定首要是解决“赔谁”的问题,其次才是“赔多少”的问题。立案调查日作为揭露日的主要功能在于“警示风险”和“切断因果关系”,其引发的股价下跌已反映了市场对该重大风险事件的初步定价,已较好实现司法解释立法目的。

---

① 参见最高人民法院民事审判第二庭编著:《〈全国法院民商事审判工作会议纪要〉理解与适用》,人民法院出版社 2019 年版,第 447 页。

(二)"一行为一揭露日"的争议与坚持

部分学者主张对一个虚假陈述行为多次揭露可分段认定多个揭露日[①],揭露日后继续持有证券的投资者多次损失与虚假陈述行为之间都可以构成因果关系,与虚假陈述行为被多次揭露、"投资者多次受损且损失因虚假陈述而产生的事实相一致,可以更大限度地保护因虚假陈述行为受到损害的投资者。"[②]而从司法解释文义解释看,人民法院坚持"一行为一揭露日"。

1. 事实上的多次揭露并不构成司法上"揭露"的定义

此观点认为,除信息披露义务人外的第三方如媒体等属于外部人,对虚假陈述的认识是逐步加深的,多次部分披露后才能最终披露真相,若认定多个揭露日,股价会随着披露内容的更新而逐步回归到正常状态,损害赔偿也会更为精确,更有利于保护投资者。[③]

若由监管部门揭露违法行为,往往是在掌握充分事实后再进行披露,不会"分阶段披露"。媒体在揭露时,调查手段是有限的,很难在报道后获得更新的证据进行全新的报告,即便媒体揭露可能是系列报道,随着报道的深入而逐步加深,但若采用司法解释的"警示性"标准,在前期媒体报道揭露性不足的情况下,市场反应较小,不构成"揭露日"的认定标准,而若市场明确反应,表示已起到警示效果,此日期可认定为揭露日。之后若有进一步深入报道,也只是对此虚假陈述行为的具体描述而不改变虚假陈述的性质,若揭露出新的虚假陈述行为,则可以采用司法解释中多个虚假陈述的认定方法了。

从"推定信赖"理论看,虚假陈述行为对市场的影响是一个整体。首次有效揭露打破了投资者对该整体虚假信息的信赖基础。后续的深入揭露是对该信赖破裂状态的确认和细化,而非建立新的信赖破裂点。因此,法律上只需认定一个"信赖被打破"的时点(即揭露日)。

2. 一个行为认定多个揭露日不利于司法裁判

一次虚假陈述行为认定多个揭露日影响司法确定性和效率。多个揭露日会导致损失计算区间划分复杂化(需要为每个"揭露日"计算对应的基准日/价),极大增加

① 参见杨详:《证券虚假陈述揭示日认定规则再考察——围绕多次部分揭示情形展开》,载《证券法律评论》2018年卷,中国法治出版社2018年版。

② 母山钰:《证券虚假陈述民事案件中"揭露日"的司法认定研究》,中央财经大学2023年硕士学位论文。

③ 参见杨详:《证券虚假陈述揭示日认定规则再考察——围绕多次部分揭示情形展开》,载《证券法律评论》2018年卷,中国法治出版社2018年版。

案件审理难度和周期,不利于投资者权益的及时、有效救济。法院倾向于将认定投资者损失最大的时间点定为揭露日以最大限度保护投资者[①],虚假陈述行为的首次揭露对于证券市场的刺激最为强烈,以其为揭露日有利于最大限度地把因虚假陈述行为被揭露导致股价波动而产生的损失的投资者纳入可索赔范围当中[②]。

(三) 信息披露义务人行为对揭露日认定的影响

在司法实践中,信息披露义务人的声明及公告等往往会影响第三方的揭露情况,除了自行披露更正被认定为更正日外,引起争议的情况主要有两种:一是“否认揭露”,虽然部分媒体已经揭露了公司的虚假陈述行为,但公司多次发澄清公告否认,后才被监管部门或者其他证据完全证实;二是“抵抗揭露”[③],指信息披露义务人通过选择性地披露部分虚假陈述信息,试图弱化或抵消已揭露信息的警示效果或掩盖剩余虚假陈述的行为。如华锐风电案[④]中,公司于 2013 年更正公告承认年报造假并停牌,但仅承认 2011 年营业收入虚增 9.29 亿,利润虚增 1.68 亿,与实际虚增营业收入超 24 亿元,实际虚增净利润超 2.7 亿元,属于“抵抗揭露”情形。

有观点认为[⑤],可以将“否认揭露”或者“抵抗揭露”认定为新的虚假陈述行为,这样可以确定多个揭露日,不仅保护更多投资者,还避免鼓励公司专门通过“抵抗披露”而降低赔偿金额。

1. 公司澄清公告不影响揭露日的认定逻辑

无论面对“否认揭露”还是“抵抗揭露”,判断相关日期(媒体日、更正日)能否构成揭露日的核心标准始终是其是否实质性地满足了“警示性”要件(结合市场反应综合判断),澄清公告或更正行为本身的瑕疵不能一概否定该日期的揭露性质,关键在于其对市场(理性投资者)产生的实际影响。例如,在康美药业案中,虽然上市公司发布了《关于媒体报道的澄清公告》,但其并未影响到公众的质疑,原被告均未提出对揭露日的质疑。在京天利案中,法院认为媒体报道内容对证券市场尚未起到足够的警示作用,而将立案调查信息公开日认定为揭露日。因此,判断标准在于澄清公告是否实质性地削弱了原揭露信息的警示效果。

---

① 参见吴溪、江雨佳、王彦超:《信息披露违法追责与中小投资者保护——来自证券虚假陈述民事诉讼的证据》,载《经济研究》2025 年第 1 期。

② 参见王涛、叶子:《证券虚假陈述揭露日的司法认定——基于中美比较的考察》,载《证券法苑》第 27 卷,法律出版社 2019 年版。

③ 参见金瑞琪:《证券虚假陈述揭露日的司法认定省思》,载《上海金融》2022 年第 6 期。

④ 曹明哲:《证券虚假陈述纠纷中更正日的判定》,载《人民司法·案例》2018 年第 17 期。

⑤ 参见金瑞琪:《证券虚假陈述揭露日的司法认定省思》,载《上海金融》2022 年第 6 期。

2. “抵抗揭露”应区分其信息实质

对于“抵抗揭露”,应区分其是揭露行为,还是仅仅是虚假陈述行为的连续。若其更正信息已明确指向特定虚假陈述,往往引起市场的明显反应,其信息量也高于立案调查通知书,并不会带来投资者索赔金额的减少,同时,还会引起监管关注。若其更正力度很小(如仅修正部分),市场反应很小,未能有效揭示风险,则仍需等待后续的有效揭露日(如立案调查日)。在华锐风电案中,法院根据《更正公告》后收盘价均处于连续下跌状态,虽然更正财务数据存在差异,但因其更正行为已起到了提示和警示作用,认定其为虚假陈述更正日。这里的关键在于,即使公司“抵抗”(只承认部分),只要其更正行为首次、在全国性媒体、并引发了实质性市场反应(警示性),指向了同一个虚假陈述行为(即使未完全揭露全貌),那么该更正日就应认定为该整个虚假陈述行为的揭露日。后续监管处罚或更完整揭露只是对事实的确认和细化,不构成新的“首次”揭露,这与坚持“一行为一揭露日”是逻辑自洽的。

难点在于,在连续性财务造假中如何认定揭露日。笔者认为,关键在于严格界定该行为是否构成“连续性状态”,若允许“抵抗揭露”构成新虚假陈述,将违背“一行为一揭露日”原则,导致司法碎片化。仅允许在虚假陈述行为不存在“行为逻辑关联性”时,方可认定为一个虚假陈述行为,便利司法审判尺度统一,区分适格投资者。

如连续多年虚增收入,属于一个具有内在连续性和掩盖意图的单一欺诈计划(行为逻辑强关联),即使公司某次仅更正某一年份(且更正不实),也应视为对整体欺诈计划的部分抵抗,不影响整体揭露日的认定(通常仍以首次有效揭露整体风险之日为准)。反之,如果公司某次虚假陈述是违规担保,另一次是虚增利润,两者无直接关联(行为逻辑弱关联或无关联),则可能构成两个独立的虚假陈述行为,需分别认定揭露日。

3. 信息披露义务人对“揭露信息”的否定可能会影响投资者正常索赔

根据现有司法体系,揭露日作为诉讼时效起算点,但揭露日的认定往往需要法院在裁判中确认。虽然公司澄清公告不会影响揭露日的认定,但若信息披露义务人多次澄清或否认,导致虚假陈述事实的客观性难以被确认,则可能产生揭示信息的警示性与起诉障碍并存的矛盾:

尽管市场揭露信息已向理性投资者传递风险信号(促使其及时卖出避险),但投资者因缺乏专业调查能力与取证手段,难以独立核实虚假陈述的核心事实。此时,理性投资者虽知悉风险,却因无法获取充分证据证明侵权构成要件(如虚假陈述行为、主观过错、因果关系等),起诉的话胜诉可能性不足,可能选择暂不起诉。

在上述“证据不足导致的起诉犹豫期”,客观上消耗了法定的诉讼时效期间。由于揭露日起算的时效规则未充分考虑投资者举证困境,部分投资者可能在等待证据充分或监管结论的过程中,因时效届满而丧失胜诉权,形成“权利保护真空”。

四、完善揭露日认定的建议

在认定虚假陈述揭露日的过程中,应着重从立法目的来理解司法解释的裁判逻辑,即揭露日的确定起到阻却因果关系的作用,虚假陈述构建的理论框架基础亦是资本市场的目的,建设安全、规范、透明、开放、有活力、有韧性的资本市场,促进理性投资理念、加强司法裁判便利性考虑,揭露日更看重警示性、“一虚假陈述行为一个揭露日”基本能满足各方期待,但也确实有待完善之处。基于上述对揭露日认定规则、争议焦点及实务困境的分析,为更精准、高效地认定揭露日,平衡各方权益,提出以下完善建议:

(一)强化指导性案例规则统一功能

在人民法院案例库建设基础上,充分发挥人民法院指导性案例的制度优势,针对证券虚假陈述纠纷中揭露日认定的复杂情形,建议构建分类指引案例库并发布专项指导性案例。通过系统梳理审判实践中的争议焦点,提炼类案裁判规则,为各级法院提供精细化裁判参照,增强司法认定的统一性与可预期性,并为后续司法解释修订提供支撑。

(二)发挥投资者保护机构的专业效能

作为专业投资者保护机构,中证中小投资者服务中心可发挥双重职能:一是优先对揭露日认定标准存在争议的案件发起支持诉讼,通过示范判决填补规则空白;二是整合实践经验形成专项研究报告支撑监管决策,同步集成裁判要旨与操作指南,为投资者维权提供标准化指引。

(三)探索“诉讼时效欺诈隐瞒中止条款”

为化解信息披露义务人通过多次澄清导致诉讼时效超期的困境,可尝试在现有法律体系中寻找解决路径。建议依据《民法典》194条关于诉讼时效中止的情形中“(五)其他导致权利人不能行使请求权的事由”,将信息披露义务人多次采用伪造证据、虚假澄清公告等使得理性投资者难以确认其虚假陈述的情形明确纳入“导致权利人不能行使请求权”事由,在事由消失之日起仍有6个月诉讼时效。实现路径可先通过指导性案例确立裁判规则,再逐步完善司法解释,从而在填补投资者“知悉风险却无充分证据起诉”之权利真空的同时,维系现有诉讼时效体系的稳定性,最终实现投资者保护与秩序价值的平衡。

(四)细化立案调查公告的信息披露内容

《若干规定》出台后,当前立案调查公告已满足基本的“警示性”要求,但仅笼统提及“涉嫌信息披露违法”,投资者难以判断具体风险。建议监管部门考虑逐步探索立案信息披露内容,如在立案调查通知书中概括披露涉嫌违法的具体类型(如“涉嫌虚增利润”“隐瞒重大关联交易”),或者在立案调查信息公开时,同步发布案情新闻稿,揭露案情调查进展(如“发现XX公司系关联公司”“XX年XX业务存在异常”),提升公告风险信息含量和警示精度,引导市场形成合理预期。

虚假陈述揭露日的认定,需在保护投资者权益、维护市场秩序与司法效率之间寻求平衡,在实践中不断细化完善,唯有如此,方能切实发挥虚假陈述民事赔偿制度的作用,助力建设安全、规范、透明、开放、有活力、有韧性的资本市场。

(责任编辑:刘霄鹏　沙　含)

案例探析

东方集团财务造假再揭“融资性贸易”之殇

滕　云[*]　刘　运[**]

摘要： 近年来，融资性贸易因隐蔽性强、虚增营收快等特点，成为上市公司财务造假的“重灾区”。2025 年 3 月，东方集团（600811.SH）因长期通过虚构农产品贸易链条虚增营收 161 亿元，被证监会处罚，实控人及高管被重罚并市场禁入，最终导致退市。类似案例频发，如“专网通信案”涉及 13 家上市公司虚增营收超 900 亿元。本文通过分析东方集团、“专网通信案”等典型案例，探讨融资性贸易的定义、造假手法及监管应对措施。

关键词： 融资性贸易　虚假贸易　上市公司财务造假

近年来，融资性贸易因隐蔽性强、规模虚增快等特点，成为上市公司财务造假的“重灾区”。2025 年 3 月 17 日，A 股上市公司东方集团（600811.SH）发布公告称，因涉嫌信息披露违法违规，东方集团于 3 月 16 日收到证监会下发的《行政处罚事先告知书》（处罚字〔2025〕24 号）。经证监会查明，“2020 年至 2023 年，东方集团出于维持农产品贸易市场占有率、满足融资需求以及业绩考核等目的，通过人为增长业务环节或虚构业务链条等方式，长期开展农产品融资性贸易和空转循环贸易。上述虚假销售业务导致东方集团 2020 年至 2023 年年度报告分别虚增营业收入 3 896 546 638.75 元、4 865 498 090.36 元、6 542 641 212.14 元、824 804 130.07 元，占各期对外披露营业收入（更正前，下同）的 25.20%、32.05%、50.44%、13.56%，分别虚增营业成本 3 875 480 343.50 元、4 844 256 749.59 元、6 530 267 411.95 元、823 740 728.14 元，占各期对外披露营业成本的 23.74%、29.57%、45.43%、11.45%。东方集团 2020 至 2023 年年

*　上海贤云律师事务所主任、管理合伙人。

**　上海贤云律师事务所合伙人。

度报告存在虚假记载”。鉴于上述违法违规行为，证监会对东方集团实控人张宏伟、董事长孙明涛分别处以1 000万元罚款、500万元罚款，且均被终身证券市场禁入。此外，东方集团的其他6名高管也分别被处以150万元至500万元罚款。2025年4月29日，＊ST东方公告称：“于2025年4月28日收到上海证券交易所《关于东方集团股份有限公司股票终止上市的决定》(〔2025〕101号)，上交所决定终止公司股票上市。”

作为中国最早实行股份制改造并获准上市的民营企业，东方集团主要投资于现代农业及健康产品、石油天然气及新能源、信息安全、金融、资源物产、港口交通、新型城镇化开发等七大产业，在2020、2021、2022年分别位列“中国民营企业500强”第81位、第90位、第84位。而这家从1994年就已上市的民营企业也陷入了通过融资性贸易等手段实施财务造假的困境，再次让监管机关和市场关注到具有隐蔽性强、规模虚增快等特点的“融资性贸易”。

事实上，不仅东方集团涉及通过“融资性贸易”开展财务造假，近年来引发市场广泛关注、牵涉13家上市公司的900亿“专网通信案”也浮现出“融资性贸易”的魅影。本文将结合案例，分析通过界定“融资性贸易”在实践中的定义，揭示融资性贸易造假手法、暴露路径以及监管警示。

一、界定“融资性贸易”

(一) 国资监管体系对“融资性贸易”的监管历程

近十多年以来，“融资性贸易”一直是国有资产监督管理所关注的重点事项之一。早在2013年，国务院国资委就曾下发《关于进一步加强中央企业大宗商品经营业务风险防范有关事项的紧急通知》和《关于开展风险钢贸业务摸底调查的通知》，其中提及严禁开展无商品实物、无货权流转或原地转库的融资性业务。此后，有关“融资性贸易”的议题就经常性地成为国资委关注的重点。例如，2015年，国务院国资委就曾在《关于做好2015年度〈企业年度工作报告〉填报工作的通知》《关于做好2015年中央企业财务决算管理级报表编制工作的通知》等文件中提到“详细披露融资性贸易……等重点业务事项”“进一步加大融资性贸易和垫资建设等业务的风险管控力度”。2016年，国务院办公厅在其发布的《关于建立国有企业违规经营投资责任追究制度的意见》(国办发〔2016〕63号，以下简称“63号文”)中提及对“购销管理方面”

的责任追究范围包括:"交易行为虚假或违规开展'空转'贸易……违反规定提供赊销信用、资质、担保(含抵押、质押等)或预付款项,利用业务预付或物资交易等方式变相融资或投资"。

国务院国资委首次对"融资性贸易"从概念上予以界定是在2017年的《关于进一步排查中央企业融资性贸易业务风险的通知》(国资财管〔2017〕652号):"以贸易业务为名,实为出借资金,无商业实质的违规业务"。换言之,以"融资为目的、贸易为手段"的融资性贸易自此在国资机关体系中被认定为违规。到了2018年,国务院国资委在其颁布的部门规章《中央企业违规经营投资责任追究实施办法(试行)》(国务院国有资产监督管理委员会令第37号,以下简称"37号文")中吸收了前述63号文的内容,明确将"违反规定开展融资性贸易业务或'空转''走单'等虚假贸易业务""违反规定提供赊销信用、资质、担保或预付款项,利用业务预付或物资交易等方式变相融资或投资"等事项列入了在"购销管理方面应当追究的情形"。此后几乎每一年,包括国资委在内的国务院相关部委都会发布与"融资性贸易"议题相关的监管文件,一些地方政府国资委也紧跟步伐,加强对所辖国有企业开展涉及"融资性贸易"等事项的监管,并陆续发布了包括如下监管文件在内的有关规定(见表1)。

表1 "融资性贸易"议题相关的监管文件

发布时间	文件名称	发布部门	规定内容
2018年4月10日	《关于开展供应链创新与应用试点的通知》	商务部,工业和信息化部,生态环境部,农业农村部,中国人民银行,国家市场监督管理总局,中国银行保险监督管理委员会(已撤销),中国物流与采购联合会	第2条第(2)款:"……推动政府、银行与核心企业加强系统互联互通和数据共享,加强供应链金融监管,**打击融资性贸易**、恶意重复抵质押、恶意转让质物等违法行为,建立失信企业惩戒机制,推动供应链金融市场规范运行,确保资金流向实体经济。"
2018年7月13日	《中央企业违规经营投资责任追究实施办法(试行)》	国务院国有资产监督管理委员会	第9条:"……购销管理方面的责任追究情形:……(三)**违反规定开展融资性贸易业务或'空转''走单'等虚假贸易业务**。……"
2019年10月23日	《国务院关于2018年度国有资产管理情况的综合报告》	国务院	第2条:"……强化企业负债规模和负债率双重管控、债券风险管控、担保和PPP等业务管控,**坚决清理融资性贸易**……"

续 表

发布时间	文件名称	发布部门	规定内容
2021年2月28日	关于印发《关于加强地方国有企业债务风险管控工作的指导意见》的通知	国务院国有资产监督管理委员会	第7条:"……严控低毛利贸易、金融衍生、PPP等高风险业务,**严禁融资性贸易和'空转''走单'等虚假贸易业务,管住生产经营重大风险点**。……"
2021年12月9日	《关于巡视整改进展情况的通报》	中共上海市国有资产监督管理委员会	第2条:"……**全面防止融资性贸易**。已制定下发《关于监管企业全面防止融资性贸易和建立监督检查长效机制的工作方案》。对2019年、2020年专项检查发现的问题,督促企业压降敞口,做好整改。将融资性贸易检查事项列入日常检查事项,在企业法定代表人经营业绩考核中剔除违规开展融资性贸易的金额,并对违规开展融资性贸易业务实施严格考核扣分。同时,根据相关规定,将对存在融资性贸易业务以及整改不到位、虚假整改等情况开展责任追究。……"
2023年10月12日	《关于规范中央企业贸易管理严禁各类虚假贸易的通知》	国务院国有资产监督管理委员会	十不准:"一、不准开展背离主业的贸易业务。""二、不准参与特定利益关系企业间开展的无商业目的的贸易业务。""三、不准在贸易业务中人为增加不必要的交易环节。""四、不准开展任何形式的融资性贸易。""五、不准开展对交易标的没有控制权的空转、走单等贸易业务。""六、不准开展无商业实质的循环贸易。""七、不准开展有悖于交易常识的异常贸易业务。""八、不准开展风险较高的非标仓单交易。""九、不准违反会计准则规定确认代理贸易收入。""十、不准在内控机制缺乏的情况下开展贸易业务。"

在出台上述文件、规定的过程中,国务院国资委开展了大量的调研工作。早在2015年,国务院国资委就曾委托第三方开展了有关"融资性贸易法律风险防控"的专题调研。根据相关调研报告所呈现出的结论性意见,"融资性贸易"可区分为"买卖型融资性贸易"①和"增信型融资性贸易"②。在"买卖型融资性贸易"项下,还可以进

① 王峰、石睿:《全面解析融资性贸易的七大交易模式(一)》,载微信公众号"天同诉讼圈",2016年3月26日。
② 王峰、石睿:《全面解析融资性贸易的七大交易模式(二)》,载微信公众号"天同诉讼圈",2016年4月2日。

一步地分类为托盘买卖贸易模式、循环买卖贸易模式、委托采购/委托销售模式；在“增信型融资性贸易”项下，可进一步地分类为质押监管贸易模式、仓储保管贸易模式、保兑仓贸易模式、保理模式。

自2017、2018年起，笔者曾与分别直属于上海市国资委和天津市国资委监管的多家大型国有企业多次探讨，并代理了涉及融资性贸易的诉讼案件。在此过程中，笔者发现国资监管体系中认定“融资性贸易”的核心主要在于：① 是否控货：对应前述63号文、37号文所规定的“空转”“走单”；② 假使向交易对手提供赊销信用、担保或者预付款项时，是否有对应的担保措施来保障应收款。而在实践中，违规开展融资性贸易业务又大多涉及前述“买卖型融资性贸易”项下的“循环买卖贸易模式”和“托盘买卖贸易模式”。

（二）“循环买卖模式”和“托盘买卖贸易模式”

“循环买卖贸易”是通过相同企业，或者关联企业之间签订内容相同的多份买卖合同，形成一个闭合的货物流转回路，即出资方与“卖方”签订买卖合同，并且向卖方支付较低金额的买卖货款，在“卖方”的安排下，出资方与另一“买方”再背靠背地签订一份买卖合同，约定在一定期限后“买方”以较高的金额向出资方支付买卖货款。在许多情况下，上述交易的参与方虽然签订了买卖合同，出资方也向“卖方”支付了买卖价款，但实际上出资方既不参与物流，或者只是形式上参与物流（例如，买卖合同项下的标的物仅在仓库中以仓单的方式进行货权转移），也对买卖合同中的其他合同要素，例如买卖标的物的质量（技术规格）、数量等毫不在意。此类交易模式的主要风险在于融资方（即为“买方”，当实际上“买方”和“卖方”为同一个实际控制人）不能按时足额偿付，即形式买卖合同项下无法按时足额给付货款。即使在贸易业务中，一些国资背景的参与方（出资方）要求交易对手（融资方）向其提供不动产抵押作为担保，但商贸类企业的业务人员并不具备金融机构从业人员所具备的不动产估值能力、变现能力，以及风险处置能力，所以发生违约事件时，即便有不动产抵押作为形式上买卖合同的履约担保，但也可能因为种种原因（例如，响应慢、资产处置能力弱等）致使受偿率低下，同样造成重大经济损失。所以，本质上，此类业务模式无外乎是将具有资金优势的贸易业务参与方（出资方）视同为

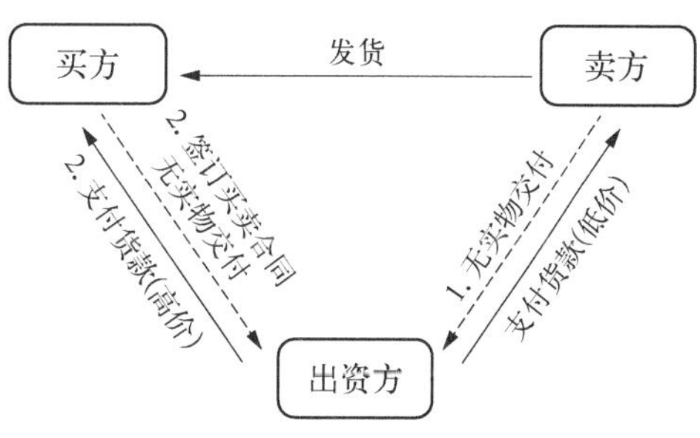

图1　循环买卖贸易流转示意图

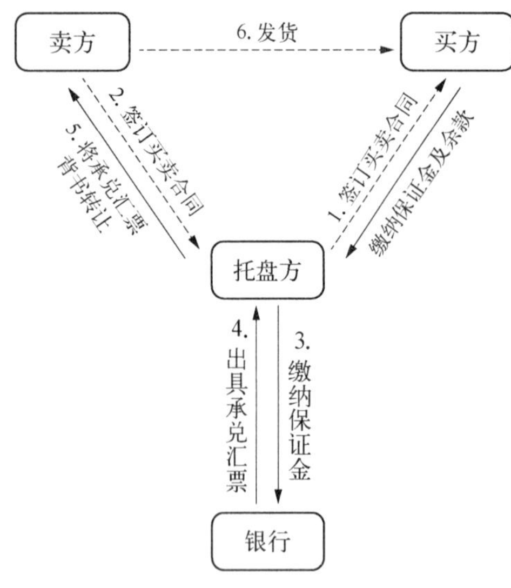

图 2　托盘买卖贸易流转示意图

金融机构,而缺乏贸易业务本身所应具备的“商业实质”。

与“循环买卖贸易”有一定相似性的“托盘买卖贸易”是指托盘方与买卖双方企业分别签订采购合同,利用账期,为卖方提供融资的贸易形式。与“循环买卖”略有不同的是,在实践中“托盘贸易”存在真实货物流转的可能性相对较高,也就是存在物流运输的贸易关系,但是作为提供资金一方,仍有许多托盘方并不直接参与货物流转的过程。托盘方的介入,可以使贸易环节中的买方取得一个支付货款的差期,而托盘方从中可以通过差价的形式收取一定的资金占用费。

随着近年来国资系统对国有企业开展融资性贸易,尤其是国企向交易对手提供赊销信用、担保或预付款项,或仅通过“走单”完成贸易的监管措施愈发收紧,希望通过包括“循环买卖”“托盘贸易”等融资性贸易方式与国企达成贸易的交易对手也在不断地开动脑筋、想办法在各个环节上去调整与国企开展贸易的方式。

(三)“融资性贸易”在实践中的演变

正所谓“道高一尺、魔高一丈”。以往,一些试图与国有企业开展融资性贸易的交易对手会将明显由其实控的企业安排在贸易链条的两端,而将国企置于贸易链条的中间位置,通过“一卖”和“一买”实现“名为买卖,实为借贷”的资金给付和偿还,两次形式上买卖交易之间的差价即为利息。例如,在济南铁路经营集团有限公司远行运贸分公司与浙江融钢钢铁股份有限公司、江苏澳洋顺昌股份有限公司等确认合同无效纠纷中,上海市高级人民法院在其作出的(2015)沪高民二(商)终字第 43 号二审判决书中认定“江苏澳洋公司与浙江融钢公司分别与济南铁路运贸分公司签订了编号为 YH－01－1285 号和 YH－01－1286 号《年度购销合同》后,由于两份《年度购销合同》中所涉及的货物品名、规格型号、产地、材质、数量、交货地点等内容完全相同,三方形式上形成了由浙江融钢公司作为出卖人将冷轧卷出售予济南铁路运贸分公司,济南铁路运贸分公司再将相同批量货物转供江苏澳洋公司的连环钢材购销关系。2013 年 1 月 28 日,江苏澳洋公司与浙江融钢公司签订了《代理采购协议》,约定由浙江融钢公司委托江苏澳洋公司向济南铁路运贸分公司代理采购冷轧卷，并将 YH－01－1285 号《年度购销合同》内容作为《代理采购协议》的组成部分。这意味着浙江融钢公司在整个钢材交易过程中实际上属自买自卖情形，其既作为最初的买受人，又是最终的出卖人，二者法律地位发生混同；此外，其一边委托江苏澳洋公司代其向济南铁路运贸分公司以 2 640 万元价格高价购买冷轧卷，一边又以 2 629 万元的价格向济南铁路远行运贸分公司进行低价出售，还需就同一笔冷轧卷按实际垫资金额的 1.67%/月（含税）额外向江苏澳洋公司再支付代理费，这一高买低卖的循环交易对浙江融钢公司而言不产生任何购销利润，不符合商人的营利性特征，与一般商业常理明显相悖，也印证了浙江融钢公司自始至终所确认的‘签订购销合同、采购代理协议的目的就是为了融资’的观点”。

随着近年来企业信息公示系统的愈发完善和便捷，以及因“融资性贸易”所导致的大金额司法纠纷案件频发导致的国资监管措施不断收紧，越来越多的国企对“一眼假”的贸易安排提高了警惕。例如，大型企业风控部门在评审是否开展新的贸易业务的过程中会重点关注和审查上下游各参与方之间是否存在关联关系，其中不仅包括上下游之间不同企业的股东方是否重叠，董事、监事、高管是否重叠，也包括是否存在共用办公场所或工作人员等情形。但这也就迫使居心叵测者采用了越来越隐蔽和难以识别的手法来规避监管。例如，实际上由同一实控人掌控的多家企业出现在贸易链条的不同环节，构成循环买卖的交易链条越来越长，而资信等级较高、仅作为“通道”存在的企业（例如国有企业、上市公司等）出现在同一贸易链条不同环节，也使得缺乏商业实质的贸易业务的外观具有越来越大的“迷惑性”。

二、上市公司开展“融资性贸易”的动机及暴露路径

（一）“融资性贸易”从国有企业蔓延到上市公司

在 2023 年 10 月国务院国资委颁布《关于规范中央企业贸易管理严禁各类虚假贸易的通知》（国资发财评规〔2023〕74 号，以下简称《严禁各类虚假贸易的通知》）之前，全国范围内连续发生了多起涉及“融资性贸易”的重大案件。2021 年 5 月 30 日，上海电气（601727.SH）连续发布“关于公司重大风险的提示公告”“关于子公司重大诉讼的公告”，称“上海电气集团股份有限公司合并报表范围内的控股子公司上海电气通讯技术有限公司应收账款普遍逾期，存在大额应收账款无法收回的风险”，

以及“上海电气集团股份有限公司持股 40%的控股子公司上海电气通讯技术有限公司应收账款普遍逾期,为减少损失,通讯公司已向上海市第二中级人民法院、上海市杨浦区人民法院正式提起诉讼,法院已依法受理,本次案件的应收账款本金合计为 412 669.66 万元(不含违约金)”,这两则公告引发了市场广泛关注。

笔者也曾于上述公告发布的次日(2021 年 5 月 31 日)应邀在“界面新闻”媒体平台上对此事件发表评论性文章《上海电气爆雷,是否又踩“融资性贸易”的坑?》,①在文中,笔者依据上海电气(601727.SH)所发布的公告内容推断“相关交易有可能会涉及‘提供赊销信用或利用业务预付或物资交易等方式变相融资或投资’……由于国务院国资委、国务院办公厅,以及各省市国资委在几年前就三令五申地禁止违规开展融资性贸易,许多国企也相应地建立了内部风控措施,并在业务开展过程中不再与资信状况相对薄弱的民营企业、中小企业开展具有‘赊销’性质的业务合作。但一些对资金饥渴的民营企业为了绕过障碍,还是会利用不同地区、不同企业内部管理制度之间的差别,拉拢和撮合不同国企之间互相开展合作,再在交易中的某个环节或某几个环节中以不同身份、不同主体出现,以此‘曲线救国’,实现获取资金使用权目的”。

在上述事件发生后的不到两个月,2021 年 7 月 29 日,由人民日报主管主办并由证监会指定披露上市公司信息的权威财经媒体《证券时报》发表了报道《潜望 | 900 亿“专网通信”大骗局: 神秘人隋田力操刀,13 家上市公司卷入》,②此刻,市场才大致获悉了该事件的全貌——由隋田力通过“虚假贸易”所织就的大网。

“专网通信案”涉及十多家上市公司,案涉资金规模极其庞大,所涉案情极其复杂。截至目前,虽然大部分涉案上市公司已经被监管机关定案处罚,但涉及隋田力本人的刑事程序尚未能在公开渠道中查到最终结论。针对频发且涉案金额愈发夸张的司法案件,国务院国资委率先通过《严禁各类虚假贸易的通知》以“十不准”对各种企图通过“变形”来规避监管的情况作出了回应。仔细研究该文件,不难发现国务院国资委首次直接以“虚假贸易”来代替“融资性贸易”,并围绕“有无商业实质”来判断是否属于“虚假贸易”。评判标准还包括是否背离主业、是否参与特定利益关系企业间的业务,以及是否参与或增设了不必要的交易环节、是否参与了空转、走单等贸易业

① 滕云:《上海电气爆雷,是否又踩“融资性贸易”的坑?》,载界面新闻 2021 年 5 月 31 日,https://m.jiemian.com/article/6168222.html,2025 年 7 月 1 日访问。

② 苏龙飞、于德江:《潜望 | 900 亿“专网通信”大骗局: 神秘人隋田力操刀,13 家上市公司卷入》,载证券时报网 2021 年 7 月 29 日,https://www.stcn.com/article/detail/413077.html,2025 年 7 月 1 日访问。

务、是否参与开展了循环贸易，还包括了禁止开展风险较高的非标仓单交易，以及不准违反会计准则确认代理贸易收入等等。

“有无商业实质”是一个在会计和金融领域常用的术语，它通常用来描述一个交易或安排是否缺乏实际的商业意义或目的。具体来说，如果一个交易或安排不是在正常市场条件下进行的，不能反映真实的商业目的和意图，那么它可能被视为没有商业实质。

判断一个交易或安排是否具有商业实质，通常需要综合考虑以下几个方面：

一是交易的目的和意图：如果交易的目的主要是为了达到某种非商业目的（如税务筹划、规避监管等），那么它可能被视为没有商业实质。

在虚假性贸易中，其真实目的往往是虚构增量业绩、骗取融通资金等非正常商业目的。

二是交易的条件和条款：如果交易的条件和条款与正常的市场交易相差甚远，或者存在明显的不公平性，这也可能表明交易缺乏商业实质。

在虚假性贸易中，合同条款的高度雷同、交货验货等核心条款的无视、交易链条上彼此交易差价体现的薄利和背离市场价格等，均体现了上述特征。

三是交易的可撤销性：如果交易可以随时撤销，而不受任何实际损失或成本限制，这也可能被视为没有商业实质。

在虚假性贸易中，由于各方均没有真实的贸易差价盈利的目的和欲求，合同签订履行均流于形式而鲜有真实成本发生，所以在未发生实际链条风险的情况下，交易随时可以撤销或改变，各方通常并无实际损失。

四是交易的经济影响：如果交易对交易各方的经济状况产生的影响微乎其微，或者交易各方之间的经济利益分配明显不合理，这也可能表明交易没有商业实质。

在虚假性贸易中，由于各方均没有真实的贸易差价盈利的目的和欲求，且为了减少贸易成本，通常少有较大成本投入，因此贸易链条上的纸面利润均远低于市场行情。同时，体现贸易真实目的的资金提供方或增信提供方，基于各种交易之外的利益（例如虚假业绩、核心管理人员徇私舞弊等）驱动，会以自身账面微利甚至微亏的条件，而将自身企业置于血本无归的严重风险中。这种情况常见高发在国企或上市公司等管理权责容易不到位的企业中。

（二）上市公司开展“融资性贸易”的动机

“融资性贸易”的核心目的是获取资金或优化财务指标。不论是国有企业，还是民营实控的上市公司(例如东方集团),这个群体通常都会面临持续的业绩考核压力,所以才有动力通过虚增收入维持市场占有率或融资资质。例如,上交所、深交所的上市规则都对上市公司的净利润和经营活动现金流有所规定,不满足则可能会触发退市风险预警。而银行等金融机构在发放贷款时更会考察企业的经营状况,反映经营状况的营收和利润率势必属于金融机构重点关注的内容。但上市公司也会面临经营困难,所以通过人为增加交易环节或虚构上下游关系,或者加入所谓的“合作方”贸易链条,形成表面上“合规”,但无“商业实质”的贸易业务。对此,不少企业会认为通过参与贸易链条,既可以形成营收和利润,又可以高效且隐蔽地美化财务报表,达到维持甚至放大金融机构对其所投放的信贷资源的作用,甚至还在一定程度上实现在资本市场上开展所谓“市值管理”的目的。而另一方面,一些涉及农产品、能源、金属等大宗商品的领域,交易金额大、贸易链条复杂、信息不对称的问题相对突出,审计机构、监管机关一时之间难以穿透核查商业实质。

(三)虚构业务链条、粉饰财务报表

在“900 亿专网通信案”中,造假规模最大的是已经退市的*ST 凯乐(600260),证监会经调查后认定其“2016 年至 2020 年,凯乐科技与隋田力合作开展‘专网通信’业务,合作期间,凯乐科技仅在 2016 年存在少量专网通信业务。其他专网通信业务均为虚假,仅是按照合同规定伪造采购入库、生产入库、销售入库等单据,没有与虚假专网通信业务匹配的生产及物流,以此虚增收入、利润”。2016—2020 年间,合计虚增收入约 512.25 亿元。

以造假规模论,在“专网通信案”中排名次之的是 ST 舜天(600287),其虚增收入约为 103.33 亿元。第三位为*ST 中利(002309),涉及自 2016—2020 年,通过子公司中利电子作为隋田力业务链条中的垫资方,并未实质性地参与货物流转,而虚增收入约 79 亿元。第 4 位到第 10 位分别是:第四位,航天动力(600343,虚增:约 38 亿元,时间跨度 2016—2020 年,业务模式:智能数据模块贸易业务,参与隋田力自循环环节);第五位,新海宜(已退市,002089,虚增:约 37.41 亿元,时间跨度 2014—2019 年上半年);第六位,华讯(已退市,000687,虚增:约 29.6 亿元,时间跨度 2015—2020 年);第七位,恒宝股份(002104,虚增:约 13.62 亿元,时间跨度 2017—2020 年);第八位,合众思壮(002383,虚增:约 9.38 亿,时间跨度 2017—2020 年);第九位,ST 宏达(002211,虚增:约 7.35 亿元,时间跨度 2019—2020 年);第十位,瑞斯康达(603803,虚增:约 6.32 亿元,时间跨度 2019—2020 年)。

从证监会查处的结论来看，上述实施财务造假的上市企业，均不同程度地参与了由隋田力所主导的虚假贸易，而构建"虚假贸易"的方式大多为"伪造贸易合同、贸易单据、虚假物流""虚假自循环""无商业实质"。

根据《证券时报》在《900亿"专网通信"大骗局：神秘人隋田力操刀，13家上市公司卷入》一文中的梳理，"专网通信"的虚假贸易网络大致如下：

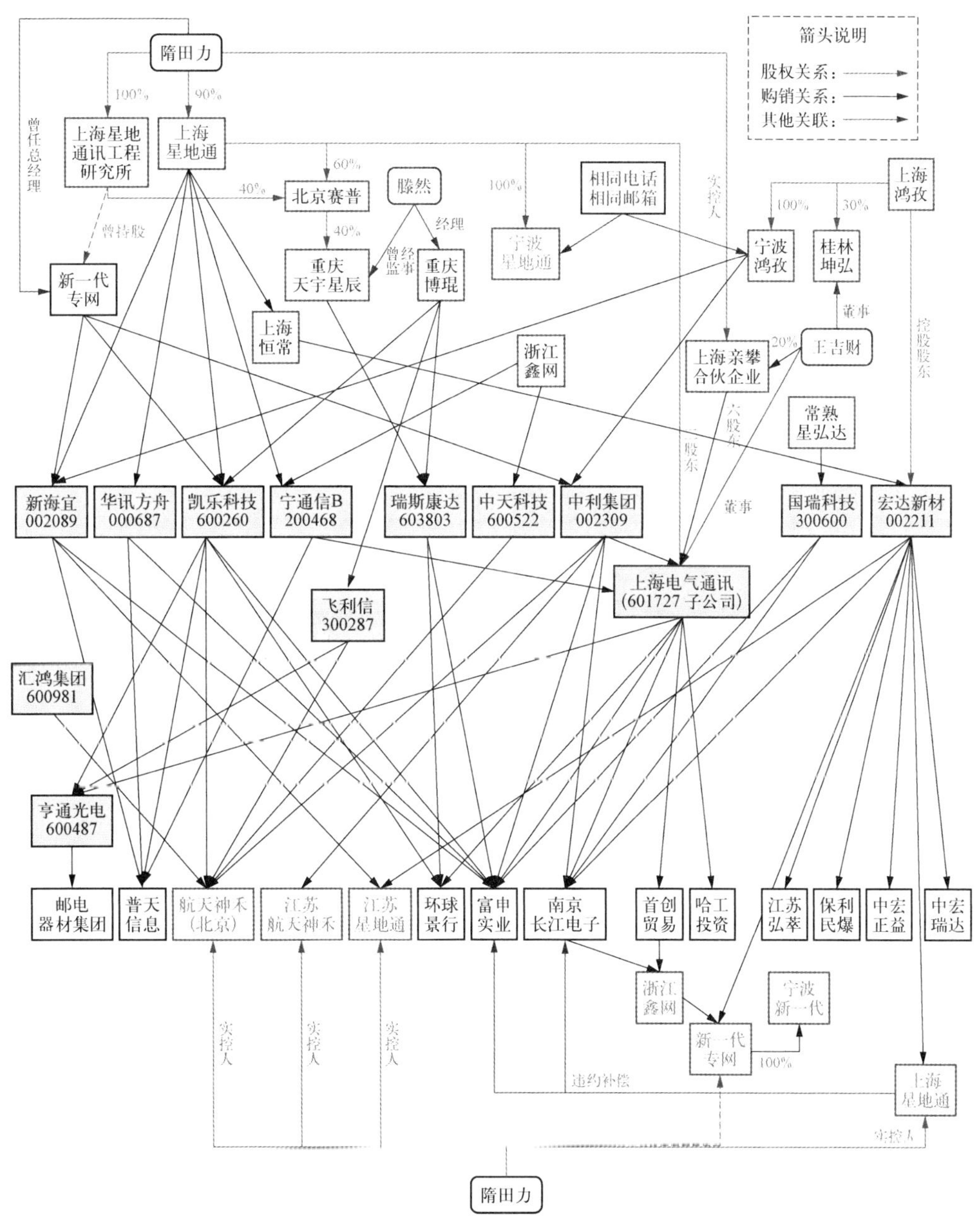

图3 "专网通信"的虚假贸易网络

隋田力通过实控多家企业,包括上海星地通、江苏星地通、江苏航天神禾、航天神禾、新一代专网、宏达新材等关键节点,织就了一副庞大的"专网通信融资性贸易(虚假贸易)"网络。参与其中的各家上市公司,实际上也因为通过隋田力所主导的贸易网络获取不实的营业收入以及虚假利润,或主动或被动、或长或短地成了"专网通信虚假贸易"网络中的一个环节,期限长了,就难以自拔,甚至形成依赖。

(四)上市公司开展"融资性贸易"的财务预警和识别

相比于从"获取证据"到"法律分析",再"定罪量刑"的法律逻辑,财务指标可能是预警和识别上市公司开展"融资性贸易"、实施财务造假的更好途径。所以行文至此,笔者有必要回到本文起始之处,来探讨东方集团通过实施虚假贸易实施财务造假的手法。与"专网通讯案"中涉案的上市公司如出一辙,"增长业务环节,或者虚构业务链条"是东方集团的手段,而目的则是财务造假。笔者总结来看,如出现以下情形或因素,则务必提高警惕:

1. 营收和利润不匹配

"融资性贸易"在财务上的一大典型特征是"高营收、低利润",甚至出现毛利率远低于行业正常水平的情况。以东方集团为例,其主营业务为现代农业。而证监会于2025年3月16日出具的《行政处罚事先告知书》(处罚字[2025]24号)明确指出,在2020—2023年期间,东方集团通过虚构农产品贸易链条,累计虚增营业收入约161.29亿元,虚增营业成本约160.74亿元。在东方集团在2024年对2020—2023年的财报进行会计差错更正,调减虚增的营业收入,毛利率仅1.55%。对比同行业或类似行业的上市公司在2022年的毛利率,显属异常(见表2)。

表2 同行业或类似行业上市公司2022年毛利率

上市公司	毛利率(2022年年报数据)
隆平高科(000998.SZ)	农业30.83%
登海种业(002041.SZ)	农业32.19%
敦煌种业(600354.SH)	种子29.25%
苏垦农发(601952.SH)	种植业22.59%、种植业大小麦33.25%、种子加工与销售业12.63%
北大荒(600598.SH)	农业53.05%

续 表

上 市 公 司	毛利率(2022 年年报数据)
亚盛集团(600108.SH)	农业 19.14%
大北农(002385.SZ)	种子植保 35.75%

2. 资金占用指标异常

东方集团的财务造假过程中,其存放于关联方东方集团财务有限责任公司的16.4亿元存款被冻结,占其货币资金的66.55%(根据东方集团2024年第一季度报告,截至2024年3月31日,公司货币资金约为25.02亿元),直接暴露非经营性资金占用问题。此外,参与融资性贸易的上市公司通常需要垫付大额资金,导致预付账款、应收账款等科目激增。东方集团的预付周期与业务逻辑出现了明显矛盾,部分预付账款的账龄超过1年,却又未计提减值,明显有悖于农产品贸易预付款项周期较短的正常情况。加之东方集团在2015年就募集66.1亿元资金投资房地产相关业务,而近年来该公司土地和房地产开发板块亏损严重,成为吞噬现金流的无底洞,从中至少可以合理怀疑资金可能被长期占用或挪用。

(五)国资监管措施对上市公司监管的参考意义

如前文所述,国务院国资委2023年10月颁布的《严禁各类虚假贸易的通知》虽针对央企所制定,但其监管逻辑和规则对上市公司通过虚假贸易实施财务造假行为的识别与防范具有重要借鉴意义。

第一,《严禁各类虚假贸易的通知》第1条就明确规定央企不得开展背离主业的贸易业务。现实中,当上市公司开展非主营业务,尤其是在非主营业务项下发生了基于贸易往来的高金额营业收入,而高金额营业收入所带来的毛利率又偏离了正常的行业范畴之时,就值得监管机关予以关注。如前文所述,东方集团的主营业务是农业,却投入重金参与房地产业务;在"专网通信案"中,多家涉案企业的主营业务与"专网通信器材"并无关联,例如江苏舜天的主营业务为"服装类进出口贸易及国内贸易",航天动力的主营业务是"液体动力技术、泵系统级液力传动设备"。

第二,《严禁各类虚假贸易的通知》第6条禁止无商业实质的循环贸易,强调货物闭合流转未创造价值。虽然中国法律法规及监管政策并未明确禁止非国企之间开展循环贸易,但鉴于循环贸易可能带来的风险仍然值得监管机关予以密切关注。特别是当上市公司发生预付账款、应收账款激增等异常情况时,监管机关可以参考《严禁各类虚假贸易的通知》的规定,从上市公司是否开展“空转、走单”类型的贸易,是否能够通过物流单据、仓储记录来验证对货物的实际控制权等角度对上市公司开展问询和监管。这样,或许可以避免诸如东方集团在2023年宣称存储50万吨玉米,但实际仓储容量仅有8万吨的异常情况再次发生。

第三,对于上市公司通过总额法虚增营收的行为,例如“专网通信案”和东方集团一案中均出现将代理收入按总额法计入报表,致使营业收入大幅虚增的情况,监管机关也有必要参考《严禁各类虚假贸易的通知》第9条要求代理贸易收入按净额法确认的规则,重申监管要求、在必要时也可开展专项检查,以此预防类似的重大风险事项再次发生。

(六) 多方协同对上市公司监管

当前,国资体系“十不准”等监管规则已为识别融资性贸易提供清晰标尺,如“控货权查物流”“禁空转走单”等原则,值得上市公司监管借鉴。未来,遏制此类乱象需多方协同,包括交易所、审计机构乃至广大市场参与者。

(1) 对于审计机构,应与时俱进,把握现有的监管规定和判断标尺,认清相关贸易主体逐渐进阶的“反监管能力和手段”,不再仅仅拘泥于越来越完备的形式要件,需要从商业理由、贸易控制、交易实质等方面出发,收集审计依据,秉承实质重于形式的原则,建立有效的风险识别路径。

首先,关注被审计公司的内控制度和执行情况。在当下对国企和上市公司加强监管的背景下,国企和上市公司均陆续建立和完善了业务内部管控制度,涉及业务流程的各个环节和对应内部职能部门。

此时,如果进行正常业务贸易,通常需要经过采购/销售、财务、法务、物流、仓库等各环节部门,也会涉及相关管理层的层层审批。正常贸易下的各环节部门人员及审批管理层均应了解贸易相关情况,一般会顺利通过审计询问调查。而如果是融资性贸易或者虚假性贸易,通常会走最短的业务控制流程,省略了比价、文本审核、物流、仓库等环节(基本都是标准简单单证流转),知情人员范围也会比较小。此时逐一对名义上的各环节部门经办人员进行调查,从贸易细节切入,比较容易发现疑点和取得突破性实证。

因此,审计部门应检查企业的内部控制制度和流程,关注是否在内部制度中明确禁止融资性贸易行为,审批制度是否健全,企业进行对应贸易行为时是否存在内控流程缺失，内控流程是否得到有效执行，相关流程人员是否知晓企业的资金及贸易业务真实情况，是否参与贸易业务的决策等。对于制度缺失或执行不力的企业，要重点关注。

其次，调查企业的贸易业务模式和核心环节，判断是否存在融资性贸易。审计部门应当深入查明企业的贸易业务运作模式，与相关业务经手人员进行访谈，询问购销双方确定贸易关系的过程和细节，判断购销业务是否具有合理的商业理由，购销货物是否属于企业的主营品种，是否存在人为增加的贸易环节和贸易主体，是否存在真实的货物流转，对于购销货物是否具有定价权，其贸易的盈利水平是否符合行业平均水平等，形成相应的访谈记录作为审计判断的有效凭据。

再次，强化财务技术推演，匹配业务数据进行穿透分析，判断是否存在融资性贸易。审计部门应获取和研究企业的财务报表，分析业务毛利率、企业贸易收入与全部营业收入占比，聚焦"高营收低毛利""预付账款异常"等风险信号，核查资产负债率是否存在异常，对营业收入发生变动的原因进行审查，来判断是否存在融资性贸易。同时，审计部门还应获取企业往来明细账，对预付款项、应收账款、其他应付款、其他应收款等往来科目变动进行分析，重点关注账龄期限较长的往来款。

最后，关注合同流、资金流、实物流三种核心要素，判断是否存在融资性贸易。

对贸易购销合同进行检查：① 调查上游供应商和下游客户是否存在关联关系或特定利益关系；② 比对预付供应商货款和下游客户货款收取的资金支付约定，关注是否构成垫资；③ 检查贸易合同中的货权约定，从货物运输、仓储入库出库、交货验收条件等方面来关注企业是否掌握货权；④ 查找贸易合同中是否存在出资、资金使用时间和利率、利息结算方式、贸易盈亏责任归属异常等非正常贸易的合同内容。

对资金流的真实性和实质形式进行核查：① 摸清资金流转路径，查证是否构成垫资；② 比对企业银行流水、票据、信用证等记录，聚焦是否存在收支金额相同或者相近的情形。

实物流是核查的关键，是否具有真实的货物流会严重影响对贸易真实性的判断：① 查看贸易合同中关于货物流转的约定，是上下游直接物流交货，还是仓库货权的纸面转移；② 核查提货单等相关凭据，关注有无明确的提货或交货地点，是否具有贸易主体经办人员的确认签字，梳理货物磅单、仓单、验收交割单等实物流转记录；③ 调查贸易货物的存储仓库，查明仓库是自营还是租用，是否具有真实货物控制权；④ 检查货物流转的运输或仓储费用是否真实发生。

（2）对于交易所，作为上市公司监管体系的重要一环，可充分发挥规则赋予交易所的职能,利用其“上市公司与投资者”沟通纽带的地位,通过建立和用好贸易业务专项问询机制,针对上市公司融资性贸易乃至虚假性贸易,强化企业专项披露义务,提高投资者警惕意识;利用自上而下的行政监管和自下而上的市场投资者“用脚投票”,通过媒体平台的扩大效果,让违规主体和行为无所遁形,让市场主体警惕和防范融资性贸易和虚假性贸易,控制上市公司风险。

交易所监管问询是上市公司日常信息披露、“事中”监管的常用有效手段。针对上市公司融资性贸易乃至虚假性贸易,其一,交易所依托一手的数据优势和监管经验,主动通过贸易专项监管问询,层层递进、刨根问底地“问”,引导上市公司聚焦涉嫌融资性贸易的专项重点,清晰有据地“答”。这一问一答间,让疑点披露在整个市场面前,引导公众(特别是投资者)关注。其二,对于普通投资者来说,其对于上市公司相关交易的疑惑,也可以通过市场的声音反馈到交易所,由交易所来发问。交易所监管问询给了其更好了解交易实质、作出价值判断的依据。进而“用脚投票”实现优胜劣汰。其三,通过面向市场和媒体的监管问询,让疑点显露在聚光灯下,有利于减少不正当干扰,避免暗箱操作和流于形式。

当然,交易所问询并不是“提前定罪”,而是结合行业发展和上市公司现状进行探究和挖掘,把异常情况展示给投资者,要么上市公司合理解答市场关切,要么投资者“用脚投票”,让价值回归真实。因此,交易所建立贸易业务专项问询机制,在于揭示风险、直击要害、聚焦视线、全民监督,是让市场机制发挥作用的重要手段。

融资性贸易的屡禁不止,暴露出上市公司在业绩压力与监管套利之间的博弈困局。东方集团与“专网通信案”的教训表明,虚假贸易不仅扭曲市场资源配置,更侵蚀资本市场诚信根基。唯有筑牢“商业实质”底线,方能终结虚假贸易的循环之殇,重塑健康市场生态。

(责任编辑:王昕宸　刘霄鹏)

证券业务通知提示类纠纷实证研究

顾成中[*]　肖　奇　陈　琳　陈　琦　周文威[**]

摘要：随着证券行业的不断发展，在常规的证券交易委托服务外，证券经营机构还向投资者提供新股中签、配债配股、股票退市等一系列通知提示服务。此类通知提示服务是投资者与证券经营机构双方签署的《证券交易委托代理协议》的附随产物，与投资者权益息息相关。如出现通知提示不到位情形，可能导致投资者后续交易机会的损失，并引发投诉纠纷。本文从民法典、证券法规定的诚实守信原则出发，结合业务实践、学界观点、纠纷判决进一步明确证券经营机构服务规范要求，保护投资者合法权益。

关键词：证券交易委托　通知提示　机会利益　交易机会损失

一、研究背景分析

（一）案例切入

前期，投资者 A 某（以下简称"A 某"）通过某证券公司手机客户端进行新股申购。数日后该笔申购中签，但由于账户内资金不足，未能足额认缴。新股上市后涨幅明显，A 某联系证券营业部要求赔偿未缴款部分新股的预期收益，营业部服务人员向 A 某解释前期系统通知留痕材料，但 A 某并不认可，随即致电 12386 热线投诉服务人员未通过电话方式进行新股中签通知提示，要求赔偿投资损失。为推进纠纷处理，证券公司积极引导 A 某向属地调解组织提出调解申请。

针对本次调解，调解员积极沟通 A 某、证券公司双方了解纠纷情况，证券公司

---

* 华泰证券股份有限公司合规法律部总经理。

** 均系华泰证券股份有限公司合规法律部员工。

向调解组织出示新股申购功能协议、客户端新股申购界面风险提示内容，说明前期已向A某揭示新股中签后未及时缴款等风险；同时调取系统记录，表明A某新股中签后，该公司手机客户端先后多次通过系统消息方式进行通知提示，结合A某当日使用手机客户端登录账户等记录，确认A某已知悉缴款通知内容。然而A某不予认可，并以此前新股中签后曾获得服务人员电话提醒为由，提出其本人习惯于服务人员电话提醒，从未关注客户端信息，要求服务人员承担新股缴款通知不到位的赔偿责任。

面对纠纷处理困局，调解员积极协同证券公司调取A某账户历史数据开展梳理排查，发现A某此前数次中签新股，然而并非每次均足额缴款，曾出现服务人员电话通知提示后，A某因新股价格较高担忧破发而拒绝缴款情形，即A某本人充分了解新股缴款规则，并对中签新股是否缴款具有明确判断。结合上述情况，调解员一方面向A某讲解交易所规则，说明新股申购、中签缴款等规范要求，另一方面根据A某与证券公司签署的开户协议，说明系统通知属于有效的通知告知方式，证券公司手机客户端记录的登录流水反映了投资者当日操作流程，视为通知已送达，不应简单以服务人员未电话通知，要求证券公司承担赔偿责任。经多轮沟通解释，A某最终接受调解员意见，与证券公司达成和解。针对A某日常疏于关注系统提示，证券公司引导A某添加服务人员企业微信并绑定微信消息盒子服务，确保多渠道通知提示到位，进一步提升服务体验。

（二）案例简析

由于证券业务本身具有的风险属性，为保障投资者合法权益，证券行业通过多种形式开展投资者教育工作，帮助广大投资者提升理性决策能力和风险识别能力，以简明易懂、投资者喜闻乐见的方式讲解产品业务、宣传制度规则、提示投资风险[①]。通知提示是投资者教育的重要载体，尤其以新股中签、新债配售、退市风险警示等类型通知提示较为常见，并在实践中容易引发纠纷，投资者往往根据“未收到准确的通知提示——导致错失交易机会——索要预期收益赔偿”的逻辑链条，要求证券公司承担通知提示不到位的赔偿责任，常见纠纷场景包括：

---

① 参见证券时报:《证监会:持续深入开展投资者教育工作　帮助广大投资者提升理性决策能力和风险识别能力》,https://www.stcn.com/article/detail/1305525.html,2025年7月1日访问。

表 1　常见证券业务通知提示纠纷类型①

纠纷场景	账户情况	预期收益/损失	赔偿诉求
投资者声称未收到新股认缴通知	投资者中签后账户留存资金不足导致未足额认缴	新股上市后价格上涨	投资者要求赔偿新股上市后价格与发行价格差额
投资者声称未收到配股、配债通知	投资者未及时操作配股、配债	原持仓股票市值降低、可转债上市后价格上涨	投资者要求赔偿原持仓股票市值降低金额或可转债价格上涨金额
投资者声称未收到可转债强制赎回通知	上市公司强制赎回公告发布后投资者未进行交易，可转债按照特定价格被强制赎回	强制赎回价格低于可转债前期交易价格	投资者要求赔偿可转债强制赎回价格与前期交易价格差额
投资者声称未收到股票退市通知	投资者声称不知晓股票退市时间未及时进行委托	原持仓股票市值降低	投资者要求赔偿原持仓股票市值降低金额

面对此类纠纷，监管部门要求证券公司充分尊重投资者的知情权与选择权②，及时做好沟通留痕与服务引导。纠纷处理过程中，需要证券公司充分梳理自身通知提示留痕记录，用于佐证前期已通过有效方式及时准确进行通知提示，否则可能承担一定程度的赔偿责任。

二、交易机会利益损失分析

证券业务通知提示纠纷中，投资者赔偿诉求并非直接指向通知提示本身，而是强调“由于未及时获得通知提示导致错失交易机会”，即交易机会利益损失，这一损失具有一定的不确定性，既可能针对交易标的价格上涨情形，也包括后续交易标的价格下跌情形。根据当前法学理论观点，机会利益损失存在的基础为合同关系，并存在一方违约情形，“机会利益的丧失属于非违约方所遭受的客观损失，应当获得法律救济。由于机会利益的丧失具有不确定性，在对其提供救济时应当进行必要的限

① 实践中另有融资融券平仓通知、期权追保提示等特定业务通知提示，此类通知提示属于相关业务流程的一部分，受特定业务规范及合同条款专项规定，暂不列入本次课题研究范畴。

② 参见中国投资者网：《中签资金被冻结　弃购不成谁担责》，https://www.investor.org.cn/learning_center/risk_warning/case_study/securities/202309/t20230919_704824.shtml，2025 年 7 月 1 日访问。

制,如要求非违约方能够证明其客观上具有相关的订约机会,此种缔约机会损失具有确定性等。”①

（一）证券业务合同关系

根据证券行业实务,投资者与证券公司签署《证券交易委托代理协议》后,证券公司依照约定为投资者办理证券开户并提供交易委托服务,同时明确“甲方(即投资者)保证在进行证券交易前已充分了解有关规则并愿意承担由此产生的风险或其他不利后果。乙方(即证券公司)对根据甲方有效委托而完成的代理买卖交易所引起的后果不负任何责任”,即投资者应当充分了解各类交易规则,并承担对应风险及不利后果。“风险自担”理念同步体现在证券法第25条“股票依法发行后,发行人经营与收益的变化,由发行人自行负责;由此变化引致的投资风险,由投资者自行负责。”

“风险自担”原则并非机械执行,前提在于投资者充分了解规则。我国股市中小投资者占比高达96%,风险承受能力薄弱,自力救济能力相对不足②。为促进投资者提升证券投资知识水平,树立理性投资理念,增强风险防范意识和自我保护能力,沪深交易所投资者交易相关规则均要求:“会员应当按照中国证监会以及本所要求,结合自身特点,开展内容丰富、形式多样的投资者教育工作,传递下列投资者理性参与资本市场所需的信息:① 资本市场体系概况、法律法规规章以及业务规则规定;② 投资知识、理念、技能、风险及其防范措施;③ 证券基金产品、相关业务及其风险特征”③,对照上述要求,《证券交易委托代理协议》约定证券公司承担“按照有关法律法规规则的规定,履行投资者教育等有关职责和义务”。

（二）诚实守信原则要求

关于证券业务合同关系,民法典规定“民事主体从事民事活动,应当遵循诚信原则,秉持诚实,恪守承诺”④,2019年修订的证券法开宗明义地点出“证券公司应当依法审慎经营,勤勉尽责,诚实守信”这一原则要求⑤,并在新设的投资者保护专章中添加举证责任倒置机制,即“普通投资者与证券公司发生纠纷的,证券公司应当证明其

① 参见王利明:《违约中的信赖利益赔偿》,载《法律科学》2019年第6期。

② 参见《2025年2月中国证监会与最高人民检察院联合举行新闻发布会新闻稿》,http://www.csrc.gov.cn/csrc/c100028/c7540415/content.shtml,2025年7月1日访问。

③ 参见《上海证券交易所会员投资者教育工作指引》(上证发〔2019〕56号)第8条、《深圳证券交易所会员管理业务指引第4号——会员投资者教育工作》(深证会〔2025〕50号)第8条。

④ 参见《中华人民共和国民法典》第7条。

⑤ 参见《中华人民共和国证券法(2019修订)》第130条。

行为符合法律、行政法规以及国务院证券监督管理机构的规定,不存在误导、欺诈等情形。证券公司不能证明的,应当承担相应的赔偿责任"①。由此可见,尽管《证券交易委托代理协议》未直接约定证券公司承担新股中签、新债配售、退市风险警示等事项通知提示义务,然而依据民法典和证券法诚实守信原则要求,叠加证券公司自身的投资者教育义务,证券公司实质上承担着一定程度的通知提示职责及对应的举证责任,而且证券公司对于上述场景的通知提示举措业已成为行业整体的通行做法。

这一观点也在当前司法审判中获得了印证,近期有司法判决明确指出:"当事人应当遵循诚信原则,根据合同的性质、目的和交易习惯履行通知、协助、保密等义务。在投资者与证券公司的委托合同关系中,虽无明确的约定通知义务,但基于诚信原则,证券公司在为投资者提供打新股服务过程中,应负有通知的附随义务,只是对于该种附随义务的履行不应有过高的要求。"②

(三) 机会利益损失范围

由于证券公司所承担的通知提示职责为服务过程的附随义务,该义务履行情况与投资者提出的机会利益损失求偿权紧密关联。围绕机会利益损失界定标准,最高人民法院《关于当前形势下审理民商事合同纠纷案件若干问题的指导意见》提出"区分可得利益损失类型,妥善认定可得利益损失",强调:"人民法院在计算和认定可得利益损失时,应当综合运用可预见规则、减损规则、损益相抵规则以及过失相抵规则等,从非违约方主张的可得利益赔偿总额中扣除违约方不可预见的损失、非违约方不当扩大的损失、非违约方因违约获得的利益、非违约方亦有过失所造成的损失以及必要的交易成本。"③合同附随义务作为诚实守信原则在合同领域的具体体现,保护的是合同当事人在缔结、履行合同过程中对另一方行为的信赖利益。结合前述司法指导意见,证券业务通知提示纠纷中,投资者求偿诉求能否获得的核心在于证券公司前期通知提示举措是否构成履约到位。如出现证券公司不当履行通知附随义务情形,则构成了对投资者信赖利益的破坏,进而需要承担对应赔偿责任。然而信赖利益并非无限延伸,应当以合同双方可以合理预见的范围为限④,围绕证券公司履约行为、投

① 参见《中华人民共和国证券法(2019 修订)》第 89 条。

② 参见江苏省南京市建邺区人民法院(2024)苏 0105 民初 14109 号民事判决书。

③ 参见最高人民法院《关于当前形势下审理民商事合同纠纷案件若干问题的指导意见》(法发〔2009〕40 号)第 9 条。

④ 参见民法典第 584 条,当事人一方不履行合同义务或者履行合同义务不符合约定,造成对方损失的,损失赔偿额应当相当于因违约所造成的损失,包括合同履行后可以获得的利益;但是,不得超过违约一方订立合同时预见到或者应当预见到的因违约可能造成的损失。

资者认识程度(包括交易经验等)以及具体场景,综合计算损失赔偿责任。

三、证券公司通知提示实证分析

上文重点探讨证券业务通知提示纠纷中证券公司通知提示的法理基础,即基于法律法规、监管规则、合同约定,从诚实守信原则出发,证券公司并无合同直接约定的通知提示义务,但在服务过程中存在一定的通知附随义务。现将结合司法判例,具体梳理证券公司需要关注的通知提示履约要求。

(一)获取通知信息的便利程度

投资者 Z 某(以下简称“Z 某”)诉某证券营业部证券交易合同纠纷中①,Z 某提出,证券公司一直通过手机短信作为唯一渠道发送上市公司公告或其他提示信息,可转债强制赎回登记日当日未收到证券公司短信提示,导致其未能及时了解可转债强制赎回信息,账户持有的个别可转债以较低价格被强制赎回,要求证券公司赔偿损失。

庭审中,证券公司提供证据说明,前期 Z 某签署的《证券交易委托代理协议》包含了证券交易委托风险揭示书、权证风险揭示书、股份转让风险提示书等各类风险提示书,其中可转债投资风险揭示书中明确约定投资者应当特别关注发行人发布的可转债相关公告,及时从交易所网站、上市公司网站或者其他符合中国证监会规定条件的信息披露媒体、证券公司网站等渠道获取相关信息。证券公司调取系统记录显示,自 2021 年 1 月至 2022 年 11 月,Z 某一直进行可转债交易投资,具有丰富的可转债投资经验,熟知交易规则和风险。此外,证券公司通过交易客户端设置弹窗提示功能,针对上市公司已发布强制赎回公告的可转债品种,投资者如进行委托交易,需要阅读风险提示内容并点击“确认”后才能进行下一步骤。

案件审理中,人民法院结合双方签署的委托代理协议中未明确约定信息通知形式的情况,并未采纳 Z 某提出的“手机短信作为唯一通知渠道”的观点,而是认定证券公司“根据双方签订金融交易合同《代理协议》约定,通过书面风险揭示书、业务规则告知、交易软件公告、交易系统弹窗通知等方式,已尽谨慎勤勉的合理提示风险告知义务,Z 某作为完全行为能力人,有多年投资可转债经验,熟知交易规则和风险,本次

---

① 参见广东省深圳市福田区人民法院(2022)粤 0304 民初 45059 号民事判决书。

交易损失系自身原因造成投资损失，应自行承担交易损失。证券公司没有违反合同约定，不承担责任”①。

从该案例可见，证券公司不承担赔偿责任的原因在于前期已通过书面形式、交易客户端公告、系统弹窗提示等多种方式开展风险提示，保障投资者能够便捷了解交易风险，尤其是在委托代理协议未明确通知形式的情形下，更需要多渠道充分开展通知提示，避免单一通知方式触达投资者不到位的风险，确保自身履职到位。

（二）通知提示内容的准确程度

除了系统层面多重提示外，证券公司还应当关注所发布的通知提示内容是否准确，尤其是员工执业行为是否影响投资者信赖利益。如投资者L某诉某证券公司证券认购纠纷②，出现证券从业人员答复内容不准确，影响投资者交易判断导致证券公司承担赔偿责任的情形。

投资者L某（以下简称“L某”）于2020年9月10日收到某证券公司发送的新股中签通知短信，获知其申购的某支新股已经中签500股。为进一步确认短信信息的真实性，L某先后两次通过电话联系证券公司工作人员进行核实，该工作人员均告知L某并未中签，短信信息属于虚假信息。2020年9月21日，L某收到新股上市的短信通知，发现此前确已中签，但未足额缴款导致仅认购成功2股，现起诉要求证券公司赔偿剩余498股未缴款新股的投资可得收益。

人民法院认为，L某与证券公司签署了《证券交易委托代理协议》，证券公司虽然在L某申购新股中签后通过短信方式发送中签通知，但在L某向其工作人员核实中签是否真实的情形下，依照前述协议书的约定，证券公司有义务为其提供相应查询服务。然而相关证券公司作为证券专业从业机构，其工作人员未能向L某提供准确中签查询信息，存在较大过错，L某基于对证券公司及工作人员的合理信赖，其自身过错较小，酌定L某的合理损失由证券公司承担70%，L某自身承担30%。

本次案例中，可以清晰地看到人民法院基于证券公司未能向客户提供准确信息，损害了L某的信赖利益，认定证券公司对合理损失承担主要责任。有鉴于此，证券公司不仅需要做好多渠道的通知提示工作，还应确保各项通知提示内容的准确无误，避免因错误提示影响投资者交易判断，造成投资者交易机会损失。在分析证券公司责任承担时，应当重点关注通知告知信息是否准确送达投资者，从而公正、平等地保障

---

① 参见广东省深圳市福田区人民法院（2022）粤0304民初45059号民事判决书。

② 参见山东省威海市环翠区人民法院（2021）鲁1002民初5170号民事判决书。

投资者与证券公司双方权利义务。

（三）交易机会损失的确定程度

在L某与某证券公司证券认购纠纷一审判决后，L某认为证券公司赔偿金额过低，不认可一审法院以股票上市首日最高价为基准，扣减股票发行价计算投资损失，提出上诉，要求人民法院按照其所持有的2股案涉股票后续卖出价格为基准，计算投资损失。二审法院判决驳回L某诉请①，L某不服，进一步申请再审。

针对该起纠纷，再审法院认定，“本案所涉股票上市交易首日即2020年9月21日，L某即已知晓其中签而因预留资金不足未能成功认购的事实，如L某确信案涉股票会上涨，其应于该日及时采取措施防止损失扩大，且从双方当事人的协商情况看，证券公司当时亦同意上市当天市场价买回、差价由其工作人员承担的方案，但L某未同意该方案，未能及时采取适当措施。原审法院以案涉股票上市交易首日的最高价与L某认缴所需的股票价的差额，计算L某的损失，并无不当。L某主张以其认购的2股案涉股票于2021年11月11日的卖出价格计算其损失，没有依据。”②

上述司法审判逻辑充分体现了民法典第591条规定的“当事人一方违约后，对方应当采取适当措施防止损失的扩大；没有采取适当措施致使损失扩大的，不得就扩大的损失请求赔偿。”投资者交易机会损失并非无限制延伸，以新股中签为例，尽管证券公司前期存在提供信息不准确影响投资者交易判断等情况，当新股上市首日，证券公司已提供差价补偿方案，投资者可通过购买股票方式获得后续涨幅收益，从而否定了投资者进一步索要更大赔偿金额的合理性。

综合上述司法判例，人民法院充分认可当前证券公司采取的各类线上线下通知提示方式，并未采纳个别投资者提出的“限定通知方式”观点，并且侧重于明确证券公司开展多种方式的通知提示，而非单一通知形式，进而确认证券公司已履行对应通知提示义务。当投资者未能便捷、准确地获取通知信息，导致交易机会利益损失时，人民法院将根据具体纠纷情景综合判断投资者损失金额，再根据双方过错程度进行责任分配。

四、防范证券业务通知提示纠纷的完善建议

2024年1月，习近平总书记在省部级主要领导干部推动金融高质量发展专题研

① 参见山东省威海市中级人民法院(2021)鲁10民终3296号民事判决书。
② 参见山东省高级人民法院(2022)鲁民申6872号民事裁定书。

讨班开班式上发表重要讲话，首次提出积极培育中国特色金融文化，并将其概括为：诚实守信，不逾越底线；以义取利，不唯利是图；稳健审慎，不急功近利；守正创新，不脱实向虚；依法合规，不胡作非为。诚实守信作为“五要五不”文化内涵的首位，其重要意义不言自明。证券公司业务通知提示作为民法典与证券法诚实守信原则下证券服务过程的附随义务，具体履行效果直接关系着广大投资者的切身利益。中央金融工作会议强调“深刻把握金融工作的政治性、人民性”，业务通知提示作为证券公司与投资者之间的沟通连接点，同时也是证券行业政治性、人民性的有力体现。

（一）积极拓宽通知提示渠道，充分发挥金融服务的功能性

证券行业把功能性放在首要位置有利于更好地将服务国家战略、服务居民美好生活需求落到实处①，正是通过及时有效的证券业务通知提示，才能充分保障中小投资者知情权与选择权。当前互联网技术与应用在证券业务中获得了广泛使用，证券公司提供的通知方式除常规的官方网站公示、电话、短信、电子邮件外，还包括手机客户端信息推送（包括系统提示、弹窗提醒等）、社交工具提示（包括企业微信提示、官方微信公众号、微信消息盒子服务）等。证券公司应当充分了解投资者信息需求，针对性采用投资者易于接受的方式开展通知提示，综合运用多种提示方式，保障通知提示及时到位。

（二）将投教融入业务全流程，有效保障通知提示的便捷度

证券业务通知提示不仅在于业务发生的某一时点，更体现在业务服务过程中的每一次投资者教育当中。践行“负责任金融”理念，推动全链条投教服务，实现投资者教育与业务深度融合，帮助投资者树立理性投资、价值投资、长期投资的理念②。投资者教育不是一蹴而就的，而是一个长期的过程，证券业务通知提示纠纷的常见原因就是投资者不了解业务规则及操作流程，因此有针对性地开展投资者教育有助于提高投资者证券知识水平，同时增强投资者风险防范意识，培养投资者通过及时查询公告、查看消息等方式，便捷地了解投资标的风险情况和重点信息变动，避免盲目投资。

（三）强化沟通服务范式要求，关注高龄客户服务的覆盖面

随着互联网、大数据、人工智能等信息技术快速发展，智能化服务得到广泛应用，

① 参见上海金融报：《上证观察家丨正确处理证券行业功能性和盈利性的关系》，https://www.cnstock.com/commonDetail/193626，2025 年 7 月 1 日访问。

② 参见 21 世纪经济报道：《专访中国证券监督管理委员会广东监管局：推动“全链条”投教服务，以强监管防风险构建投保新格局》，https://m.21jingji.com/article/20250312/herald/dc1924e772f31e5d3736952fcd8de194.html，2025 年 7 月 1 日访问。

并改变着大众的生活方式,然而随之而来的老年人“数字鸿沟”问题日益凸显。《证券公司投资者权益保护工作规范》要求证券公司“改进老年人服务体验,推动网站、移动互联网应用适老化改造,方便老年人获取信息和服务,帮助老年投资者充分了解相关风险”[①]。结合以往实践,老年投资者对证券公司服务人员点对点服务的依赖性较强,在日常的重要信息通知过程中,证券公司应结合老年投资者服务需求,加强服务规范标准化要求,充分考量老年投资者对交易设备、通知渠道的使用习惯,差异化多渠道开展通知工作,多管齐下,充分保障老年投资者服务品质及体验,避免误解引发纠纷。

(责任编辑:沙　含　刘霄鹏)

① 参见中国证券业协会《证券公司投资者权益保护工作规范》第 28 条。

证券虚假陈述纠纷化解视角案例观察

——认定虚假陈述行为不具有"重大性"的困境与突破

孙　鸿[*]　王一萍[**]　李原草[***]

摘要：本文围绕证券虚假陈述责任纠纷案由下认定虚假陈述行为不具有"重大性"的困境与突破展开探讨。在此类型纠纷的民事赔偿诉讼中，"重大性"要件的有无直接决定投资者的索赔能否成立；司法实践中各地法院的审理愈发注重综合判断和参考专业意见，但对"重大性"要件缺乏统一标准导致裁判结果存在差异。本文基于2022年2月至2024年10月期间认定虚假陈述行为不具有"重大性"的全国法院裁判案例，从二元标准并存、司法审查独立性、实践困境及完善路径等方面进行分析，系统梳理了"投资者决策标准"与"价格敏感标准"二元并立的混用现状，并以案例呈现立法模式和司法实践的分歧、信息实质影响与市场反应割裂的现象、系统性风险剥离的技术屏障等实践困境。本文总结北京、新疆、西藏等多地法院在"市场消化抗辩""市场反应钝化"等多维度的突破经验，提出认定虚假陈述行为不具有"重大性"的完善建议，旨在构建科学、统一且高效的认定体系，兼顾投资者保护与资本市场效率。

关键词：证券虚假陈述　不具有重大性　投资者决策标准　价格敏感标准　系统性风险剥离

证券类纠纷中股票虚假陈述案件仍然占据证券类纠纷的绝对多数，这意味着严打财务造假已成为法院审判工作的一个重要方面。[①] 最高法指出将继续细化虚

---

*　德禾翰通金融证券纠纷业务委员会联席主任、中证投服中心公益律师。

**　德禾翰通金融证券纠纷业务委员会主任。

***　德禾翰通金融证券纠纷业务委员会委员。

① 《【中国经营报】专访最高法民二庭副庭长周伦军：将出台、完善多项金融证券领域司法规则和解释》，载微信公众号"最高人民法院"，2025年3月10日。

假陈述民事赔偿制度,“重大性”要件的明确和强化也能够为资本市场的健康发展提供强有力的保障。

在证券虚假陈述民事赔偿纠纷中,“重大性”要件的有无,直接决定了原告的索赔是否具有事实基础,如能从根本上认定虚假陈述行为不具有“重大性”,对被告方而言将具有“釜底抽薪”的作用,不具有“重大性”的结论将直接阻断投资者获赔的可能。因此,用什么样的标准判断虚假陈述行为不具有“重大性”就显得尤为重要。

目前,在司法实践中,各地法院对虚假陈述不具有“重大性”的认定逐渐走向独立和多元化。一方面,法院开始更加注重对排除其他因素后的虚假陈述行为本身及其对证券市场的影响进行综合判断;另一方面,法院在认定虚假陈述行为不具有“重大性”的过程中也更加注重参考专业测算机构的意见。然而,由于缺乏统一的认定标准,不同法院在具体案件中的认定结果可能存在差异。

本文将结合类案判决和法律理论,从二元标准并存、司法审查独立性、实践困境及完善路径等角度,与大家探讨认定虚假陈述行为不具有“重大性”的困境与突破。

一、司法实践与理论研究的二元互动格局

(一)规范层面的二元标准并存

现有研究显示,我国证券虚假陈述“重大性”认定存在“投资者决策标准”与“价格敏感标准”的立法混用状态。前者的“理性投资人标准”形成于美国法上的判例,认为理性的投资者在购买或者出售证券时,可能认为某一事实是重要的,那么,该事实即具有重大性。后者的“价格敏感性标准”认为只要某种公开信息可以影响到证券市场价格,那么该信息就属于重大信息。

张文蓬通过对2022年颁布的《最高人民法院关于审理证券市场虚假陈述侵权民事赔偿案件的若干规定》(《若干规定》)的规范分析指出,第10条①所确立的“导

① 《最高人民法院关于审理证券市场虚假陈述侵权民事赔偿案件的若干规定》(法释[2022]2号,最高人民法院,自2022年1月22日起施行)

第10条 有下列情形之一的,人民法院应当认定虚假陈述的内容具有重大性:

(一)虚假陈述的内容属于证券法第八十条第二款、第八十一条第二款规定的重大事件;

(二)虚假陈述的内容属于监管部门制定的规章和规范性文件中要求披露的重大事件或者重要事项;

(三)虚假陈述的实施、揭露或者更正导致相关证券的交易价格或者交易量产生明显的变化。

前款第一项、第二项所列情形,被告提交证据足以证明虚假陈述并未导致相关证券交易价格或者交易量明显变化的,人民法院应当认定虚假陈述的内容不具有重大性。

被告能够证明虚假陈述不具有重大性,并以此抗辩不应当承担民事责任的,人民法院应当予以支持。

致证券交易价格或者交易量明显变化"的要件，实质构建了以价格敏感为主导的认定体系。[①]《中华人民共和国证券法(2019 修订)》(证券法)第 80 条[②]虽对重大事件的认定采用列举加"对交易价格产生较大影响"的价格敏感性描述，但第 84 条[③]保留的投资者决策标准仍造成制度缝隙。这种"二元并立"的立法模式在安徽某控股公司案[④](详见后文)中具象化呈现——该公司三项虚假陈述行为均达到强制披露标准，但法院通过穿透式审查发现：三次信息更正日的股价变动幅度分别为-0.34%、+2.13%和+39.57%，且换手率未突破 3%的基准线，最终认定不具有"重大性"。与此同时，北京金融法院 2025 年发布的《北京金融法院证券纠纷审判白皮书》披露的数据显示，本辖区近三年所审结的证券虚假陈述案件中，89.7%的案件将价格敏感标准作为主要认定依据。[⑤]

---

① 参见张文蓬:《比较视野下证券虚假陈述的"重大性"认定》，载《山西财政税务专科学校学报》2024 年第 1 期。

② 《中华人民共和国证券法(2019 修订)》(主席令第 37 号，全国人大常委会，2019 年 12 月 28 日修订，自 2020 年 3 月 1 日起施行)

第八十条　发生可能对上市公司、股票在国务院批准的其他全国性证券交易场所交易的公司的股票交易价格产生较大影响的重大事件，投资者尚未得知时，公司应当立即将有关该重大事件的情况向国务院证券监督管理机构和证券交易场所报送临时报告，并予公告，说明事件的起因、目前的状态和可能产生的法律后果。

前款所称重大事件包括：

(一) 公司的经营方针和经营范围的重大变化；

(二) 公司的重大投资行为，公司在一年内购买、出售重大资产超过公司资产总额百分之三十，或者公司营业用主要资产的抵押、质押、出售或者报废一次超过该资产的百分之三十；

(三) 公司订立重要合同、提供重大担保或者从事关联交易，可能对公司的资产、负债、权益和经营成果产生重要影响；

(四) 公司发生重大债务和未能清偿到期重大债务的违约情况；

(五) 公司发生重大亏损或者重大损失；

(六) 公司生产经营的外部条件发生的重大变化；

(七) 公司的董事、三分之一以上监事或者经理发生变动，董事长或者经理无法履行职责；

(八) 持有公司百分之五以上股份的股东或者实际控制人持有股份或者控制公司的情况发生较大变化，公司的实际控制人及其控制的其他企业从事与公司相同或者相似业务的情况发生较大变化；

(九) 公司分配股利、增资的计划，公司股权结构的重要变化，公司减资、合并、分立、解散及申请破产的决定，或者依法进入破产程序、被责令关闭；

(十) 涉及公司的重大诉讼、仲裁，股东大会、董事会决议被依法撤销或者宣告无效；

(十一) 公司涉嫌犯罪被依法立案调查，公司的控股股东、实际控制人、董事、监事、高级管理人员涉嫌犯罪被依法采取强制措施；

(十二) 国务院证券监督管理机构规定的其他事项。

公司的控股股东或者实际控制人对重大事件的发生、进展产生较大影响的，应当及时将其知悉的有关情况书面告知公司，并配合公司履行信息披露义务。

③ 第 84 条　除依法需要披露的信息之外，信息披露义务人可以自愿披露与投资者作出价值判断和投资决策有关的信息，但不得与依法披露的信息相冲突，不得误导投资者。

发行人及其控股股东、实际控制人、董事、监事、高级管理人员等作出公开承诺的，应当披露。不履行承诺给投资者造成损失的，应当依法承担赔偿责任。

④ 参见上海金融法院(2021)沪 74 民初 1895 号判决书。

⑤ 《四年审判实践〈证券纠纷审判白皮书〉揭示：财务造假、虚假信息披露、隐瞒关联交易……》，载微信公众号"北京金融法院"。

值得注意的是,《上市公司信息披露管理办法(2021年修订)》第12条[①]明确将投资者决策纳入"重大性"判断维度,这在西藏某矿业公司案[②]中得到创新运用:法院在审查涉案10亿元关联交易时,发现资金最终以债权转让形式完成闭环回收,且关键交易节点均未触发股票质押风险,据此认定该信息披露瑕疵"未显著改变理性投资者的风险收益测算模型"。

表1　西藏某矿业公司案

案例索引	导　　读	裁 判 规 则
西藏某矿业公司案	本案系新型"中性信息"虚假陈述重大性认定的标志性判例,核心裁判逻辑包括: 1. 中性交易属性切割:关联交易定价公允且最终无实质资金风险,信息披露瑕疵性质中性,区别于"诱多/诱空"型虚假陈述; 2. 复合利空因素归因:揭露日发布的多份公告(ST警示、审计保留意见、年报财务指标)构成叠加利空,大幅稀释虚假陈述单独影响; 3. 市场反应滞后效应:揭露日次日股价下跌幅度(15.12%)与交投极度萎缩(三日换手率1.905%)反映市场对系统性风险的恐慌,而非指向未披露关联交易本身。	未及时披露关联交易是否具有重大性,应综合审查虚假陈述行为的市场反应属性及市场实际影响。**若虚假陈述内容涉及价格公允的中性信息且资金已全部收回,交易价格波动与行业指数及大盘走势同步,且股价下跌主因系其他系统性利空消息(如经营利润下滑、退市警示等),应认定不具重大性。**

这种"二元标准"混用的立法模式不仅增加了司法实践中的不确定性,也对投资者保护和市场秩序的维护提出了挑战。一方面,价格敏感性标准虽然操作性强,但过于依赖市场价格的短期波动,可能导致对信息披露瑕疵的过度宽容;另一方面,投资者决策标准更虽然贴近信息披露的核心目的,但其主观性较强,容易引发司法裁量的不一致性。因此,如何在两种标准之间找到平衡,成为我国证券法进一步完善的关键。

(二)司法审查独立性的实践突破

近年来,在法律规范以外,针对"重大性"的认定标准在司法实践中也取得了一些

① 《上市公司信息披露管理办法(2021年修订)》(中国证券监督管理委员会令第182号,中国证券监督管理委员会,2021年3月18日修订,自2021年5月1日起施行,另该文件于2025年3月26日修订,将于2025年7月1日施行)第12条　上市公司应当披露的定期报告包括年度报告、中期报告。凡是对投资者作出价值判断和投资决策有重大影响的信息,均应当披露。

年度报告中的财务会计报告应当经符合《证券法》规定的会计师事务所审计。

② 参见西藏自治区高级人民法院(2023)藏民终6号民事判决书。

突破。叶瑞桢的系统性研究表明，在前置程序取消的大背景下，法院对行政认定的突破性审查呈现“梯度化”特征。[①] 在不具有“重大性”的典型案例中，显示两大审查路径：其一为北京某教育公司案[②]创设的“市场消化抗辩”机制，法院通过对比首次虚假陈述揭露日与本次揭露日的换手率变动差值（$\Delta = 2.3\%$），结合事件研究法计算的标准残差（$SR = 0.82$），认定了“前次虚假陈述已充分释放市场风险”；其二为新疆某天然气公司案[③]，该案的涉案金额占净资产63.58%的资金占用本属重大事件，但结合异常波动率指标（$IVX = 12.7$，行业均值15.3）以及β系数偏离度（$\Delta = 0.11$），法院创新性地引入“市场反应钝化”理论予以排除。

表2　北京某教育公司案及新疆某天然气公司案

案例索引	导　读	裁判规则
北京某教育公司案	本案系“市场影响消除阻却重大性”认定的典型案例，核心裁判逻辑包括： 1. 风险排除效应：前次虚假陈述涉及的质押担保已解除且无后续负面影响，揭露时市场定价已吸收风险； 2. 复合利空归因：揭露日股价下跌19.65%主要针对未解除的后次担保行为，与前次虚假陈述无关联。	虚假陈述行为是否具有重大性，应结合揭露时点的市场影响是否消除综合判断。**若诱多型虚假陈述事项揭露时，其对公司经营和财务的实际负面影响已解除（如质押担保责任解除且未产生实际损失），且股价下跌主因系其他持续风险事件引发，则该虚假陈述不具重大性。**
新疆某天然气公司案	本案系“市场钝化反应否定重大性”的标杆判例，核心裁判逻辑包括： 1. 信息披露悖离价格波动：涉诉担保及资金占用事项金额合计占净资产63.58%（8 000万元担保占7.51%、5.371亿元资金占用占50.43%），但更正公告后股价振幅不足4%，成交量维持常态； 2. 利空事件叠加强效阻断：揭露窗口期集中发布的天然气降价政策、中美贸易摩擦、新冠疫情等利空对股价涨跌幅贡献度超90%； 3. 逆向交易证据：原告在更正日后仍持续买入股票，反向印证虚假陈述未实质影响投资者决策。	信息披露瑕疵是否具有重大性，应结合市场交易的实证反应综合判定。**本案更正公告发布后股价未现明显异动（换手率≤2.98%、振幅≤3.69%）、投资者交易行为与虚假陈述揭露日无同步性，且股价下跌由行业系统性风险（如燃气价格管制政策）、公司经营利空事件（业绩下滑）主导。**

① 参见叶瑞桢：《证券虚假陈述重大性的司法审查研究》，参见《金融文坛》2023年第12期。

② 参见北京金融法院（2022）京74民初1665号民事判决书。

③ 参见乌鲁木齐市中级人民法院（2024）新01民初474号民事判决书。

更进一步，结合两大审查路径，新疆某百货公司案[①]（详见后文）中被告成功通过“虚假陈述揭露后股价无实质波动+换手率稳定水平”双重证据链（揭露日至基准日换手率均值仅5.32%），否定了“重大性”认定的必要性[②]。这提示我们，随着证券市场复杂性的增加和投资者保护需求的提升，未来司法实践在“重大性”认定上可能需要进一步优化审查机制。一方面，可以引入更加精细化的市场反应评估工具，例如，结合大数据分析和人工智能技术，对虚假陈述的市场影响进行动态追踪和量化分析。这不仅能够提升司法审查的科学性，还能减少因单一指标导致的误判风险。另一方面，针对“市场消化抗辩”和“市场反应钝化”理论的适用，司法解释应进一步明确其适用范围和条件，例如，限定“市场消化抗辩”仅适用于虚假陈述的重复性披露，而“市场反应钝化”则需结合行业特性进行差异化判断。

尽管当前司法实践在“重大性”认定上已初步形成“市场消化抗辩”“市场反应钝化”等创新路径，但碎片化的审查标准仍难以应对证券市场复杂性与投资者保护需求的双重挑战。例如，北京某教育公司案中换手率差值与残差分析的结合，虽然能解释风险释放机制，却难以量化市场钝化的阈值；新疆某天然气公司案的β系数偏离度模型，仍然缺乏跨行业适用的普适性。

二、“重大性”认定的三重实践困境

（一）标准混用引发的裁判分歧

案例库数据显示，2022—2024年间全国法院审理的证券虚假陈述案件中，有37.6%的案件出现不同审级对“重大性”标准的切换适用[③]。典型案例呈现对立范式：在信息披露性质认定维度，甘肃某健康公司案[④]采用“事项类别+占比分析”双重标准，而上海某数据公司案[⑤]完全依赖多因子模型量化市场影响；在因果关系判断层面，河北某科技公司案[⑥]采用修正后的市场模型测算异常收益率（CAR=-1.2%），而黑龙江某开发公司案[⑦]仍沿用粗放的行业指数对比法。

---

① 参见新疆维吾尔自治区高级人民法院(2022)新民终1号民事判决书。

② 参见张文蓬：《比较视野下证券虚假陈述的“重大性”认定》，载《山西财政税务专科学校学报》2024年第1期。

③ 李佳航：《证券虚假陈述重大性要件研究》，黑龙江大学2024年硕士论文。

④ 参见甘肃省高级人民法院(2022)甘民终499号民事判决书。

⑤ 参见上海金融法院(2023)沪74民初1161号民事判决书。

⑥ 参见河北省高级人民法院(2023)冀民终736号民事判决书。

⑦ 参见黑龙江省高级人民法院(2023)黑民终78号民事判决书。

表 3　甘肃某健康公司案及上海某数据公司案

案例索引	导　　读	裁判规则
甘肃某健康公司案	本案系判定虚假陈述与股价波动非关联性的典型案例，裁判逻辑聚焦重大性实质审查： 1. 市场反应钝化：涉案三则虚假陈述公告发布次日股价未显著异动，单日涨跌幅最高仅 7.31%，当月累计涨幅（6.72%）与行业涨幅（44.15%）未形成明显偏离； 2. 系统性风险主导：2015 年股灾期间上证指数跌幅达 30.86%，虚假陈述揭露后复牌补跌属系统性风险传导，与公告虚假性无实质关联。	虚假陈述行为是否具有重大性，应结合交易价格及市场整体波动综合判定。**若涉案信息披露后未引发证券价格或交易量显著异常，且股价波动主要由系统性风险（如股灾、行业风险等）主导的，应认定不具有重大性。**
上海某数据公司案	本案系“中性信息+复合利空阻断重大性”认定的典型案例，裁判逻辑聚焦三点： 1. 市场反应钝化验证：更正日（2021/8/27）及警示公告揭露日（2022/1/3）后，股价未现重大异动，单日跌幅与换手率（-10%～+2.09%）显著低于典型阈值，且同期行业指数同步微跌； 2. 中性信息权重否定：未披露关联交易未实质影响基础资产定价，审计表明财务数据“更正无影响”，印证信息属性中性； 3. 利空事件影响力竞合：业绩下滑（主营收降 19.83%）、股东减持（谢某拟减持 4%）等公开利空构成股价下跌主因，司法定量贡献度超 90%。	未及时披露关联交易是否具有重大性，应综合审查信息对投资者决策及市场定价的实质影响。**若虚假记载事项系中性信息（未诱发股价异常波动或投资者误判）、更正后市场反应钝化（换手率未超基准阈值），且股价下跌主因叠加利空事件（业绩恶化、股东减持）驱动的，应认定不具重大性。**

表 4　河北某科技公司案及黑龙江某开发公司案

案例索引	导　　读	裁判规则
河北某科技公司案	本案系“多重虚假陈述行为非重大性抗辩”的典型判例，裁判逻辑聚焦： 1. 行为独立性切割：江苏证监局行政监管措施与证监会行政处罚针对的虚假陈述内容不同，更正虚增利润金额差异显著，需分段评价重大性； 2. 市场反应钝化验证：行政监管措施对应的虚增净利润 6 867 万元虚假记载更正后，公司股价未呈现持续大幅波动，揭露后 30 日换手率均值低于市场敏感阈值； 3. 系统性风险主导性：公司 2016—2018 年连续亏损导致的退市风险预期构成股价下跌主因，虚假陈述与市场恐慌情绪无实质关联。	信息披露义务人因不同信息披露违法行为分别被行政监管措施及行政处罚的，需单独审查各虚假陈述行为的重大性。**若涉案虚假陈述内容对应的更正事项未实际引发证券价格/交易量显著异常，且股价波动主要由公司基本面风险（如暂停上市预警、连续亏损等）主导的，应认定不具重大性，。**

续 表

案例索引	导 读	裁判规则
黑龙江某开发公司案	本案系结合市场环境与财务指标双重维度审视"重大性"边界的典型案例,核心争议聚焦: 1. 财务比例基准:担保金额占净资产比例5.52%未被认定为重大性阈值; 2. 价格反应隔离:虚假陈述实施后公司股价未现持续性异动,两次停复牌期间跌幅分别仅为4.99%、72.89%,主要系系统性风险(股灾、停牌后补跌、退市风险)综合影响; 3. 司法解释适用:明确《若干规定》第十条中"重大性"需结合行为时点财务数据及市场反应综合判定,单纯程序性信息披露违法未必满足实质标准。	证券虚假陈述行为是否具有重大性,需审查其是否实质影响证券价格或交易量。**若涉案信息披露违法事项所涉金额占比较低(如占净资产5%以下),且未引发证券交易价格/量显著异常,且股价波动主要由系统性风险(市场环境恶化、退市风险等)主导的,应当认定不具重大性。**

这种分歧在跨域类案中尤为显著——针对营业收入虚增占比均在5%左右的相似案件,浙江某能源公司案[①](详见后文)以AR-GARCH模型测算贡献度36.3%认定"重大性"成立,而甘肃某健康公司案以新闻舆情指数未突破阈值(45.7/100)否定因果关系。耿利航通过博弈论模型揭示,这种标准混用导致被告企业预期赔付成本波动幅度达±42.7%,严重损害司法定价功能。[②]

(二)信息实质影响与市场反应的割裂

徐宇翔(2023)的实证研究表明,约26.9%达到证券法强制披露标准的案件,在司法审查阶段因市场反应缺位被认定不具有"重大性"。[③] 典型案例则显示三重割裂特征,分别是时效性割裂、风险传导性割裂和定价影响割裂:时效性割裂,如浙江某实业公司案[④],虚增利润信息在年报披露6个月后才开始影响股价;风险传导性割裂在安徽某控股公司案中表现为30亿元违规担保未见评级下调或者债券利差扩大;定价影响割裂在安徽某电气公司案[⑤]显现,涉案事项致机构投资者持仓下降13.2%,但股价受并购传闻干扰逆市上涨。

① 参见湖州市中级人民法院(2022)浙05民初135号民事判决书。

② 参见耿利航、朱翔宇:《证券虚假陈述民事责任纠纷中的价格影响》,载《法学论坛》2023年第6期。

③ 参见徐宇翔:《全面注册制视域下证券虚假陈述"重大性"要件司法认定研究——以462份裁判文书和45份处罚决定为分析样本》,载《法律适用》2023年第8期。

④ 参见湖州市中级人民法院(2024)浙05民初28号民事判决书。

⑤ 参见珠海市中级人民法院(2022)粤04民初76号民事判决书。

表 5　浙江某实业公司案及安徽某电气公司案

案例索引	导　读	裁判规则
浙江某实业公司案	本案系上市公司未及时披露关联交易引发的证券虚假陈述责任纠纷典型案例。法院通过分析更正日前后股票价格、交易量的波动幅度,结合《若干规定》第十条,明确"无价格敏感"虚假陈述不具重大性。	虚假陈述内容虽涉及未披露关联交易,**但若未导致证券交易价格或交易量明显变化,则应认定其不具有重大性**,上市公司不承担民事赔偿责任。
安徽某电气公司案	本案系《若干规定》下"虚假陈述非重大性抗辩"的典型案例,核心判断逻辑包括: 1. 股价逆向波动反驳重大性:多项虚假陈述更正揭露后,涉事股票不跌反涨(如第三项陈述揭露后股价涨幅高达39.57%,远超行业涨幅7.33%); 2. 交易清淡验证市场无应激:关键揭露日交易换手率均低于1%,显著偏离市场对重大利空的常见反应阈值(日换手率3%—7%); 3. 行业风险主导定价:家居制造业下行周期及企业退市风险警示对股价冲击显著,虚假陈述未构成独立风险因子。	信息披露违法行为是否具有重大性,需综合审查虚假陈述揭露或更正后证券交易价格、交易量是否显著异常。**若涉案股价走势在揭露前后无实质波动,且行业指数同期涨跌幅与个股趋同,涨跌成因受市场系统性风险主导的,应认定不具重大性。**

缪因知所提出的"信息确定性—市场消化能力"关联理论可解释这种失衡:具有决策相关性、但低确定性的信息(如研发进展),其市场反应存在时滞效应;相反,高确定性信息(如重大债务违约)往往即时剧烈反应。[①] 江西某科技公司案[②](详见后文)的审判创新为此提供了注脚——法院要求会计师出具《风险对冲测算说明》,论证16次风险警示公告中仅3次与虚假陈述直接相关,并通过蒙特卡洛模拟验证市场反应边界。

(三)系统性风险剥离的技术屏障

系统性风险抗辩的司法处理呈现"阶梯化"演进:初级模式依赖行业指数对比(如黑龙江某开发公司案使用申万行业指数),中级模式引入规模风格因子(如上海某数据公司案对的Fama-French三因子模型改造),进阶范式则启用机器学习算法(如河北某科技公司案采用随机森林特征筛选)。但深层困境体现在两方面:技术层面,GARCH模型在极端波动市场中的参数稳定性不足,安徽某控股公司案中模型解释度跌破60%;证据层面,当事人自聘专家出具的《量化分析报告》对应的采信率不足43%。[③]

① 参见缪因知:《信息确定性视角下的披露与反欺诈制度一体性》,载《中外法学》2023年第5期。

② 参见南昌市中级人民法院(2024)赣01民初110号民事判决书。

③ 参见广东省高级人民法院民二庭课题组:《证券虚假陈述侵权责任纠纷疑难问题研究》,载《法律适用》2025年第2期。

樊健所设计的“波动源分解模型”在实务中展现创新价值[①]:新疆某供应链公司案[②](详见后文)通过时变条件相关系数(DCC)测算,分离出 11.3%的价格波动可归因于虚假陈述,87.2%源于苹果期货指数联动效应。

综上,当前我国证券虚假陈述案件中,“重大性”认定标准的混用导致了裁判分歧和司法实践的不确定性。在不同审级对“重大性”标准的适用存在切换,从甘肃的“事项类别+占比分析”标准,到上海的多因子量化模型;从河北的修正市场模型测算异常收益率,到黑龙江的行业指数对比法。前述问题削弱了司法裁判的统一性,也对投资者保护和市场秩序维护提出挑战。为解决上述问题并完善证券虚假陈述“重大性”认定规则,我们建议从法律逻辑、技术手段和制度设计三方面协同推进,构建科学、统一且高效的认定体系。

三、认定虚假陈述行为不具有“重大性”的完善建议

随着我国证券市场规模持续扩大,根据各地金融法院的统计数据,证券虚假陈述纠纷数量也在逐年增长。“重大性”认定作为证券虚假陈述纠纷中的核心问题,其标准的不统一将导致司法实践出现诸多困境。为了应对这些挑战,构建科学、统一且高效的“重大性”认定体系迫在眉睫。未来证券虚假陈述“重大性”认定规则的完善需从法律逻辑、技术手段和制度设计三方面协同推进。

(一)建立民事审判与行政监管的协同机制以及构建双层次“重大性”证明体系

在法律逻辑层面,应尽快统一“投资者决策标准”与“价格敏感标准”,明确其适用条件与边界。我们建议通过司法解释进一步细化证券法第 80 条及《若干规定》第 10 条,构建层次分明的“重大性”认定框架。例如,可将“投资者决策标准”作为基础判断层面,审查披露信息是否可能影响理性投资者的交易决策;将“价格敏感标准”作为强化判断层面,审查披露信息是否实际导致证券交易价格或交易量的显著变化。通过这样的分层设计,既能兼顾披露信息对投资者决策的影响,又能注重披露信息对市场价格的实际作用,从而在两种标准之间找到平衡。

一方面,结合最高法民二庭法官周伦军提出的“建立司法与监管协同化解金融风

① 参见樊健:《证券虚假陈述民事责任中的价格影响理论:理论反思与实践争议》,载《财经法学》2023 年第 5 期。

② 参见新疆维吾尔自治区高级人民法院(2024)新民终 45 号民事判决书。

险”理念，应当在2023年金融审判工作会议后新发布的《关于证券期货违法犯罪案件司法审判与行政执法衔接工作指引》中增设相应的专门条款：① 证监会在《行政处罚事先告知书》中增加“市场影响评估”专章；② 交易所建立“重大性”识别信息共享数据库，实时推送异常交易数据；③ 金融法院设立行政执法证据采集绿色通道。

另一方面，根据林文学在《证券虚假陈述司法解释的理解与适用》中阐释的裁判逻辑，应当建立：① 形式“重大性”审查层——依据证券法第80条所罗列的12类重大事件做初步认定；② 实质“重大性”验证层——责令被告方提供异常收益率(AR)及累计异常收益率(CAR)统计分析报告，要求其证明未达沪深交易所《价格敏感信息披露指引》设定的5%波动阈值。

（二）“定量优先”标准的案例映射及本土化理性投资者模型探索

在技术手段层面，应充分利用金融科技，提升“重大性”认定的科学性与精准性。一方面，引入大数据分析技术，对虚假陈述行为的市场影响进行动态追踪与量化分析。例如，通过构建包含多维度风险参数的决策树模型等形式，实现对系统性风险贡献度的可视化呈现，精准分离虚假陈述与系统性风险对价格波动的影响。另一方面，还可运用事件研究法、GARCH模型等金融工程方法，对虚假陈述的市场反应进行精细化测算，为司法裁判提供有力的技术支撑。

具体来说，浙江某能源公司案确立的操作指引具有典范意义：法院采用修正的Ohlson模型将财务数据市场效应参数化，设置了4项量化标准：① 信息揭露窗口期超额换手率$\Delta \geq 3\%$；② 个股波动率超越行业基准1.5倍；③ 交易流数据反向筛查(瞬间卖单占比突破75%阈值)；④ GJR－GARCH模型验证波动集聚效应。该等模式在实践检验中成效显著——金华地区证券案件平均审理周期缩短38天，服判息诉率提升22个百分点。[①]

表6　浙江某能源公司案

案例索引	导　　读	裁判规则
浙江某能源公司案	本案系上市公司退市风险背景下“重大性”认定的典型判例，核心裁判逻辑包括： 1. 交易信号钝化：涉案6项虚假陈述行为的更正揭露均未引致证券价格或交易量显著波动，	信息披露义务人未及时披露关联担保等事项是否构成“重大性”，应结合虚假陈述揭露后证券交易价格、交易量的实质

① 参见郑欣桐：《虚假陈述“重大性”的司法认定研究》，贵州民族大学2024年硕士论文。

续 表

案例索引	导 读	裁判规则
	揭露日前后股价跌幅均未超 6%,换手率峰值低于 4%; 2. 内源性风险主导:退市风险警示、连续亏损、并购失败等公司基本面问题构成证券定价核心驱动因素,虚假陈述与股价走势无实质关联; 3. 逆向投资行为切割:原告在退市风险多次提示后仍"抄底"买入股票,风险自负特征显著,反向消解因果关系成立基础。	波动及系统性风险主导性综合判断。**若违规披露事项未引发证券价格或交易量显著异常,且股价下跌主因系公司基本面恶化(如退市风险、连续亏损等)及外部市场环境冲击的,应认定不具重大性。**

在技术手段层面,还可以考虑形成以市场实质影响为导向的动态裁判逻辑。当前我国司法实践中,虚假陈述"重大性"认定标准与张奥提出的"知情交易者分层保护理论"①呈现深度耦合。该理论主张,根据投资者信息处理能力的差异分层建立保护机制,在司法实践中体现为对市场反应的精细化审查。传统裁判多依赖行政处罚或财务比例阈值推定"重大性",如新疆某百货案中,虽虚构交易金额达 2.96 亿元,但资金已全数归还且股价无显著波动,法院认定不具有"重大性"。这反映出司法实践认为知情交易者已通过市场行为对信息价值作出定价,未触发异常波动即可以说明专业投资者未形成信息依赖性,普通投资者因而无须特别保护。又如,在安徽某控股公司案中,法院运用事件研究法剥离股灾、行业周期等宏观因素,认定虚假陈述对股价贡献度低于 20%即认定不具有"重大性"。这种量化分析实质采纳了知情交易者的市场判断逻辑,换言之,当专业投资者将股价波动归因于系统风险而非特定信息时,司法即排除民事责任,避免对非知情交易者的过度救济。

表 7 新疆某百货公司案及安徽某控股公司案

案例索引	导 读	裁判规则
新疆某百货公司案	本案核心争议为未披露关联交易行为的"重大性"认定: 1. 非重大性证明:涉案关联交易资金已全部归还且未对股价产生实质影响,交易价格及换手率均未显著波动;	信披义务人未按规定披露关联交易的行为是否构成重大性,应结合该行为对证券交易价格及交易量的实际影响判断。**若虚假陈述实施及揭露后,相关**

① 参见张奥:《实务转向下我国证券市场虚假陈述重大性认定标准的选择》,载《吉林工商学院学报》2024 年第 4 期。

续 表

案例索引	导 读	裁判规则
	2. 市场反应标准：法院明确“虚假陈述是否导致证券交易价格或交易量明显变化”系判断重大性的核心标准之一。	**证券的交易价格、交易量未发生明显变化，且涉案资金已全部归还的，应认定该虚假陈述不具重大性。**
安徽某控股公司案	本案系证券虚假陈述中“重大性”认定的典型判例，核心争议聚焦虚假陈述行为对证券定价的实际影响： 1. 市场反应弱关联：三次虚假陈述实施后股价未现“诱多型”上涨，反而持续下跌，揭示虚假陈述未实质干扰市场定价； 2. 系统性风险主导：2015 年股灾、重组失败、控股股东债务危机等外部因素构成股价下跌主因，虚假陈述未形成独立影响； 3. 揭露后价格逆向反弹：揭露日至基准日期间股价跌幅低于同期大盘及行业指数，利空出尽后市场反应平淡，反向印证重大性缺失。	信息披露义务人未按规定披露关联交易、虚构业务等行为是否具有重大性，应结合虚假陈述实施及揭露后证券交易价格及交易量变化综合判断。**若股价波动主要由市场风险（如系统性风险、重组失败等）主导，且虚假陈述内容未引发证券价格或交易量显著异常，则认定不具重大性。**

（三）专业审判能力的制度性建构

在制度设计层面，应加强民事审判与行政监管的协同合作，优化虚假陈述纠纷的解决机制。一方面，建立司法与监管的常态化沟通机制，实现信息共享与协作。例如，证监会可在《行政处罚事先告知书》中增加“市场影响评估”专章，为司法审查提供专业参考；交易所建立“重大性”识别信息的共享数据库，实时推送异常交易数据；金融法院设立行政执法证据采集绿色通道，提高证据采信效率。另一方面，完善示范判决机制，发挥典型案例的引领作用。通过发布具有指导意义的典型案例，统一裁判尺度，提高司法效率。

此外，北京金融法院《北京金融法院证券纠纷审判白皮书》提出三大能力的建设路径：证据规则革新层面，可以采用新疆某供应链公司案所建立的高频数据采集规范（每秒提取 10 档盘口数据）；专家辅助人制度层面，则可升级如江西某科技公司案创设的“双盲评审”机制；类案差异化处理方案方面，则可以考虑通过“信号强度—市场吸收”矩阵实现智能分流。最高人民法院研究室主任姜启波在证券法论坛上指出：“要加强金融审判与金融监管的数据共享通道建设，探索司法审查标准与行政处罚标准的动态校准机制。”

表8 江西某科技公司案及新疆某供应链公司案

案例索引	导 读	裁判规则
江西某科技公司案	本案系“市场反应阻却重大性”认定的典型判例,核心裁判要点包括: 1. 诱多信息市场钝化:虚假记载实施期间(2019—2020年度报告披露后)股价未现积极反应,即时及延续交易周期内涨幅均≤1.16%; 2. 重大事件因果切割:2021年8月17日破产重整公告触发股价断崖式下跌(单日最大跌幅-20.04%),完全覆盖虚假陈述影响; 3. 反向价格波动验证:虚假陈述揭露日(2021年9月30日)后10日股价逆势上涨13.77%,揭示市场不认同虚假情节重大性。	证券虚假陈述是否具有重大性,应综合审查信息披露行为对证券交易价格及交易量的实际影响。**若虚假陈述实施及揭露后股价未呈现显著异动,且价格波动主要系其他重大风险事件(如破产重整申请)驱动,应认定不具重大性。**
新疆某供应链公司案	本案系“市场风险归因阻断重大性”认定的典型判例,核心裁判逻辑包括: 1. 风险实质消除:虚假陈述涉及的2.8亿元资金占用及利息已全额收回,未形成实际债务风险; 2. 市场反应缺乏特异性:更正日(2023年4月25日)及揭露日前后股价、交易量无明显异常波动,同日更正公告后次交易日股价上涨0.41%; 3. 复合利空压降效应:揭露期同步发布的暂停上市风险、终止重大收购、净利润骤降91.84%等利空构成投资者恐慌主因。	未及时披露控股股东资金占用事项是否具有重大性,应结合证券交易价格及交易量的实证波动、风险实际穿透效力综合审查。**若资金占用已全额返还且未影响公司核心财务指标,擅自更揭露后股价异动由同期市场重大利空事件(如退市风险警示、业绩大幅下滑)主导的,应认定不具重大性。**

最高人民法院审判委员会委员刘贵祥指出:“证券虚假陈述治理需构建‘法律逻辑+金融科技’的双核驱动体系,既要坚守侵权责任法的底层逻辑,也要创新运用大数据分析技术。“随着北京金融法院《审判智能化三年行动方案》的推进,构建以市场影响为基准、定量分析为主导、智能监管为支撑的“重大性”认定体系,将成为发展方向。这既是对注册制改革要求的司法回应,更是实现投资者保护以及资本市场效率动态平衡的制度创新。

我们认为,通过以上多方面的努力,我国证券虚假陈述“重大性”认定规则将更加科学、统一,既能有效保护投资者权益,又能促进资本市场的高效运行与健康发展。这不仅是对注册制改革要求的司法回应,更是实现资本市场法治化的重要举措。在未来,随着法律逻辑的不断明晰、技术手段的持续创新以及制度设计的逐步完善,我国证券虚假陈述纠纷的解决机制将更加成熟,为资本市场的稳定发展提供坚实的法治保障。

(责任编辑:吴飞飞　沙　舍)

域外视野

英国证券监管的历史演进与经验比较*

吕成龙**

摘要：英国是国际知名的证券市场，具备丰富的市场监管经验，与美国的监管模式亦有较大差异。长期以来，我们对英国证券市场监管的经验重视不足，但在经历了欧盟统一指令时期后，英国证券监管模式与规则发生了重要改变，其证券监管呈现出可预期性、明确性与灵活性并存的优势，这得益于其自律监管的底色、详尽的规则制定与商谈式的规制模式。尤其是自律监管的经验值得重视，不仅能够更及时应对市场变化，而且可以降低规制成本。面向未来，我们应当进一步重视自律监管的功能发挥，激发交易所与行业协会的自律管理优势，同时以商谈式规制工具来灵活对待金融市场创新，以详尽的规则手册为市场参与者提供明确指引，从而提高证券市场的治理有效性。

关键词：英国　证券监管　自律监管　规制　市场治理

英国是世界上最为重要的资本市场之一，也是对证券市场规制历史最为悠久的国家之一。近年来我国学术界对美国、日本的证券市场规制有较为充分的关注，但对英国证券市场规制模式和规则仍然少有探究。事实上，任何一个发达证券市场的制度都有值得学习与借鉴的方面，因此，我们应该广泛关注其他重要资本市场的制度建设与法治实践状况，为我们提供更多的参考。

---

* 本文系2021年度国家社科基金青年项目“证券监管介入上市公司治理的体系性构造研究”（项目批准号：21CFX077）的研究成果。

** 深圳大学法学院长聘副教授，法学博士。

一、英国证券市场规制的发展阶段

第一阶段,特许经营时期。12 世纪时,英国的资本主义就已经存在。[①] 英国证券市场的监管最早可以追溯到 1285 年爱德华一世时期,经纪人被要求就其善意行为而立誓的规则。[②] 英国的股份有限公司在 16 世纪出现,从 1555 年莫斯科公司建立开始,英国政府支持建立了不少股份公司,当然,这需要英国王室之特许(charter)。1657 年 10 月 19 日,克伦威尔给东印度公司颁发特许状,是该公司开始实行长期合股的标志性起点。[③] 17 世纪后半期,英国出现了股票市场、国债市场、企业债券市场等,永久国债(permanent national debt)的启动和公司形式的企业扩展使得证券交易的基数急剧扩大,拥有了组织市场的基础,[④]1685 至 1695 年之间,英国股票市场兴起,当然,其市场规模与交易仍然处于非常初级的阶段。[⑤] 1698 年,股票经纪人们从皇家交易所转战至交易巷(Change Alley),乔纳森与加罗伟的咖啡馆成了股票经纪人的根据地,但其实际上是无组织的普通机会场所。[⑥]《1720 年泡沫法案》(the Bubble Act 1720)的诞生与南海泡沫有关,其通过禁止公司设立并发行可交易股票的方式来实现监管,这种监管本质上是一种抑制,为南海公司的利益而排斥资本流向其他的股份公司,直至 1826 年该法被取代。南海泡沫最终被戳破,造成了巨大的社会经济灾难。换言之,未获得特许或者国会法案承认的公司合法性并无法得到保障。[⑦]

第二阶段,自由发展时期。《1844 年合股公司法》(the Joint Stock Companies Act 1844)为股份制企业发展创造了良好条件,成立后的公司更具有完整的法律人格,包括股份转让、有限责任和其他重要特征,遣散了泡沫法案的阴霾。[⑧] 如《1844 年合股公司法》虽然是公司设立的规定,但也对公司股份向公众推介时招股说明书的内容予

---

① 参见[比利时] 亨利·皮朗:《中世纪欧洲经济社会史》,乐文译,上海人民出版社 2001 年版,第 46、154 页。

② Arad Reisberg & Anna Donovan, *Pettet, Lowry & Reisberg's Company Law*, 5th ed. Pearson, 2018, p.415.

③ 参见张乃和:《英国资产阶级革命对公司制度变迁的影响》,载《历史研究》2024 年第 4 期。

④ See Stuart Banner, *Anglo-American Securities Regulation: Cultural and Political Roots, 1690 - 1860*, Cambridge Univrsity Press, 1998, p.14.

⑤ Anne L. Murphy, The Origins of English Financial Markets: Investment and Speculation Before the South Bubble, p.220.

⑥ See Geogre R. Gibson, *The Stock Exchanges of London, Paris, and New York: A Comparison*, Legare Street Press, 2022, p.18.

⑦ 参见[加] 布莱恩·R.柴芬斯:《所有权与控制权:英国公司法演变史》,林少伟、李磊译,法律出版社 2019 年版,第 182 页。

⑧ 第 200—202 页。

以要求。[①] 英国中产阶级自 19 世纪中期以来越来越多地参与到证券投资活动之中，实际上这与公司法的改革不无关系。[②] 紧接着，英国许多公司在 1880—1914 年期间转战证券市场，证券交易所股份交易不断增多，但在 1900 年之前，几乎不存在对招股说明书任何内容的规定。这一点在《1900 年公司法》《1907 年公司法》中得以部分解决，[③]此后英国公司法也有修订，仍在公司法维度内对招股说明书与信息披露加以规范，证券交易所的管制也较少，但在 1980 年后，证券交易所自律监管对大股东也附加了公司法之外的要求。[④]《1986 年金融服务法》的颁布以及证券与投资委员会（Securities and Investment Board，简称 SIB）的建立是英国全面建立证券监管体系的开始。20 世纪 70 年代，英国贸易与工业部请吉姆·高尔（Jim Gower）教授就英国投资者保护提出方案，高尔教授就此完成了《投资者保护评论——讨论稿》。尽管政府想对金融城保持强硬态度，但其所追求的也仍然是"法律框架下的自我监管"，SIB 的监管通过自我规制组织（SRO）来落实，SIB 倾向于制定规则与监管 SRO，而 SRO 倾向于将 SIB 制定的规则原封不动地转换为自身的规则手册，但这引发了过度监管的担忧。在 20 世纪 90 年代中期以后，业界对 SRO 叠加 SIB 的监管架构提出了质疑，而开始呼吁一个由国家所引领的监管架构。[⑤]

第三阶段，欧盟指令时期。从《2000 年金融服务与市场法》（the Financial Services and Markets Acts 2000，简称 FSMA2000）开始，英国进入了对金融领域全覆盖的国家监管阶段，美国式的监管已经抵达了传统自律的英国。[⑥] 但金融危机对英国的重创消减了金融监管的信任度，正如财政部财政大臣所说的那样"银行危机的核心是债务的快速和不可持续的增长，我们的宏观经济和监管体系完全未能正确识别由此带来的风险，更遑论预防风险……当危机到来时，没有人知道谁在负责。"[⑦]2012 年，FSMA2000 被修改，《2012 年金融服务法》（the Financial Services Act 2012）在年底正式生效。2013 年，FSA 被两个新的机构所取代，即审慎监管局（Prudential Regulation

---

① Arad Reisberg & Anna Donovan, *Pettet, Lowry & Reisberg's Company Law*, 5th ed. Pearson, 2018, p.415.

② 参见叶璐：《19 世纪下半叶英国中产阶级证券投资兴起的考察》，载《南京政治学院学报》2017 年第 3 期，第 94、96 页。

③ 参见[加] 布莱恩·R.柴芬斯：《所有权与控制权：英国公司法演变史》，林少伟、李磊译，法律出版社 2019 年版，第 214、237—238 页。

④ 参见[加] 布莱恩·R.柴芬斯：《所有权与控制权：英国公司法演变史》，林少伟、李磊译，法律出版社 2019 年版，第 346—347 页，第 418 页。

⑤ Arad Reisberg & Anna Donovan, *Pettet, Lowry & Reisberg's Company Law*, 5th ed. Pearson, 2018, pp.419－420.

⑥ Arad Reisberg & Anna Donovan, *Pettet, Lowry & Reisberg's Company Law*, 5th ed. Pearson, 2018, p.421.

⑦ Statement by the Financial Secretary to the Treasury, Mark Hoban MP, on Financial Regulation, UK Government website, 17 June 2010, available at https://www.gov.uk/government/speeches/statement-by-the-financial-secretary-to-the-treasury-mark-hoban-mp-on-financial-regulation, last viewed on November 6, 2024.

Authority)和金融行为监管局(Financial Conduct Authority)。欧盟法对英国证券市场监管的影响不容小觑,《1993年投资服务指令》(the 1993 Investment Services Directive)便是典型代表,[①]但其效果也比较有限。2001年《拉姆法鲁西报告》(lamfalussy Report)出版,就欧盟证券市场监管一体化进程中的问题进行了原因分析并且提出了"四步立法结构"的具体内容。2011年,欧洲证券与市场管理局(European Securities and Markets Authority,简称ESMA)成立,拥有广泛的准规则制定(quasi-rule-making)与监管权。[②] 2018年,《金融工具市场指令 II》(The Markets in Financial Instruments Directive II,简称"MiFID II")在欧盟正式实施,[③]成为金融领域涉及面最广、讨论时间最长的指令,各界投入大量资源对其进行研究和适应监管改革,[④]这对英国金融市场监管产生了新的影响。

第四阶段,脱欧时期。取代吸收法律(assimilated law)是英国脱离欧盟后所不得不面对的现实问题,所谓吸收法律是指英国退出欧盟过渡期结束时保留在英国法律中的衍生法律,截至2024年3月,FCA至少发布了6次磋商和3次政策声明来作为取代吸收法律工作的内容。[⑤] 目前,包括商品衍生品改革、交易报告制度、紧急干预权等都在进行研讨,自2023年起,FCA就在考虑改革上市制度,就此开展了政策说明、公布文书草案和接受反馈等。[⑥] 这些工作已经取得了一定成效,如2025年1月英国正式颁布并发布《2025年卖空条例》(Short Selling Regulations 2025),构成了其新卖空制度。早先时候,《2023年金融服务和市场法》在英国议会通过,使得FCA能够用更适合英国市场的监管制度取代之前相应的欧盟规则。

二、英国证券监管的特质与经验

(一)自律监管是监管的底色

美国学者豪威尔·杰克逊(Howell Jackson)教授等将英国的监管模式定义为灵

---

① Council Directive 93/22/EEC of 10 May 1993 on Investment Services in the Securities Field.

② Arad Reisberg & Anna Donovan, *Pettet, Lowry & Reisberg's Company Law*, 5th ed. Pearson, 2018, p.440.

③ Directive 2014/65/EU of the European Parliament and of the Council of 15 May 2014 on markets in financial instruments and amending Directive 2002/92/EC and Directive 2011/61/EU

④ 参见陈晗、陈勃特、蔡征:《MiFID II:一场欧盟版的监管风暴》,载《上海证券报》2018年1月31日,第8版。

⑤ FCA, Annual Report and Accounts 2023-2024, p.32.

⑥ FCA, Repeal and Replacement of Assimilated law, FCA Website, available at https://www.fca.org.uk/firms/repeal-replacement-assimilated-law, last viewed on July 1, 2025.

活性监管，与政府主导型监管模式、合作型监管模式并列，在此种监管模式下，受监管主体通常有能力制定自己的问题解决方案，其往往引导政府机构制定指导性质的规则，而不是在规定规则的基础上补充规则（prescribing rules），并通过限制政府参与监督和执行阶段，从而实现了灵活性监管模式。[①] 英国模式下监管机构形成了一种最低强度的监管，政府管理部门对市场机构的约束是比较有限的，采取了一种非侵入式的监管模式，为其提供了更多的独立性空间，而只保留有限的权力来影响它们的日常运作和决策过程。[②]

实际上，如果我们追溯伦敦证券交易所的早期时候，彼时其"一般目的委员会"每年都要重新审定会员名单，而审定名单的委员们并未滥用该权利，而是坚持高尚的品格和正直，因为这是获得公众信任的基础所在，而伦敦证券交易所正是建立在人与人之间的信任基础上的。彼时，自律管理已经被认为是交易所的全部生命与灵魂。[③] 在面对彼时的政府干预时，有观点就指出："任何外部控制都应该谨慎实施，现有的规章制度都是精心制定的，是长期实践经验的结果，也是一群人在全面了解其需要的结果。任何企图将这些规则限制在普通法范围内，或者废除法律中没有的所有检查和保障措施的企图，都将以失败告终，而且会损及公民的诚实和有效的政治活动。"[④]可以说，在证券发行中，长期以来为人们所信赖的第一机制就是"信誉中介"来充当保荐人（sponsor），中介的文件比公司自己作出的保证更具可信度。[⑤]

英国对于专门事项也有相应自律机构，如英国的收购兼并活动由法定的自律组织收购兼并委员会（Panel on Takeovers and Mergers）依据《收购兼并城市法典》（the City Code on Takeovers and Mergers）进行监管，成员包括伦敦证券交易所和贸易委员会（股票交易商自律组织），机构投资者也占据重要席位。[⑥] 除此之外，在自律监管的传统下，英国形成了不少具有其特色的制度机制，如英国非常注重对董事资格的认证

---

① See Stavros Gadinis & Howell E. Jackson, *Markets as Regulators: A Survey*, Southern California Law Review, Vol.80, No.6, September 2007, p.1280.

② See Stavros Gadinis & Howell E. Jackson, *Markets as Regulators: A Survey*, Southern California Law Review, Vol.80, No.6, September 2007, pp.1285－1287.

③ See Geogre R. Gibson, *The Stock Exchanges of London, Paris, and New York: A Comparison*, Legare Street Press, 2022, p.32, 48.

④ See Geogre R. Gibson, *The Stock Exchanges of London, Paris, and New York: A Comparison*, Legare Street Press, 2022, p.49.

⑤ 参见［英］保罗·戴维斯、［英］莎拉·沃辛顿：《现代公司法原理》（第9版），罗培新等译，法律出版社2016年版，第915—916页。

⑥ John Armour, Jack B. Jacobs & Curtis J. Milhaupt The Evolution of Hostile Takeover Regimes in Developed and Emerging Markets: An Analytical Framework, Vol.52, No.1, 2011, p.237.

和培训,英国董事学会1903年即成立并此后被授予了皇家特许状,目前形成了完整的三级董事资格认证体系。[①] 如英国在历次的重要金融改革和日常监管中皆非常重视外部专家的作用。一方面,前述多个报告皆有学术界知名学者引领,尽管观点不一定获得政府最终采纳,但也会产生广泛的社会影响和关注。另一方面,FCA在执法过程中也重视专家的作用,制定有专门的关于外部专家的监管政策手册——"外部专家的报告"(Reports by skilled persons)。[②]

(二)详尽的规则体系与内容

英国的公司法与证券法关系有所不同,公司法曾长期作为证券发行的基础性法律。例如,英国《1929年公司法》第34条就规定公司的招股说明书须由公司董事签署并登记。事实上,在整个20世纪,公司法对证券发行的处理方法基本上没有变化,侧重于将招股说明书作为证券认购的合同条款。在FSMA2000之前,英国《1985年公司法》规定了有关招股说明书和股票发行的原则。[③] 目前,《2006年公司法》以及其他普通法规则依然是股票发行方面最主要的法律渊源,无证书股票交易登记系统(Certificateless Registry for Electronic Share Transfer, CREST)运行的法律依据也是《2006年公司法》第784—790条,而不是FSMA2000以及FCA制定的规则。[④] 值得注意的是,在欧盟规则一体化的过程中,鉴于对欧盟指令之遵循,很多原本由英国公司法规定的内容转移到了FSMA2000等欧盟主导的法律领域。[⑤]

更加值得注意的是,英国的监管呈现出对市场活动的事前引导,而非事后监管,因此制定行为标准是其监管的核心内容。1997年,英国合并原有的9家金融监管机构成立FSA,在整合相关监管规则的基础上制定了统一的《FSA监管手册》。[⑥] 此后,FSMA2000促使FSA获得了广泛的监管权力,而FSMA2000本身就是英国历史上因议院对提案修改达2 000余次而创下修改记录最多的立法。[⑦] 目前,从FCA手册(FCA Handbook)来看,其涵括高级标准、审慎标准、商业标准、监管流程、救济、专家资料集(specialist sourcebooks)、上市招股说明书和信息披露、手册指南、监管指南和词汇定

① 参见冯光:《英国公司治理的特点与启示》,载《董事会》2021年第7期。

② 参见叶青、范春奕、鲍艺玲:《英国金融行为监管局的监管执法特色》,载《银行家》2024年第9期。

③ See Alastair Hudson, *Securities Law*, 2nd ed., Sweet & Maxwell, 2013, pp.143 - 144.

④ 参见[英]保罗·戴维斯、[英]莎拉·沃辛顿:《现代公司法原理》(第9版),罗培新等译,法律出版社2016年版,第858页、977页。

⑤ 参见[英]保罗·戴维斯、[英]莎拉·沃辛顿:《现代公司法原理》(第9版),罗培新等译,法律出版社2016年版,第961页。

⑥ 参见廖凡:《金融消费者的概念和范围:一个比较法的视角》,载《环球法律评论》2012年第4期。

⑦ 参见许多奇:《英美金融监管制度改革及我国之借鉴》,载《法学》2004年第5期。

义之内容。纵观整个 FCA 手册涵括金融领域的规则,又极尽翔实。以内幕交易为例,在引用欧盟《市场滥用条例》(Market Abuse Regulation)第 8 条下,[①]进一步对内幕交易进行了说明,而且为了向市场参与者介绍何谓内幕交易行为,其不惜设例说明,“X 是 B PLC 的董事,他与朋友 Y 共进午餐。X 告诉 Y,他的公司收到了一份高于当前股价的收购要约。根据 Y 的预期,一旦收购要约公布,B PLC 的股价将会上涨,因此 Y 以 B PLC 的股价为基准进行点差押注。”而为了与欧盟法保持一致,其对“内幕信息”的界定会引用《市场滥用条例》第 7 条的规定。同时,该部分内容对于做市商交易、执行客户订单等合法或豁免情形予以区分。不仅如此,该条同时提及了在商品衍生品语境下内幕信息等如何认定。再比如,对于方兴未艾的 ESG 标签使用,FCA 手册针对不同类型的公司予以了非常详尽的要求,其首先对适用范围予以规定,要求 ESG 3 的规则适用于所有公司,ESG 4 和 ESG 5 中的规则和指南适用于不同类型公司的要求。接下来,ESG 2 规定了与气候相关报告的编写方式,即除特殊情况外,必须与《气候相关财务信息披露工作组建议报告》(Recommendations of the Task Force on Climate-related Financial Disclosures)一致。ESG 4 包含适用于从事可持续性范围内业务的经理的规则和指南,除非满足某些标准,否则限制使用与可持续性产品相关的可持续性标签,并规定了与这些产品相关的命名和营销条件 ESG 4 包含适用于向零售客户分销可持续性产品和认可计划(包括认可计划的 ETF)的分销商的规则和指南。同样,这里的规定也十分详细,如 ESG 4 更是规定了“反漂绿”的具体规则,规定了联接基金(feeder fund)可持续性标签的使用要求,以及金融产品促销中可持续性属于的使用方式等各类细节。

(三) 商谈式规制模式

英国证券市场对于行政监管相对比较排斥,在自律监管的基础上,如何以市场方式来实现市场治理对其具有重要意义。鉴于此,商谈式的规制模式在英国较为突出,具体表现在三个方面:第一,“FCA 的执法部门通过调查掌握初步证据后,一般会先联系金融机构,建议其主动出具承诺书,或者向 FCA 申请发出监管要求;如果不能协商一致,FCA 才会考虑依职权提出监管要求。”[②]FCA 希望公司采取某些措施来满足监管要求,即寻求与公司商定解决 FCA 担忧所必须采取的步骤。[③] 根据 FCA 的年度

① Regulation (EU) No 596/2014 of the European Parliament and of the Council of 16 April 2014 on market abuse.

② 叶青、范春奕、鲍艺玲:《英国金融行为监管局的监管执法特色》,载《银行家》2024 年第 9 期。

③ See FCA, FCA Enforcement Data 2023/24, May 9, 2024, https://www.fca.org.uk/data/fca-enforcement-data-2023-24/printable/print, last viewed on July 1, 2025.

报告,FCA 取消了对 1 261 家公司的授权,比 2022/23 年度增加了一倍,FCA 的干预团队建议执法部门在 268 个其他案件中采取规制措施,比如通过自愿要求(Voluntary Requirements)或技术人员审查(skilled person reviews)来实现整改,[①]前者是受 FCA 监管的公司与 FCA 达成的自愿协议,以限制其开展业务的方式,其法律依据为 FSMA2000 第 55L 条,即向 FCA 提出申请,要求 FCA 对公司第 4A 部分开展业务的许可施加某些要求。在如对 Moneysupermarket.com Financial Group Limited 公司的整改中,FCA 认为其广告不符合商业原则的规定而令消费者产生误解,故该公司同意在其网站发布更正和警示说明,以此完成整改。[②] 在 Zeux 的整改中,其与 FCA 达成一致,不进行其计划中的伦敦地铁营销活动,确保有关产品符合所有监管和法律要求并受相应约束,即广告是否清晰、公平且没有误导性。[③]

第二,监管沙盒(regulatory sandbox)正是由英国于 2015 年首先提出的,此后被不少主要资本市场所效仿,包括我国香港地区目前也已经采取了此种监管方式。概言之,监管沙盒提供了一个不受时下金融监管体制监管的"安全港",在此一微型而真实市场内,获准进入的公司可在其中对相应金融创新产品、服务和模式等展开试验,从而及时发现该金融创新的缺陷、风险和寻求解决方案,[④]尤其鼓励与人工智能和量子、金融包容、开放金融和代币化相关的应用程序。监管沙盒并非是一种监管豁免,而是基于授权或注册后的受监管活动,此外还提供规则指引、非正式转向(informal steer)、FCA 规则豁免或修改、无异议函等配套规制工具。当然,如果想获取 FCA 的支持,申请人需要满足五个条件,即在监管范围内、属于真正的创新、符合消费者利益、已经有充足的准备和真正需要支持。2021 年 8 月,监管沙盒转向了长期开放的模式,FCA 允许公司全年提交申请。自监管沙盒推出以来,FCA 已经收到了 630 多份申请,产生了积极而广泛的影响。

第三,FCA 重视和解制度的运用,在审慎考虑 FCA 的法定目标和其他相关事项之后,采取和解方式尽快解决争端。FCA 手册下《执法指引》(The Enforcement Guide)5.1 及《执法信息指南》对此进行了规定,FCA 手册明确指出尽早解决问题是

---

① FCA, Annual Report and Accounts 2023 - 2024, p.14.

② See Voluntary Application for Imposition of Requirement, Moneysupermarket.com Financial Group Limited, FRN: 303190, available at FCA Website, retrieved 30 May 2023, https://www. fca. org. uk/publication/requirement-notices/moneysupermarket-vreq.pdf, last viewed on July 1, 2025.

③ See Voluntary Application for Imposition of Requirement, Zeux Ltd (FRN: 813029), available at FCA Website, https://www.fca.org.uk/publication/requirement-notices/zeux-vreq.pdf, last viewed on July 1, 2025.

④ 参见柴瑞娟:《监管沙箱的域外经验及其启示》,载《法学》2017 年第 8 期。

符合公共利益的。从具体操作来看,在 FCA 执法的任何阶段都可以进行关于和解的讨论。同时,为了效率和有效性,FCA 会就和解讨论制定明确而具有挑战性的时间表,以确保该机制及时产生结果,避免监管资源的浪费。同时,为了和解能够更快地进行,如果涉及缴付罚款的情形,在早期和解阶段(和解开始后 28 天内)就事实、责任和缴付罚款达成一定程度一致后,最多可以获得 30%的折扣,在和解开始至向监管决策委员会(Regulatory Decision Committee)进行书面陈述之前的折扣额度为 20%,通知发出前则有 10%的折扣。该监管决策委员会由从业人员和非从业人员组成,具有各种商业、消费者和行业背景,其成员由 FCA 董事会任命并对 FCA 负责,该委员会还拥有一支由支持人员和法律顾问组成的团队,并与其他执法环节有所分离,确保了决策的公平性。

三、自律监管在证券市场治理中的定位与局限克服

(一) 自律监管贴近市场变化

不管是伦敦的交易巷,还是现代化的伦敦证券交易所,证券交易是一种对价格极其敏感的交易,这也是为何今天高频交易在全世界主要资本遍地开花的原因所在,市场参与者一定会谋求更加富有效率的交易机制、交易产品和交易流程,不仅可以基于市场前沿位置而对金融交易进行实时监测,而且在信息与人力资源优势的加持下,其对高技术条件下的监管需求也可以进行实时回应,皆是传统行政所不具备的优势。①

客观而言,证券交易所如果作为非营利组织开展,其可能面临志愿失灵(voluntary failure)的问题,原因在于非营利组织的志愿性、灵活性、非利润分配性和业余性等特征。② 比志愿失灵更加严峻的问题在于,如果自律管理本身缺乏动力,则会导致自律管理的失败而造成危机的酝酿。如果作为公司形式来组织,尤其在证券交易所本身是上市公司的情况下,可能面临公司利益与社会公共利益冲突的问题,但总体来看,证券交易所的自治与公司制改革已经成为交易所的发展趋势。有意思的是,英国 FCA 不仅在上市方面依然为伦敦证券交易所保留了不少重要权力,而且其本身也是一家担保有限公司(company limited by guarantee)。从自律管理的优势来分析,尽管

① 葛翔:《比较视野下金融自律组织监管行为可诉性的再审视——兼论自律监管行为司法审查的边界》,载《上海法学研究》2023 年第 9 卷,第 248 页。

② 参见[美]莱斯特·萨拉蒙:《公共服务中伙伴:现代福利国家中政府与非营利组织的关系》,田凯译,商务印书馆 2008 年版,第 47—50 页。

政府监管具有规则制定、调查与执法的绝对权威,但其本身的监管层级复杂性、监管资源的有限性,使其对市场的监管很容易慢半拍。即便以迅捷的方式加以介入并制定新的规则,也由于缺乏对问题的沉淀和经验的积累而容易形成仓促的立法,反倒可能给市场发展造成阻碍,毕竟后续的规则修改将为此面临更高的路径依赖改善之成本。

(二)自律监管降低规制成本

重商主义(mercantilism)是英国经济发展中的重要特质,重商主义经济体制就是市场经济体制,商业资本在经济上服务于民族国家,而国家则运用各种理论支持商业发展,英国的重商主义在此历史条件下应运而生,追求财富是重商主义的目标所在。[①]从政府规制的角度来看,规制成本包括两类:一方面,因制定与执行监管规则而付出的直接成本,如规则制定、调查与执法的成本。我们对于直接成本并不陌生,政府要制定与执行监管规则需要有充分的调研、征求意见与配套执法,否则甚至会产生副作用,而这一流程往往是比较长的,市场瞬息万变,待到规则落地或已经成为“麦田里的稻草人”了。当然,在遇有司法审查时,理论上规则存在被宣告无效或中止实施之可能性。对于自律监管来说,其规则制定的成本更低,同时若其能够在日常监管中发挥线索提供与自律管理范畴下之调查功能,有利于降低行政规制的成本。

另一方面,因执行特定规则而造成的机会成本等间接成本。行政监管的逻辑与市场逻辑有一定差异,原因在于内在绩效激励的不同。在行政监管中,市场规模与质量提升具有重要权重,但市场平稳运行同样重要,这对于行政升迁具有根本影响,特别是在经济规模已经达到一定阶段时,在制度改革的边际收益与边际成本趋近时,行政监管的逻辑一定是稳字当先,如在采取命令控制型规制工具中的禁止性规则时,“一禁了之”立竿见影。但是,执行此种规则会使得市场错失发展机遇,如面对数字货币、区块链技术与高频交易等。换言之,我们若采取比较消极之态度,短期内似乎有利于投资者之间实现分析与交易工具对等,但在资本市场开放或参与其他资本市场博弈时,我们的投资机构也许会变得难以招架。对于自律管理而言,其因更加贴近市场而市场呼声有更多关切,尤其是在公司制证券交易所下,为获得竞争优势,其会在规则设计与业务开展上更加开放和灵活。如果证券监管深度介入到自律管理中,证券交易所沦为行政监管的延伸,则不利于降低此种间接成本。不过,在证券法所授权的范围内或者尚无明确规定的领域,一定程度的交易所竞争实际上有利于回应市场

① 参见李新宽:《英国市场经济体制的起源——重商主义市场经济体制研究》,人民出版社2019年版,第25、210页。

需求而促进市场进步，如此前我国的减持规则在交易所层面也一度有所差异。

(三) 自律监管的局限克服

除前述志愿失灵的问题之外，自律管理面临两个方面的挑战：一方面，自律监管中的设租与寻租问题，任何形式的监管都面临设租与寻租问题，自律监管在约束与监督机制较少的情况下，此等挑战更加显著。另一方面，自律监管面临不正当竞争之可能，证券交易所等竞争性的自律机构在业务发展过程中，在特定时期内有可能会发生朝底竞争(race to the bottom)的可能性，为短期内获取业务或者挤压竞争对手，其有可能在特定时期内采取更加宽松的制度与自律执法。

因此，自律管理的局限意味着必须有外部监督机制的介入。比较来看，在大洋彼岸的美国并未采取完全自律监管模式，而是采取了政府合作型的监管模式，由政府监管部门对自律组织进行强有力的上位监管，SEC 对 FINRA、证券交易所等自律组织进行监督，以强大的公共执法和私人执法来塑造证券市场行为，这也使得 SEC 的执法在主要资本市场中成绩斐然。不仅如此，美国的自律机构在此框架下也加强了监管，如 FINRA 也被称为政府的第四部门。由此来看，有限自律监管正在成为一种趋势。不过，有限自律监管与准政府监管应当有所不同，有限自律监管下政府应该着眼于发展方向与原则问题之把握，而不是事无巨细地参与到具体日常事务之中。从我国情况来看，我们采取了强监管的模式，尤其自以来，我国的证券监管力度与成效不断提高并取得了显著的成绩，但是，在强监管的情况下，证券交易所、证券业协会的自律监管存在很大的空间。究其原因，这与自律监管的管理手段有关，尤其在上市公司日常监管中，证券交易所等自律机构按照章程、协议以及业务规则的规定展开监管活动，这与具有公权力支持的行政稽查执法大有不同。因此，如何进一步优化我国证券自律组织的权能值得细致探讨，有观点亦指出应当将证券交易所回归其法定的行使自律管理会员制法人之组织属性的制度安排。①

四、英国证券监管经验的借鉴与建议

(一) 自律监管作为首要防线

从目前证券交易所和行业协会的运作机制来看，其更多的是一种准行政的监管

① 参见冷静：《法定自律组织还是法律法规授权组织：新形势下证券交易所及其一线监管性质辨》，载《证券法苑》(第 23 卷)，法律出版社 2017 年版。

方式,而且在路径依赖的作用下短期内很难实现公司制的改革,尽管近年来也不乏此种呼吁。[①] 公司制的证券交易所若能实现市场竞争自然是最佳的选择,但从我国的实际情况来看,我们更好的切入口还是在于加强证券交易所等自律机构的自律管理能力。一方面,从证券交易所的自律监管来看,目前其问询函、监管函正在发挥积极的作用,[②]而且其丰富的纪律处分措施对于上市公司及其他市场主体而言,具有威慑力,如根据《深圳证券交易所自律监管措施和纪律处分实施办法(2024年1月修订)》《深圳证券交易所上市公司自律监管指引第12号——纪律处分实施标准(2024年1月修订)》等三大交易所的自律规定,证券交易所可以行使暂停受理或办理业务、限期改正、出具警示函等十余项主要监管措施和通报批评、公开谴责、公开认定并不适合担任相关职务等十余项纪律处分措施,这些措施对于公司的再融资、并购重组和公司的日常监管均有不同程度影响,能够起到威慑作用。但与此同时,证监会派出机构也对上市公司的日常治理与运作存有现场检查等规制措施,在一定程度上存在监管资源的重叠运用之情形。因此,证券监管部门与证券交易所应当进一步厘清具体工作分工,从前述英国的经验来看,即便是FCA也并未在上市公司等证券市场参与者的日常监管中亲自上阵,而是借由吹哨人、自律监管来获取线索并展开执法,而且其执法强度相对较轻。[③] 除声誉监管的传统之外,实际上也与其市场参与者的全球化程度有关,来自全球的市场参与者注定了其难以采取诸如现场检查这样的措施。

另一方面,从行业协会的自律监管来看,我国证券行业协会目前的工作仍然集中在投资者教育等工作上,但近年来开始采取一定的纪律措施。比较来看,英国FCA成立时即是建立在证券委员会(SIB)的基础上,其本身即由行业机构而来,因此,其扮演着政府监管与自律监管的双重角色,这与美国SEC和FINRA分而治之的模式有所不同。但是,英国仍有很多行业机构发挥着塑造市场的积极作用,如《皇家宪章》1906年赋予英国董事协会(Institute of Directors)以促进自由企业、游说政府和制定公司治理标准的资格,时至今日,该协会仍然是英国的创业精神、商业专业精

① 《田轩代表建议:推进交易所公司制改革,提高交易所自主权》,载澎湃新闻网2023年3月2日,https://www.thepaper.cn/newsDetail_forward_22128461,2024年11月10日访问。

② 陈运森、邓祎璐、李哲:《证券交易所一线监管的有效性研究:基于财务报告问询函的证据》,载《管理世界》2019年第3期。

③ John C. Coffee Jr., Law and the Market: The Impact of Enforcement, *University of Pennsylvania Law Review*, Vol.156, No.2, 2007, p.239.

神和善治的领袖。财务报告委员会(Financial Reporting Council)于1990年成立,[①]最初的目的在于促进财务报告的最佳实践,其成立也建立在行业自律管理的基础之上。成立初期,其主席即由英国工贸大臣和英格兰银行总裁联合任命,理事成员来自与财务报告相关的各大利益集团,每年多次讨论和制定有关财务报告的大政方针。[②]当然,这里需要注意的是,英国财务报告委员会所谓的独立监管与我们的理解有所不同,其独立于会计职业,但也不是政府监管,是一种介乎政府监管与完全自律监管的中间道路。[③]

(二)商谈式规制工具的建构

从英国证券市场的规制工具来看,其最重要的机制就是商谈式规制模式,包括自愿承诺、和解与沙盒监管等。从效果来看,其既能够保持证券法律制度的内在安定性,同时也能够以灵活的方式促进投资者保护与满足市场发展需求。从我国的情况来看,我们早在2015年就颁布施行了《行政和解试点实施办法》,[④]在对涉嫌违反证券期货法律、行政法规和相关监管规定行为进行调查执法过程中,根据行政相对人的申请,与其就改正涉嫌违法行为,消除涉嫌违法行为不良后果,交纳行政和解金补偿投资者损失等进行协商达成行政和解协议,并据此终止调查执法程序。但直至2021年《证券期货行政执法当事人承诺制度实施办法》(简称"当事人承诺办法")颁布,也仅有2起行政和解案件,即便再考虑目前的当事人承诺制度,我们也只有3起成功案例。究其原因,这与我国行政法的传统理论有关,如公权力不可处分、行政意志优于私人意志等,但不仅境外已经善用证券和解方式快速解决纠纷,而且我国本身也存在协商行政的概念,如《最高人民法院关于审理行政协议案件若干问题的规定》第23条第1款规定:"人民法院审理行政协议案件,可以依法进行调解。"除此之外,《当事人承诺办法》第7条规定了行政执法当事人承诺的申请不予受理的情形,这使得我们的当事人承诺制度不会触及根本性的社会公共利益。

行政和解或当事人承诺制度的内部控制是防止制度被"束之高阁"或滥用的最关键因素。相比之下,美国的和解往往是其监管机构在法院以原告身份提起诉讼后,由

① Financial Reporting Council, Report and Financial Statements 1991, Financial Reporting Council, 31 March 1991, retrieved 30 May 2023, https://www.frc.org.uk/getattachment/c065d3c2-7204-409e-8863-92831752ed4a/ReportandFinancialStatements1991.pdf, p.2, last viewed on July 1, 2025.

② 参见任明川:《英国的财务报告审议会》,载《会计研究》1999年第5期。

③ 参见任明川:《FRC:英国职业自律的"休止符"》,载《财会通讯》2006年第10期。

④ 《行政和解试点实施办法》(证监会令第114号)。

法院批准后实施。就我国的行政执法体系来看,由行政机关自行做出和解决定仍然是现实的出路,但与行政处罚不同的是,和解由于是对涉嫌违法行为的"容忍",理应有更严密的审批控制。由于目前证券期货行政执法当事人承诺的具体操作规则并未公开,难以窥其全貌,但其中有两个问题值得注意:一方面,投资者的参与方式,因为我们采取了公私执法合一的模式,尽管是公权力机构完成和解审批,但所涉事项又本属于私人执法(民事诉讼)事项,因此,如何就投资者的损失情况听取投资者及利害关系人的意见,[①]变得十分关键。另一方面,行政机关的内部监督机制,我们或可考虑再设置一个专门的和解审查委员会,由资深专家学者、律师、会计师和证券公司代表共同组成,监督当事人承诺机制作出过程的公允性。尽管此等监督机制能发挥多大作用不易评判,但多一层外部监督机制总有益处。

另外,我们可以尝试开展沙盒监管。在我国香港地区,2016 年 9 月香港监管局开始试点,让银行及其伙伴科技公司可以不必完全符合监管规定的环境下,邀请有限的机构参与金融科技项目的试行,截至 2024 年 9 月,共有 352 项金融科技项目获准使用沙盒进行试行。实际上在证券市场中,也不妨对诸如智能投资顾问或者黑池交易(dark pool)等进行一定测试和实践,这不仅有助于我国证券交易技术的提高,而且在我国投资机构参与国际市场时亦由此积累丰富经验,当然,随着我国资本市场对外开放程度的不断提高,境外投资者使用先进交易工具时,我们也可以准确地评估风险和予以妥当的监管。在沙盒监管机制的实施中,也许会涉及对公平问题的讨论,如进入沙盒测试的公司与参与者或先得到一定便利,但本身参与的风险也嵌在其中。如果回顾 2015 年我国股票市场的异常波动事件,监管部门对分仓式外接系统所采取的前后有所差异的态度,实际上也说明了在一定时期内我们对新型交易技术的关注不足,有观点认为"外接系统的使用并未完全在地下,而至少得到了监管者的默许",[②]也许这也反映了当时监管的态度,与互联网创新的鼓励也密不可分。既然如此,对于不确定的技术工具,不如以沙盒监管的方式进行前期实验,既能鼓励技术创新,又不必导致技术工具的规制态度的"急转弯"。

(三) 制定证券监管《规则手册》

从英国自身的经验来看,其所采取的策略主要有三:一是对金融监管予以经常

---

① 参见陈洁:《证券行政执法当事人承诺制度的新发展》,载《中国金融》2024 年第 10 期。

② 缪因知:《外部接入信息系统服务商非法证券经营责任研究》,载洪艳蓉主编《金融法苑》第 96 辑,中国金融出版社 2018 年版,第 18 页。

性回顾、审查和评论,借助于对法律评论、专家报告、议会草案和法律修订等步骤,以较快的频次检思既有的问题,从而完善规则和指引,为市场提供规则供给;二是通过信息披露的方式,在“遵守或解释”的框架下以信息披露责任来实现市场自洽。当然,要实现此等自律监管与特定的历史文化和经济传统有关。第三,也是最为重要的,是详尽的规则指引,这是信息披露能够发挥效果的关键支撑,只有为市场提供事先详细的规则指引,信息披露才有的放矢,市场参与各方对自身行为和他人行为才有期待,这也是英国自律监管能够运行的基础之一。

英国证券监管的一大特色是极其详尽的规则体系和细节,甚至以举例的方式令市场参与者明晰违法行为的典型场景,这与我国的一般立法模式并不相同。《美国联邦法规》(Code of Federal Regulations)同样涵括了其证券监管部门的规则和相应表格。至少在过去一段时间以来,“宜粗不宜细”的立法模式对我们影响很大,两种模式各有利弊。但不容否认的是,规则的详尽化对于市场参与者而言富有意义。从我国目前的证券法律及监管规则的制定来看,我们已经积累了非常丰富的规则基础,除部门规章外,我们已经制备了大量的规范性文件和格式要求,可以在规范备案审查的过程中予以体系化,借助于交叉索引等方式,实现概念界定、行为标准与法律后果的前后呼应,让市场参与者在研判行为风险时,有统一而明确的参照,而不是在大量的规范性文件中反复寻找,甚至大海捞针。通过证券监管规则的体系化工作,市场交易成本会极大下降,避免遗漏规则要求和付出过多搜寻成本。证券监管规则的体系化可以通过下述三个步骤来完成:

第一,以证券法为规则手册之骨架,将涉及证券发行、证券交易、交易所管理、证券公司监管等各类部门规章首先予以整合,以第五章“信息披露”为例,凡是证监会已经颁布的规则皆可归拢到此章之下,在证券法第 80 条第 2 款之外,《上市公司信息披露管理办法》又规定了 17 种其他重大事件,体现了对第 80 条第 2 款兜底条款“国务院证券监督管理机构规定的其他事项”的运用。当我们把这两者放置于一起时,我们可以发现,两者是存在一定交叠的,例如“公司发生大额赔偿责任”与证券法所规定的“公司发生重大债务”实际上被包含与包含关系。再如,证券法将“涉嫌犯罪被依法采取强制措施”作为重大事件,但《上市公司信息披露管理办法》又补充了中国证监会立案调查等情形,两者是否具有同样的重大性,为何在证券法修订过程中未在法律层面明确此等情形。因此,当我们将主要的规则文本放置在一起时,正为我们提供了一个重新检思立法体系与内容科学性的机会。

第二,在对法律及部门规章等主要规则加以整合的基础上,接下来需要将大量的规范性文件嵌入其中,同样,规范性文件大量嵌入的过程也是再反思与检验的过程。我们仍以信息披露为例,在年度报告中,证监会已有十分详细的规则指引——《公开发行证券的公司信息披露内容与格式准则第2号—年度报告的内容与格式(2021年修订)》,共计有82条并附有2个附件。我们可以将其嵌入至第79条之下。但是,大量具体条款的嵌入可能会导致重复,若年度报告所涉个别内容与证券发行的有关规则重叠,我们可以采用交叉引用的模式,如果是电子版本更可以设置超链接,由此也促进了规则的统一性。例如,年度报告要求对主要经营业务的收入与成本进行详细说明,如果与发行规则的要求一致,即可以加以援引而不必再次详细说明。当然,不难想见工作量将是很大的,但由此带来的规则统一性、便捷性和对社会财富的影响也不容小觑。

第三,在完成上述规则初步整理后,需要再次提炼公因式,对于证券法所涉及的主要概念首先予以界定,以此谋求概念的统一性。当然,此种概念提炼既可以放在规则手册的起始处,也可以放置在具体章节的起始之处。同时,对于各类申请及信息披露格式与表格,理应作为附件加以归类整理后,列示在规则手册后端。在此基础上,我们应当就前述的规则整理再次检查,对矛盾或者重叠之处再加检视。当然,在完成规则手册的汇编之后,要定期结合法律规则变化和市场需要及时修改,证券监管部门的法律部可作为牵头部门与其他职能部门共同研讨具体规则修订的必要性,也可以与其他金融监管部门共同探讨。各具体部门在履行职能工作过程中如认为有规则修订必要,则需要向法律部门提出具体的规则需求,在经过合法性审查的前提下及时予以修改,由此也减少了监管机关内部规则制定的申请流程,提高了规则制定的效率。

五、结　　语

随着我国证券市场的发展,证券发行人与投资者数量愈加增多,亲力亲为、面面俱到的行政监管不仅会给监管造成极大负担,也不利于快速对市场变化作出反应。在此情况下,自律监管重要意义,其不仅能予以更加灵活的规则与监管模式改革,而且具有更多的人力资源与专业优势,能在相当程度上分担行政监管部门的压力。同时,细致的监管规则与商谈式的规制方法,有利于为市场行为提供细致指导并在面临规则挑战时采取灵活规制方式，在此方面，英国的证券监管经验对我们有一定的借鉴价值。过去很长一段时间以来，我们并未对英国证券监管经验予以充分重视，美式经验背后的监管风格与法律虚造方法并不一定适合我国，我们理应以更加开阔的视野去观察全球重要资本市场的各类有益经验，以我为主，为我所用。

（责任编辑：刘霄鹏　王昕宸）